오픽 실전 문제집 10회

오픽 실전 문제집 10회

지은이 전미성
펴낸이 안용백
펴낸곳 (주)넥서스

초판 1쇄 발행 2014년 11월 15일
초판 2쇄 발행 2014년 11월 20일

출판신고 1992년 4월 3일 제311-2002-2호
121-893 서울시 마포구 양화로 8길 24
Tel (02)330-5500 Fax (02)330-5555

ISBN 979-11-5752-003-9 13740

저자와 출판사의 허락 없이 내용의 일부를
인용하거나 발췌하는 것을 금합니다.

가격은 뒤표지에 있습니다.
잘못 만들어진 책은 구입처에서 바꾸어 드립니다.

www.nexusbook.com

새롭게 바뀐 유형에
완벽하게 맞춘 오픽 실전 모의고사

오픽
실전 문제집 10회

전미성 지음

넥서스

PREFACE

오픽 점수는 이제 취업이나 승진에 꼭 필요한 스펙 중의 하나로 자리 잡았습니다. 대부분의 국내 기업들이 듣기, 독해, 문법 위주의 단순한 평가 방식 대신 실제 회화 능력을 나타낼 수 있는 스피킹 점수를 요구하면서 오픽 시험의 중요도가 급부상한 것은 이제 누구나 아는 사실일 겁니다. 하지만 이렇게 회화 능력이 강조되는 오픽은 그 특성상 정확한 출제 경향과 일정한 문제 패턴을 짚어내는 것이 무척 어려우며, 특히 난이도에 따른 문제의 변화에 대해 정확히 설명하고 있는 실전서는 거의 전무합니다.

오픽의 출제 경향에 관한 많은 추측과 의견들이 난무하자 얼마 전 오픽은 공식 사이트를 통해 난이도별 문제 배치표를 공개했습니다. 이 도표에 따르면 난이도 3 이상에서는 총 15개의 문제가 출제되며 문제는 3단 콤보로 구성되어 전부 5개의 주제가 나온다는 것을 알 수 있습니다. 하지만 수험자들이 가장 궁금해하는 난이도별로 달라지는 문제 변화에 대해서는 역시 아무 정보도 명시되지 않아 수험자들은 이에 대해 여전히 혼란스러워 하고 있습니다.

이 궁금증을 해소하기 위해 저는 수년간 직접 치른 오픽 시험의 분석과 정확한 데이터를 통해 오픽의 난이도별 출제 경향을 확실하게 반영한 실전 모의 테스트 10회분을 완성했습니다. 아마 이 책은 수험자들이 가장 궁금해하는 오픽의 난이도별 출제 경향에 대해 설명하고 있는 국내 최초의 책이라고 자신합니다.

사실, 많은 수험자들이 오픽 시험에서 가장 어려워하는 것은 바로 답변 준비 시간을 주지 않는 오픽 시험 시스템 때문입니다. 오픽은 문제를 듣고 바로 답변 녹음이 시작되므로 수험자는 거의 즉흥적으로 준비된 답변을 말해야 합니다. 따라서 전체 시험에서 어떤 문제가 어디에 출제되며 다음 문제는 무엇인지, 그 흐름을 전혀 예측하지 못한다면 이러한 시험 시스템에서 실패할 확률이 높아질 수밖에 없습니다. 이 책에 실린 10회의 실전 테스트는 이러한 문제점을 극복하기 위한 좋은 훈련이 될 것이며 전체 문제의 흐름을 파악할 수 있는 실전 능력을 기르는 데 많은 도움이 될 것입니다.

끝으로 책의 답변 작성에 많은 도움을 주신 민병철어학원의 Loretta Randell 선생님과 Yeaseul 선생님께 감사드립니다.

전미성

CONTENTS

구성과 특징   8
오픽 소개   10
오픽 미리 보기   14
오픽 가이드   16
오픽 용어 제대로 알기   18
Background Survey   22

Chapter 1. 응시자 상황별 자기소개

Sample 1   28
Sample 2   30
Sample 3   32
Sample 4   34
Sample 5   36
Sample 6   38
Sample 7   40
Sample 8   42
Sample 9   44
Sample 10   46

Chapter 2. 난이도 선택(Self-Assessment)별 실전 모의고사

난이도 3

Actual Test 1	52
Actual Test 2	56
Actual Test 3	60

난이도 4

Actual Test 4	66
Actual Test 5	70
Actual Test 6	74

난이도 5

Actual Test 7	80
Actual Test 8	84

난이도 6

Actual Test 9	90
Actual Test 10	94

별책부록_모범 답변 + TIP + 해석

구성과 특징

1
새롭게 달라진 시험 경향에 맞춘 난이도 선택별 실전 모의고사 10회

오픽 최신 설문 항목과 경향을 반영하고 다양한 설문 주제를 골고루 수록한 모의고사 10회로 실전 시험 대비

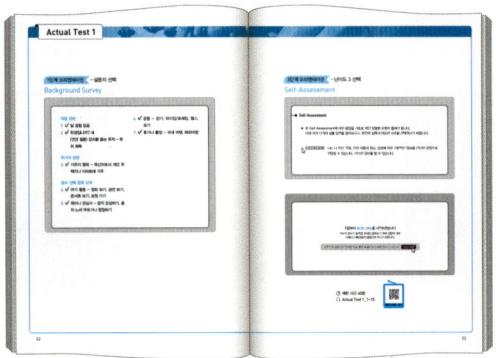

2
나만의 자기소개를 완성할 수 있는 응시자 상황별 자기소개 샘플

10개의 다양한 자기소개 샘플을 활용해 나만의 자기소개 완벽하게 완성

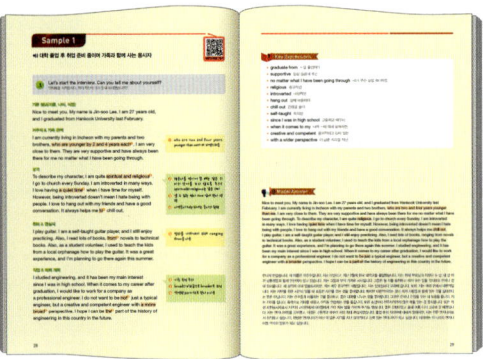

3
10회분 모든 문제에 대한 모범 답변

레벨별 수준에 따른 현실적인 답변으로 목표 레벨 맞춤형 답변 학습

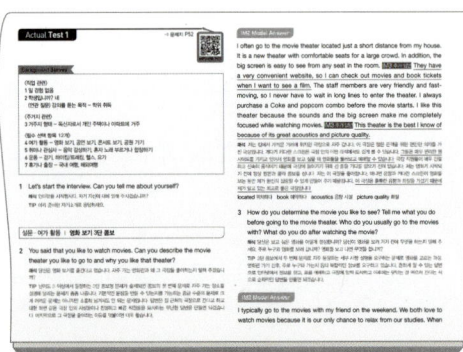

4

완벽한 답변 작성을 위한 효과적인 TIP

짧은 시간 내 자연스러우면서 깔끔하게 답변을 말할 수 있는 비법 훈련

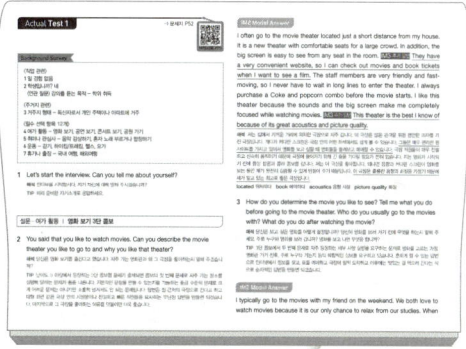

5

실제 수험자의 레벨별 육성 답변 샘플

각 레벨별 실제 수험자의 육성 답변 샘플 MP3를 들으며 내 수준 파악
(QR코드 스캔 & www.nexusbook.com)

6

바로 써 먹을 수 있는 시험장 100% 활용 답변 표현 리스트·MP3

어떤 질문을 만나더라도 능숙하게 답변할 수 있는 답변 표현 리스트와 MP3
(www.nexusbook.com)

오픽 소개

1 OPIc이란?

OPIc(Oral Proficiency Interview-computer)은 컴퓨터를 통해 진행되는 가상 1:1 인터뷰 방식의 응시자 맞춤형 외국어 말하기 평가로서, 실제 생활에서 얼마나 효과적이고 적절하게 외국어를 사용할 수 있는지 측정하는 시험입니다. 현재 국내 유수의 기업 및 기관에서 OPIc을 채용과 인사고과 등에 활발하게 활용하고 있습니다.

2 OPIc의 특징

응시자 맞춤형 시험

개인별 설문 조사(Background Survey)를 통해, 응시자의 관심 분야에 맞춘 주제에 따라 문항을 출제합니다. 또한 응시자가 질문의 난이도를 스스로 설정(Self-Assessment)할 수 있는 맞춤형 평가입니다.

응시자 편의의 시험

문항별 시간 제한이 없이 전체 시험 시간(40분) 안에만 완료하면 되는 비교적 자유로운 평가입니다. 따라서 문항에 따라 응시자가 답변 시간을 조절할 수 있으며, 질문을 듣지 못한 경우에는 한 번 더 들을 수 있습니다. 또한 시험 중간에 문제 난이도를 재조정할 수 있는 기회가 있는 응시자 편의의 평가입니다.

실질적인 언어 능력 측정

문법, 어휘, 독해, 암기에만 집중한 평가가 아닌, 언어의 기능적인 측면까지 평가합니다. 응시자가 외국어로 어떤 기능을 할 수 있고, 실생활의 목적에 맞게 언어를 사용할 수 있는가를 측정합니다.

3

OPIc 시험 진행 절차
(약 60분 소요)

오픽은 한 주제에서 한 개의 문제를 내는 경우는 거의 없으며 대개 2개 또는 3개의 문제를 연속해서 냅니다. 이를 2단 콤보 또는 3단 콤보라 부르며 최근 오픽이 공식적으로 발표한 문제 구성표를 통해 그 배치도를 살펴볼 수 있습니다.

오리엔테이션 (20분)	❶ Background Survey ❷ Self-Assessment ❸ Overview of OPIc ❹ Sample Question	평가 문항을 위한 사전 설문 자기 수준에 맞는 시험 난이도 결정 화면 구성 및 청취, 답변 녹음 등 시험 방법 안내 인사하기로 실제 답변 방법 연습
본 시험 (40분)	❶ 1st Session ❷ 2차 Self-Assessment ❸ 2nd Session	개인 맞춤형 문항 출제 (약 7문항 출제) 질문 청취 2회 가능 문항별 답변 시간 제한 없음 난이도 재조정 1st Session과 동일
평가	답변 전송 평가	실시간 답변 전송 신뢰도와 객관성을 가진 ACTFL 공인 채점자가 평가
결과 통보		근무일 기준 5일 이내에 신속한 평가 결과 통보

Background Survey란?

응시자와 유관한 문항을 확보하기 위한 사전 설문으로, 응시자는 자신의 직업 및 거주지, 취미와 관심사에 대한 설문에 알맞은 항목을 선택합니다. 설문에서 선택한 항목은 문항에 일부분만 반영됩니다.

Self-Assessment란?

6개의 수준별 샘플 답변을 듣고 응시자 자신의 영어 실력과 비슷한 수준을 선택하여 문항 난이도를 결정할 수 있습니다. 오리엔테이션 시간에 첫 번째 결정을 할 수 있고, 시험 중간에 난이도를 재조정할 수 있습니다. 문항이 너무 쉽거나 어려울 경우 난이도를 재조정할 수 있고, 첫 번째에서 정한 난이도를 그대로 유지해도 됩니다. 참고로 난이도 1~2는 12문항이 출제되고, 난이도 3~6은 15문항이 출제됩니다.

문항당 답변 시간은?

OPIc은 문항당 답변 시간 제한이 없습니다. 따라서 응시자가 답변을 완성했다고 생각하면 스스로 다음 문항으로 넘어갈 수 있는 비교적 자유로운 시험입니다. 15문항이 나올 경우, 문항당 답변 시간을 1분 30초에서 2분 정도 할당하면 적절합니다.

4 OPIc 평가 등급 체계

OPIc은 총 9개의 평가 등급이 있으며, 대부분의 기업에서 요구하는 등급은 IL, IM 등급입니다.

Level		레벨별 요약 설명
AL	Advanced Low	사건을 서술할 때 일관적으로 동사 시제를 관리하고, 사람과 사물을 묘사할 때 다양한 형용사를 사용한다. 적절한 위치에서 접속사를 사용하기 때문에 문장 간의 결속력도 높고 문단의 구조를 능숙하게 구성할 수 있다. 익숙하지 않은 복잡한 상황에서도 문제를 설명하고 해결할 수 있는 수준이다.
IH	Intermediate High	개인에게 익숙하지 않거나 예측하지 못한 복잡한 상황을 만날 때, 대부분의 상황에서 사건을 설명하고 문제를 효과적으로 해결하곤 한다. 발화량이 많고, 다양한 어휘를 사용한다.
IM	Intermediate Mid	일상적인 소재뿐 아니라 개인적으로 익숙한 상황에서는 문장을 나열하며 자연스럽게 말할 수 있다. 다양한 문장 형식이나 어휘를 실험적으로 사용하려고 하며, 상대방이 조금만 배려해 주면 오랜 시간 대화가 가능하다.
		*IM의 경우, 다시 IM3(상), IM2(중), IM1(하)으로 세분화되어 성적이 제공됩니다.
IL	Intermediate Low	일상적인 소재에서는 문장으로 말할 수 있다. 대화에 참여하고 선호하는 소재에서는 자신감을 가지고 말할 수 있다.
NH	Novice High	일상적인 대부분의 소재에 대해서 문장으로 말할 수 있다. 개인 정보라면 질문을 하고 응답을 할 수 있다.
NM	Novice Mid	이미 암기한 단어나 문장으로 말하기를 할 수 있다.
NL	Novice Low	제한적인 수준이지만 영어 단어를 나열하며 말할 수 있다.

5 OPIc 평가 영역

Language Control	Function Global Tasks	Text Type	Contents Context	Comprehensibility
• 문법(Grammar) • 어휘(Vocabulary) • 유창성(Fluency) • 발음(Pronunciation)	일관적으로, 편하고 꾸준하게, 즉흥적으로 대처할 수 있는 언어 과제 수행 능력	어문의 길이 구성 능력(단위: 단어, 구, 문장, 접합된 문장들, 문단)	주제와 상황에 대한 표현 능력	• 질문 의도 파악 • Interviewer의 질문을 제대로 이해하였는가

6
OPIc 시험 응시 안내

시험 접수	OPIc 홈페이지 www.opic.or.kr에서 접수 응시료: 78,100원 (정기 시험 기준)
시험 장소	지정된 ACTFL OPIc 공인 센터 중 선택 가능 ※시험 시작 10분 전까지 입실, 지각 시 시험 응시 불가능 ※시험장 입구에 있는 자리 배치도 확인 후 배정된 자리에 착석
준비물	신분증 (주민등록증, 운전면허증, 기간 만료 전 여권), 수험표 및 필기도구 없이 시험 응시 ※군인 할인 대상자는 시험 당일 군인임을 나타낼 수 있는 신분증 및 군인 확인 서류 제출
시험 기간	약 60분 (오리엔테이션 20분 + 본 시험 40분)
성적 확인	정기 시험 응시일로부터 7일째 되는 날 오후 1시부터 OPIc 홈페이지에서 확인 가능 ※응시일 기준 2년 이내의 성적 조회 가능

UR(평가 불가능, Unable to Rate)이란?
성적표에 UR이 나오는 경우는 녹음 불량이나 녹음 음량이 너무 작은 경우, 수험자가 자신이 없어 답변을 안 한 경우입니다. 수험자의 과실이 있는 경우 재시험의 기회는 없이 응시료가 정상 청구되지만, 시스템 오류로 인한 UR일 경우 1회의 재시험 기회를 드립니다.

OPIc 25일 규정이란?
ACTFL의 평가 정책으로, OPIc 응시자는 정기 시험 및 특별 시험의 구분 없이 최근 시험 응시일로부터 25일의 간격을 두고 응시해야 한다는 규정입니다. 단, 25일 이내에 시험을 재응시할 수 있는 Waiver 기능을 사용할 수 있습니다. (150일마다 1회 사용 가능)

오픽 미리 보기

오리엔테이션(20분)

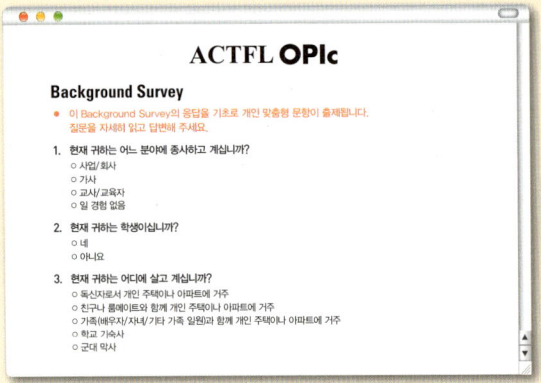

Background Survey

응시자의 신분, 거주지, 여가 활동, 취미, 즐겨 하는 운동, 출장 및 여행 경험에 대해 선택합니다. 이 설문에서 선택한 항목이 일부 문항의 소재로 반영이 됩니다. 본 책 22~23페이지에 자세한 설문 항목이 실려 있습니다.

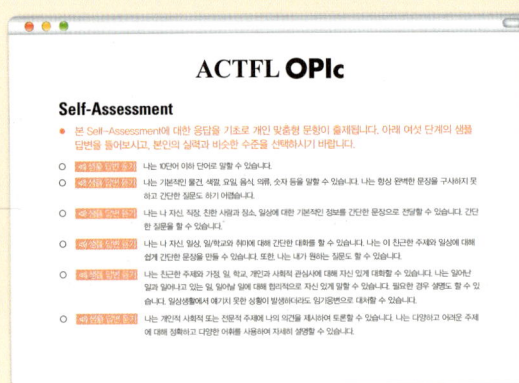

Self-Assessment

6개의 수준별 샘플 답변을 듣고 응시자 자신의 영어 실력과 비슷한 수준을 선택합니다.

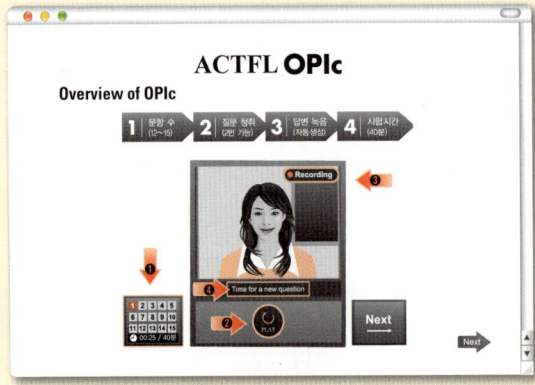

Overview of OPIc

화면 구성과 조작 기능에 대한 안내입니다. 문항을 들을 수 있는 버튼의 위치와 다시 들을 수 있는 버튼의 위치, Next 버튼의 위치를 숙지하여 시험에서 시간을 소비하는 일이 없도록 합니다.

본 시험(40분)

1st Session
첫 번째 세션은 약 7문항이 출제됩니다. PLAY 버튼으로 질문을 두 번 들을 수 있는 것을 활용하도록 합니다. 문항별 답변 시간 제한은 없지만 2분 내외로 맞추도록 합니다.

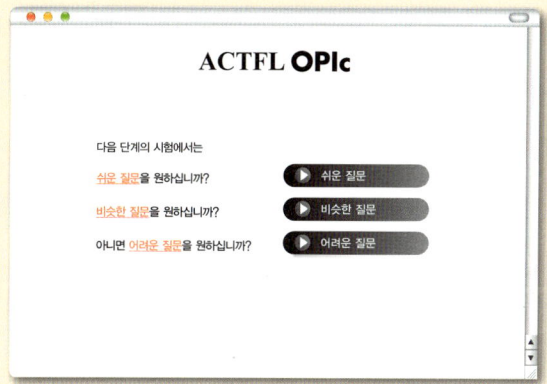

난이도 재조정
두 번째 세션의 문항 난이도를 선택합니다. 쉬운 질문과 비슷한 질문, 어려운 질문 중 선택할 수 있습니다. 쉬운 질문을 선택했다고 등급이 낮아지는 것은 아닙니다.

2nd Session
재조정된 난이도의 나머지 문항이 출제됩니다. 시험 방식은 첫 번째 세션과 동일합니다. 오픽은 총 12문제에서 15문제가 출제됩니다.

오픽 가이드

1

돌발 문제는 나오는 문제가 정해져 있나요? 어떻게 대비해야 하나요?

돌발 문제는 말 그대로 돌발적으로 출제되는 문제이므로 정확히 어떤 문제가 나올지 예측할 수 없습니다. 그러나 이러한 돌발 문제도 어느 정도의 출제 가이드는 있으며 사전 설문지 선택 사항과 전혀 연관이 없다고 할 수만은 없습니다. 예를 들면 주거 형태에서 〈가족과 함께 주택이나 아파트에 거주〉를 선택했을 때 돌발 문제로 〈가족과 함께 했던 집 개선 프로젝트〉가 나올 수 있는데, 〈독신자로서 주택이나 아파트에 거주〉를 선택하면 나오지 않습니다. 또한, 설문지에서 〈요리하기〉를 고르면 돌발 주제로 〈한국의 음식〉이 나올 수 있는 원리를 이해하면 됩니다. 하지만 이 외에도 무작위로 출제되는 돌발 주제가 광범위하기 때문에 돌발 문제의 답을 통째로 외우려고 하기보다는 전체적인 답변의 흐름을 이해하고 방향을 잡는 정도로 연습하면서 다양한 주제를 넓게 살펴보는 것이 더 효율적입니다.

2

돌발 주제가 안 나오게 하는 방법은 없나요?

돌발 주제는 난이도 선택과 관련 있습니다. 난이도 1~2에서는 돌발 주제가 거의 나오지 않으며 난이도 3에서도 돌발 주제가 출제되지 않는 경우가 종종 있어서 난이도를 낮추는 것이 돌발 문제를 피하는 방법이라고 할 수 있습니다. 평균적으로 난이도 3 또는 4에서 1개 정도의 돌발 주제가 나오며, 난이도 5~6에서는 2개까지도 나오기 때문에 중급 이상의 등급을 목표로 하는 수험자는 돌발 문제에 대비하는 게 좋습니다.

3

오픽이 바뀌었다고 하는데, 뭐가 바뀐 건가요? 더 쉬워진 건가요? 바뀐 의미가 무엇인가요?

오픽은 처음 시험이 도입된 시점부터 지금까지 시험 형식 자체는 큰 변화 없이 유지되어 왔습니다. 가장 큰 변화는 오리엔테이션 과정에서 선택하는 설문지에서의 변화입니다. 오픽은 사전 설문지 선택 과정에서 학생들의 최신 경향과 기타 요구 사항에 따라 몇 차례 큰 변화를 주어 왔으며 필수 선택 항목 역시 원래 12개에서 16개로, 이후 다시 12개로 수정하는 등의 변화를 거듭해 왔습니다. 이런 과정을 오픽이 바뀌었다고 말할 수 있겠지만 시험 자체가 쉬워졌거나 어려워졌다고는 볼 수 없습니다.

4

난이도를 전략적으로 설정해야 하는 이유가 무엇인가요?

난이도 설정은 시험 결과에 직접적인 영향을 줄 수 있습니다. 난이도 설정에 따라 문제 출제 경향이 많이 달라지기 때문에 본인이 대답할 수 있는 수준의 난이도를 알고 설정하는 것이 가장 기본입니다. 높은 난이도는 무조건 좋은 점수가 나온다거나 낮은 난이도는 쉬운 문제가 나오므로 점수에 도움이 된다거나 하는 식으로 생각해서는 오히려 점수에서 불이익을 받을 수 있습니다. 실제로 유창한 영어 실력을 가졌던 수험자가 쉬운 문제로 만점을 받기 위해 난이도 1로 시험을 봤다가 〈채점 불가〉 판정을 받은 경우도 있습니다. 이처럼 난이도에 대한 충분한 이해 없이 막연하게 선택을 했을 때는 시험 자체를 망칠 수도 있다는 점을 알고 본 책에서 제시하는 난이도 차이에 대해 충분히 이해하여 자신에게 맞는 난이도를 전략적으로 선택하도록 합니다.

5
난이도 재조정을 하면 불이익이 있나요?

난이도 재조정에 따른 채점상의 불이익은 없다고 보셔도 됩니다. 중간에 난이도 재조정한다 해도 후반부의 문제들이 크게 바뀌지 않기 때문에 난이도 변경이 채점에서도 큰 영향을 미치지 않는다고 생각할 수 있습니다. 이 때문에 난이도 재조정에 대해 수험자는 중요한 의미를 두지 않는 게 맞습니다.

6
설문 조사를 거짓으로 해도 되나요?

만약 본인이 현재 직장인이라도 사회 경험이 얼마 없어서 학생 문제를 푸는 것이 더 익숙하다면 설문 조사에서 학생으로 설정해서 시험을 보는 것도 괜찮습니다. 오픽 시험은 컴퓨터로 녹음하는 스피킹 시험으로 실제 영어 인터뷰와 가장 유사한 시험이라는 평가를 받습니다. 하지만 수험자는 이것을 실제 인터뷰와 혼동하면 안 됩니다. 이것은 영어 능력을 평가하는 시험이기 때문에 진실 여부가 채점자에게 크게 중요하게 작용하지 않습니다. 따라서 설문 조사는 전략적으로 준비하여 자신과 상관이 없더라도 답변하기 좋거나 유리한 설문 항목을 선택하는 것이 목표 등급을 획득하는 데 많은 도움이 됩니다.

7
설문 조사를 어떻게 하면 문제가 쉽게 나오나요?

6번의 내용과 연결되는 답변입니다. 문제가 쉽게 나오도록 하려면 난이도를 조정하는 것이 맞고 설문 조사에서는 본인이 자신 있는 항목을 선택하는 것이 쉽게 문제를 풀 수 있는 요령입니다.

8
수험자가 잘 고르는 설문 항목이 있나요?

이 책에서는 최근 오픽 시험을 치른 수험자들의 후기를 분석해서 가장 많이 선택하는 설문 항목으로 총 10개의 시험을 구성했습니다. 본 책에 실린 테스트 사전 설문 항목을 보면 현재 수험자들의 인기 있는 선택 항목을 보실 수 있습니다.

오픽 용어 제대로 알기

1 롤플레이란?

롤플레이란 하나의 주제를 설정하고 그와 관련된 가상의 상황을 엮어 출제하는 문제를 말하며 우리말로 '역할극' 또는 '상황극' 문제라고 부릅니다. 롤플레이로 출제되는 주제는 크게 두 가지로 나뉠 수 있으며 첫 번째는 수험자가 사전에 설정한 설문지 주제와 관련되어 나오는 '설문지 관련 주제 롤플레이'이며 두 번째는 수험자의 설문지와 상관없이 출제되는 '돌발 주제 롤플레이'입니다. 예를 들어 '설문지 관련 주제 롤플레이'는 영화 보기, 콘서트 보기 같은 주제를 골랐을 때 영화관에서 있을 수 있는 상황, 또는 콘서트 관련 상황 같은 것이 나오는 걸 말합니다. 이것과 상관없는 다른 주제, '레스토랑 롤플레이', '분리수거 롤플레이' 같은 것이 '돌발 주제 롤플레이'입니다.

> **Q** I'm going to give you a situation. You and a friend want to see a movie. Pretend to call the theater and ask several questions before you buy tickets.
>
> 당신에게 상황을 주겠습니다. 당신과 친구는 영화를 보고 싶습니다. 극장에 전화해서 표를 사기 전에 몇 가지 질문을 해 보세요.

롤플레이는 이처럼 상황을 주면서 적절한 질문을 해 보라는 문제로 시작되며 이어서 상황을 해결하라는 문제가 출제됩니다.

2 3단 콤보란?

오픽은 한 주제에서 한 개의 문제가 나오는 경우는 거의 없으며 대개 2개 또는 3개의 문제가 연속해서 출제됩니다. 이를 2단 콤보 또는 3단 콤보라 부르며 최근 오픽이 공식적으로 발표한 문제 구성표를 통해 그 배치도를 살펴볼 수 있습니다.

| 각 단계별 목표 등급 및 문항 구성 |

단계	목표 등급	설명	문항 구성
1	NL	나는 10개 이하의 단어로 말할 수 있습니다.	· Self-Introduction (1개) · 2개 문항 Combo (5개) · 3개 문항 Combo (4개) ※ Combo 문항에 Role Play가 포함될 수 있습니다.
2	NM	나는 일반적인 사물, 색깔, 요일, 음식, 옷, 숫자 등에 대해 말할 수 있습니다. 항상 완벽한 문장을 구사하지 못하며, 간단한 질문도 하기 어렵습니다.	
3	NH-IL	나는 나 자신, 직장, 친한 사람과 친숙한 장소, 일상에 대한 기본적인 정보를 간단한 문장으로 전달할 수 있으며, 간단한 질문을 할 수 있습니다.	
4	IM	나는 나 자신, 일상, 직장/학교, 취미에 대한 간단한 대화를 할 수 있습니다. 이런 친숙한 화제나 일상에 대해서는 간단한 문장을 쉽게 만들 수 있으며, 원하는 질문도 할 수 있습니다.	
5	IH-AL	나는 친숙한 하제와 집, 직장/학교, 개인적이거나 사회적인 관심사에 대해 대화할 수 있습니다. 나는 이미 일어난 일, 일어나고 있는 일, 일어날 일에 대해 연결된 문장을 말할 수 있고, 질문을 받을 경우 이를 설명할 수 있습니다. 일상생활에서 예기치 않은 복잡한 상황이 발생하더라도 임기응변으로 대처하여 말할 수 있습니다.	· Self-Introduction (1개) · 2개 문항 Combo (1개) · 3개 문항 Combo (4개) ※ Combo 문항에 Role Play가 포함될 수 있습니다.
6	AL	나는 직장/학교, 개인적 관심사나 시사 문제에 대한 어떤 대화나 토론도 자신 있게 할 수 있습니다. 높은 수준의 정확성과 다양한 어휘가 요구되는 대부분의 화제에 대해 충분한 길이나 내용으로 자세히 설명할 수 있습니다.	

* 본인의 수준보다 현저히 높거나 낮은 단계를 선택할 경우 실력이 정확하게 측정되지 않을 수 있습니다.
* 목표 등급이 NL~NH인 경우 1~2단계, IL~IM인 경우 3~4단계, IH 이상의 높은 등급인 경우 5~6단계 선택을 권장합니다.

오픽에서 제공한 위 문제 구성표를 보면 난이도 3 이상을 선택하는 수험자는 총 15개의 문제를 받게 되며 그중 4개의 3단 콤보와 1개의 2단 콤보를 풀도록 되어 있습니다. 3단 콤보는 1단계 문제에 이어 2단계, 3단계로 갈수록 문제가 어려워지는 경향이 있는데 가장 대표적인 순서는 아래와 같습니다.

1단계
특정 장소, 사람, 사물에 대한 묘사를 요청하는 질문이 나오면 주로 현재 시제를 사용해서 설명한다.

> **레스토랑 3단 콤보 중 1단**
> 자주 가는 레스토랑에 설명해 달라는 질문이 주어진다.
>
> **Q** You may eat out. Tell me about your favorite restaurant. What does it look like?

2단계
구체적이고 세부적인 정보를 요청하는 질문으로 과거 또는 현재 시제를 사용해 복잡한 질문에 바르게 답변하는지를 평가한다.
(난이도 1, 2에서는 여기까지 2단 콤보만 출제된다.)

> **레스토랑 3단 콤보 중 2단**
> 레스토랑을 누구와 함께 가는지, 얼마나 자주 가는지를 설명해 달라는 질문이 주어진다.
>
> **Q** How often do you go to that restaurant? When do you go there, who do you usually go with?

3단계
관련 경험을 말하거나 의견을 말하는 문제가 배치되며 가장 고득점으로 채점되는 문제가 주로 이 단계에서 출제됩니다. 이 단계에서 가장 중요한 것은 이야기를 풍부하게 지어내는 능력(Storytelling)으로, 없는 경험이라도 가상으로 대답할 수 있어야 하며 자신의 의견이나 생각을 풍부하게 표현할 수 있는 것이 중요합니다.

> **레스토랑 3단 콤보 중 3단**
> 레스토랑에서 있었던 특별한 경험을 말해 달라는 질문이 주어진다. (과거 시제 유도)
>
> **Q** I'd like to talk about a special experience you have had in the restaurant. Where did you go? Who did you go with? What happened? Tell me about it.

처음 오픽 시험을 보는 학생들은 3단 콤보 유형에 대해 잘 모르고 시험을 보는 경우가 많은데 오픽에서 고득점을 얻기 위해서는 이 같은 콤보식 문제의 흐름을 파악하고 각 단계별 답변 전략을 아는 게 중요합니다. 본 책에서 구성된 모든 문제들은 콤보의 흐름을 난이도별로 조합하고 있으므로 오픽의 콤보식 문제를 이해하고 연습하는 데 충분한 도움이 될 것입니다.

3
Background survey란? 사전 설문지 선택

오픽은 실제 인터뷰 같은 형식으로 시험이 출제되는데 이때 출제되는 질문은 오리엔테이션에서 하는 설문지 선택 사항을 바탕으로 출제됩니다. 설문지 선택은 돌발 주제나 롤플레이 상황극 문제까지도 영향을 미치므로 무작위로 고르지 않고 사전에 자신에게 유리한 전략을 짜서 고르는 것이 좋습니다. 설문지는 초기 오픽 때부터 현재까지 여러 차례 변화가 있었지만 오픽 공식 사이트에서 업데이트 상황을 항시 확인할 수 있으므로 수험자는 반드시 시험 전에 설문지 사항에 변화가 없는지를 살펴보고 시험에 응해야 합니다. (오픽 공식 사이트 주소: http://www.opic.or.kr)

4
난이도 재조정이란?

오픽은 난이도 3 이상에서부터 총 15문제가 출제되고 이때 1번에서 7번까지를 첫 번째 파트(First section), 8번에서 15번까지를 두 번째 파트(Second section)로 분류합니다. 두 개의 파트를 나누는 기준은 7번 이후에 등장하는 난이도 재조정 화면으로 이때는 아래 화면처럼 세 가지 선택을 할 수 있습니다. 초반 난이도가 너무 어렵게 느껴졌다면 〈쉬운 질문〉을 선택할 수 있고 난이도를 유지하려면 〈비슷한 질문〉을, 난이도가 너무 쉬웠다면 〈어려운 질문〉을 선택할 수 있습니다. 이때 난이도를 변경하면 후반부 문제가 변할 것이라고 예상하는 수험자가 많은데 실제 시험에서는 큰 차이 없이 진행되는 경우가 대부분이므로 수험자는 원하는 대로 진행하여 시험을 보도록 합니다.

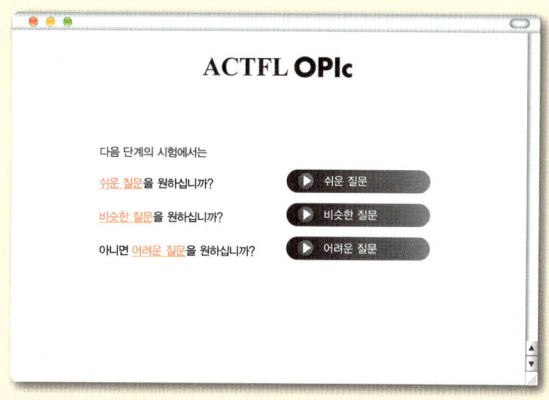

Background Survey

OPIc의 사전 설문 내용입니다. 본격적인 학습에 들어가기 전에 어떤 항목이 있는지 살펴보세요.

1 현재 귀하는 어느 분야에 종사하고 계십니까?

- ○ 사업/회사
- ○ 가사
- ○ 교사/교육자
- ○ 군 복무
- ○ 일 경험 없음

〈'사업/회사, 가사' 선택 시 추가 질문〉
1.1 현재 귀하는 직업이 있으십니까?
- ○ 네
- ○ 아니오

1.1.1 귀하의 근무 기간은 얼마나 되십니까?
- ○ 첫 직장-2개월 미만
- ○ 첫 직장-2개월 이상
- ○ 첫 직장 아님-경험 많음

1.1.1.1 귀하는 부하 직원을 관리하는 관리직을 맡고 있습니까?
- ○ 네
- ○ 아니오

〈'교사/교육자' 선택 시 추가 질문〉
1.1 현재 귀하는 어디에서 학생을 가르치십니까?
- ○ 고등학교/대학교
- ○ 초등학교/중학교
- ○ 평생교육

1.1.1 현재 귀하는 직업이 있으십니까?
- ○ 네
- ○ 아니오

1.1.1 귀하의 근무 기간은 얼마나 되십니까?
- ○ 2개월 미만-첫 직장
- ○ 2개월 이상-첫 직장이지만 다른 직업을 가진 적 있음
- ○ 2개월 이상

1.1.1.1 귀하는 부하 직원을 관리하는 관리직을 맡고 있습니까?
- ○ 네
- ○ 아니오

2 현재 귀하는 학생이십니까?

- ○ 네
- ○ 아니오

〈'네' 선택 시 추가 질문〉
2.1 현재 귀하가 강의를 듣는 목적은 무엇입니까?
- ○ 학위 취득
- ○ 전문 기술을 향상시키기 위한 평생 학습
- ○ 어학 수업

3 현재 귀하는 어디에 살고 계십니까?
○ 독신자로서 개인 주택이나 아파트에 거주
○ 친구나 룸메이트와 함께 주택이나 아파트에 거주
○ 가족(배우자/자녀/기타 가족 일원)과 함께 주택이나 아파트에 거주
○ 학교 기숙사
○ 군대 막사

아래의 4~7번 문항에서 12개 이상을 선택해 주시기 바랍니다.

4 귀하는 여가 활동으로 주로 무엇을 하십니까? (두 개 이상 선택)
☐ 영화 보기   ☐ 클럽/나이트클럽 가기   ☐ 공연 보기
☐ 콘서트 보기   ☐ 박물관 가기   ☐ 공원 가기
☐ 캠핑하기   ☐ 해변 가기   ☐ 스포츠 관람
☐ 집안일 거들기   ☐ 술집/바에 가기   ☐ 카페/커피 전문점 가기
☐ 게임 하기(비디오, 카드, 보드, 휴대폰 등)   ☐ 당구 치기
☐ 체스하기   ☐ SNS(페이스북, 트위터, 싸이월드 등)에 글 올리기
☐ 친구들에게 문자 보내기   ☐ 시험 대비 과정 수강하기   ☐ 뉴스를 보거나 듣기
☐ 요리 관련 프로그램 시청하기   ☐ 차로 드라이브하기   ☐ 스파 가기
☐ 구직 활동하기   ☐ 자원봉사하기

5 귀하의 취미나 관심사는 무엇입니까? (한 개 이상 선택)
☐ 아이에게 책 읽어 주기   ☐ 음악 감상하기   ☐ 악기 연주하기
☐ 혼자 노래 부르거나 합창하기   ☐ 춤추기   ☐ 글쓰기(편지, 단문, 시 등)
☐ 그림 그리기   ☐ 요리하기   ☐ 애완동물 기르기
☐ 주식 투자하기   ☐ 신문 읽기   ☐ 여행 관련 잡지나 블로그 읽기
☐ 사진 촬영하기

6 귀하는 주로 어떤 운동을 즐기십니까? (한 개 이상 선택)
☐ 농구   ☐ 야구/소프트볼   ☐ 축구
☐ 미식축구   ☐ 하키   ☐ 크리켓
☐ 골프   ☐ 배구   ☐ 테니스
☐ 배드민턴   ☐ 탁구   ☐ 수영
☐ 자전거   ☐ 스키/스노보드   ☐ 아이스 스케이트
☐ 조깅   ☐ 걷기   ☐ 요가
☐ 하이킹/트레킹   ☐ 낚시   ☐ 헬스
☐ 태권도   ☐ 운동 수업 수강하기   ☐ 운동을 전혀 하지 않음

7 귀하는 어떤 휴가나 출장을 다녀온 경험이 있습니까? (한 개 이상 선택)
☐ 국내 출장   ☐ 해외 출장   ☐ 집에서 보내는 휴가
☐ 국내 여행   ☐ 해외여행

OPIc

MP3 바로 가기

응시자 상황별
자기소개

Sample 1	Sample 6
Sample 2	Sample 7
Sample 3	Sample 8
Sample 4	Sample 9
Sample 5	Sample 10

자기소개 만들기

어떤 난이도를 선택하든지 오픽의 첫 번째 문제는 자기소개하기입니다.

> **Let's start the interview. Can you tell me about yourself?**
> 인터뷰를 시작합시다. 자기 자신에 대해 말해 주시겠습니까?

Actual Test를 풀기 전에 자기소개를 미리 만들어 놓도록 합니다. 자기소개는 Background Survey의 1번, 2번, 3번에 있습니다. 자신의 상황에 맞추어 알맞은 항목을 선택하도록 합니다.

Background Survey

1 현재 귀하는 어느 분야에 종사하고 계십니까?

- ○ 사업/회사
- ○ 가사

    1.1 현재 귀하는 직업이 있으십니까?
        ○ 네   ○ 아니오

    1.1.1 귀하의 근무 기간은 얼마나 되십니까?
        ○ 첫 직장 – 2개월 미만   ○ 첫 직장 – 2개월 이상
        ○ 첫 직장 아님 – 경험 많음

    1.1.1.1 귀하는 부하 직원을 관리하는 관리직을 맡고 있습니까?
        ○ 네   ○ 아니오

- ○ 교사/교육자
- ○ 군 복무
- ○ 일 경험 없음

    1.1 현재 귀하는 어디에서 학생을 가르치십니까?
        ○ 고등학교/대학교   ○ 초등학교/중학교
        ○ 평생교육

    1.1.1 현재 귀하는 직업이 있으십니까?
        ○ 네   ○ 아니오

    1.1.1 귀하의 근무 기간은 얼마나 되십니까?
        ○ 2개월 미만 – 첫 직장
        ○ 2개월 이상 – 교직은 처음이지만 이전에 다른 직업을 가진 적이 있음
        ○ 2개월 이상

    1.1.1.1 귀하는 부하 직원을 관리하는 관리직을 맡고 있습니까?
        ○ 네   ○ 아니오

self-introduction

2 현재 귀하는 학생이십니까?
- ○ 네
- ○ 아니오

2.1 현재 귀하가 강의를 듣는 목적은 무엇입니까?
- ○ 학위 취득
- ○ 전문 기술을 향상시키기 위한 평생 학습
- ○ 어학 수업

3 현재 귀하는 어디에 살고 계십니까?
- ○ 독신자로서 개인 주택이나 아파트에 거주
- ○ 친구나 룸메이트와 함께 주택이나 아파트에 거주
- ○ 가족(배우자/자녀/기타 가족 일원)과 함께 주택이나 아파트에 거주
- ○ 학교 기숙사
- ○ 군대 막사

다음 페이지에 나오는 10개의 자기소개 샘플은 실제 오픽 수험자들의 자기소개입니다. 틀리기 쉬운 용법들을 참고하여 나의 자기소개를 작성한 후 Actual Test를 시작하도록 합니다.

Sample 1

🔊 대학 졸업 후 취업 준비 중이며 가족과 함께 사는 응시자

> **1** Let's start the interview. Can you tell me about yourself?
> 인터뷰를 시작합시다. 자기 자신에 대해 말해 주시겠습니까?

기본 정보(이름, 나이, 직업)
Nice to meet you. My name is Jin-soo Lee. I am 27 years old, and I graduated from Hankook University last February.

거주지 & 가족 관계
I am currently living in Incheon with my parents and two brothers, who are younger by 2 and 4 years each❶. I am very close to them. They are very supportive and have always been there for me no matter what I have been going through.

> ❶ who are two and four years younger than me가 더 자연스러움

성격
To describe my character, I am quite spiritual and religious❷. I go to church every Sunday. I am introverted in many ways. I love having a quiet time❸ when I have time for myself. However, being introverted doesn't mean I hate being with people. I love to hang out with my friends and have a good conversation. It always helps me to chill out.

> ❷ 형용사를 연이어 쓸 때는 같은 의미의 단어를 쓰지 않도록 주의! spiritual과 religious는 같은 의미
> ❸ 셀 수 없는 명사 time 앞에 관사 생략

취미 & 관심사
I play guitar. I am a self-taught guitar player, and I still enjoy practicing. Also, I read lots of books, from❹ novels to technical books. Also, as a student volunteer, I used to teach the kids from a local orphanage how to play the guitar. It was a great experience, and I'm planning to go there again this summer.

> ❹ 범위를 나타내기 위해 ranging from을 사용

직업 & 미래 계획
I studied engineering, and it has been my main interest since I was in high school. When it comes to my career after graduation, I would like to work for a company as a professional engineer. I do not want to be not❺ just a typical engineer, but a creative and competent engineer with a more broad❻ perspective. I hope I can be the❼ part of the history of engineering in this country in the future.

> ❺ 이중 부정 주의
> ❻ broad의 비교급으로 broader로 수정
> ❼ 막연한 part이므로 관사 a 사용

Key Expressions

- graduate from ~을 졸업하다
- supportive 항상 응원해 주는
- no matter what I have been going through 내가 무슨 일을 겪더라도
- religious 종교적인
- introverted 내향적인
- hang out 함께 어울리다
- chill out 긴장을 풀다
- self-taught 독학한
- since I was in high school 고등학교 때부터
- when it comes to my OO 나의 ~에 대해 말하자면
- creative and competent 창의적이고 능력 있는
- with a wider perspective 더 넓은 시각을 지닌

Model Answer

Nice to meet you. My name is Jin-soo Lee. I am 27 years old, and I graduated from Hankook University last February. I am currently living in Incheon with my parents and two brothers, who are two and four years younger than me. I am very close to them. They are very supportive and have always been there for me no matter what I have been going through. To describe my character, I am quite religious. I go to church every Sunday. I am introverted in many ways. I love having quiet time when I have time for myself. However, being introverted doesn't mean I hate being with people. I love to hang out with my friends and have a good conversation. It always helps me chill out. I play guitar. I am a self-taught guitar player, and I still enjoy practicing. Also, I read lots of books, ranging from novels to technical books. Also, as a student volunteer, I used to teach the kids from a local orphanage how to play the guitar. It was a great experience, and I'm planning to go there again this summer. I studied engineering, and it has been my main interest since I was in high school. When it comes to my career after graduation, I would like to work for a company as a professional engineer. I do not want to be just a typical engineer, but a creative and competent engineer with a broader perspective. I hope I can be a part of the history of engineering in this country in the future.

만나서 반갑습니다. 제 이름은 이진수입니다. 저는 27살이고, 지난 2월에 한국 대학교를 졸업했습니다. 저는 현재 부모님과 저보다 두 살, 네 살 어린 남동생들과 함께 인천에서 살고 있습니다. 저는 그들과 무척 가까운 사이입니다. 그들은 늘 저를 응원하고 제가 무슨 일을 겪더라도 언제나 곁에 있어줍니다. 제 성격에 대해 말씀드리자면, 저는 매우 종교적인 사람입니다. 저는 일요일마다 교회에 갑니다. 또한, 저는 여러 면에서 내향적입니다. 저는 저만을 위한 시간이 있을 때 조용한 시간을 갖는 것을 좋아합니다. 하지만 내향적이라는 것이 제가 사람들과 함께 있는 것을 싫어한다는 뜻은 아닙니다. 저는 친구들과 어울리는 것을 좋아하고, 좋은 대화를 나누는 것을 좋아합니다. 그것은 언제나 긴장을 푸는 데 도움을 줍니다. 저는 기타를 칩니다. 독학으로 기타를 배웠고, 아직도 연습하는 것을 즐깁니다. 또한 소설부터 전문서적까지 많은 책을 읽는 걸 좋아합니다. 또한, 학생 자원봉사자로서 지역의 고아원에서 아이들에게 기타 치는 법을 가르쳐 주기도 했습니다. 좋은 경험이었고 올해 여름 다시 그곳에 갈 예정입니다. 저는 엔지니어링을 공부했고, 이것은 고등학교 때부터 저의 최대 관심사였습니다. 졸업 후의 커리어에 대해서 말하자면, 저는 전문 엔지니어로서 취직하고 싶습니다. 평범한 엔지니어가 아닌 더 넓은 시각을 지닌 창의적이고 능력 있는 엔지니어가 되고 싶습니다. 미래에는 이 나라의 엔지니어링 역사의 일부가 되고 싶습니다.

Sample 2

🔊 대학 4학년에 재학 중이며 혼자 자취하는 응시자

1 Let's start the interview. Can you tell me about yourself?
인터뷰를 시작합시다. 자기 자신에 대해 말해 주시겠습니까?

기본 정보
Hello. I am Dong-Jin Kim, and I'm 25. I am in my senior year of❶ Hankook University and have been studying business management.

❶ 학교 이름 앞은 전치사 at 사용: at Hankook University

거주지 & 가족 관계
I'm living alone in Seoul city❷, where I have rented a small apartment to be close to school. Sometimes it feels like quite a challenge for me to be away from my family, but so far it is❸ good. I don't see them much because of the distance. However, on every❹ holiday, I go back to my hometown and have a good time with my parents.

❷ Seoul city라는 말은 없음. Seoul로 수정
❸ 과거부터 지속되는 사실이므로 완료 시제인 has been이 적절
❹ on과 every 둘 다 쓰지 않도록 주의

성격
To talk about my personality, I would say I am a very outgoing person who loves to hang out with people. I am a leader type of person, but I'm not the kind of leader who rules over the❺ others. I am a leader who takes time to listen to what people say and think in order to give them proper direction.

❺ 당신이 알고 있는 '그 사람들'이 아닌, 여기서는 막연한 다른 사람들이란 뜻으로 the 삭제

취미 & 관심사
I love to spend time with friends. It is always exciting to grab a beer in a local pub and have a great conversation with my buddies. On weekend❻, I would rather go to a club or play a sports game with friends than just stay inside. Among all sports, basketball is my major❼. I like playing basketball with my friends, so I even play in street tournaments games❽ once in a while.

❻ on weekends 또는 on the weekend 중 하나 사용
❼ 표현이 이상함. I am best at basketball로 수정
❽ tournaments 또는 games 둘 중 하나 사용

직업 & 미래 계획
I would love to increase❾ work experience from one of the biggest major companies in Korea after I graduate. For this reason, I have been studying to get various technical licenses and language qualifications in order to do so. After everything is settled, I hope I can marry and have a lovely family of my own.

❾ experience에 어울리는 동사는 increase가 아닌 gain

Key Expressions

- **in my senior year** 4학년에 재학 중인
- **have been studying** ~을 공부하고 있다
- **it feels like a challenge for me to** 내가 ~하는 것이 마치 도전처럼 느껴진다
- **outgoing** 외향적인
- **hang out with people** 사람들과 어울리다
- **grab a beer in a pub** 술집에서 맥주 한잔하다
- **I'm best at** ~을 가장 잘하다
- **once in a while** 가끔, 이따금
- **one of the biggest major companies in Korea** 한국의 대기업 중 하나
- **language qualifications** 어학 증명서
- **get married and have a lovely family of my own** 결혼해서 나만의 아름다운 가정을 꾸리다

Model Answer

Hello. I am Dong-Jin Kim, and I'm 25. I am in my senior year at Hankook University and have been studying business management. I'm living alone in Seoul, where I have rented a small apartment to be close to school. Sometimes it feels like quite a challenge for me to be away from my family, but so far it has been good. I don't see them much because of the distance. However, every holiday, I go back to my hometown and have a good time with my parents. To talk about my personality, I would say I am a very outgoing person who loves to hang out with people. I am a leader type of person, but I'm not the kind of leader who rules over others. I am a leader who takes time to listen to what people say and think in order to give them proper direction. I love to spend time with friends. It is always exciting to grab a beer in a local pub and have a great conversation with my buddies. On weekends, I would rather go to a club or play a sports game with friends than just stay inside. Among all sports, I am best at basketball. I like playing basketball with my friends, so I even play in street tournaments once in a while. I would love to gain work experience from one of the biggest major companies in Korea after I graduate. For this reason, I have been studying to get various technical licenses and language qualifications in order to do so. After everything is settled, I hope I can marry and have a lovely family of my own.

안녕하세요. 저는 김동진이며 25살입니다. 저는 한국 대학교 4학년에 재학 중이며 경영학을 전공하고 있습니다. 저는 서울에서 혼자 살고 있으며 학교에서 가까운 데에서 살기 위해 작은 아파트를 빌려 살고 있습니다. 가끔은 가족들과 떨어져 사는 게 상당한 도전처럼 느껴지기도 하지만 아직까지는 괜찮습니다. 거리 때문에 가족들을 자주 보지는 못합니다. 하지만 명절마다 고향에 내려가서 부모님과 좋은 시간을 보냅니다. 제 성격에 대해서 말씀드리면, 저는 사람들과 어울리는 것을 좋아하는 무척 외향적인 사람입니다. 저는 리더 역할을 하는 사람이지만 사람들 위에 군림하려는 종류의 리더가 아닙니다. 저는 사람들에게 적절한 방향을 제시하기 위해 사람들이 무엇을 말하고 생각하는지를 듣는 데 시간을 쓰는 리더입니다. 저는 친구들과 시간을 보내는 것을 좋아합니다. 동네 술집에서 맥주 한잔하는 것과 친구들과 좋은 대화를 나누는 것은 늘 즐겁습니다. 주말에는 그냥 실내에 있기보다 클럽에 가거나 친구들과 스포츠 경기를 하는 것을 더 좋아합니다. 모든 스포츠 중에서 저는 농구를 가장 잘합니다. 친구들과 농구 경기를 하는 것을 좋아해서 가끔 거리 토너먼트에 나가기도 합니다. 졸업 후에는 한국의 대기업 중 하나에서 실무 경험을 쌓고 싶습니다. 그러기 위해 저는 다양한 기술 자격증과 어학 증명서 취득을 위한 공부를 하고 있습니다. 모든 것이 안정되면 결혼해서 저만의 아름다운 가정을 꾸리고 싶습니다.

Sample 3

 대학교 4학년이며 학교 기숙사에 사는 응시자

> **1** Let's start the interview. Can you tell me about yourself?
> 인터뷰를 시작합시다. 자기 자신에 대해 말해 주시겠습니까?

기본 정보
Hello. My name is Sun-Young Choi and I just turned 24 in August. I am a senior at Hankook University in Seoul.

거주지 & 가족 관계
I was born and raised in Jeonju, but for now I am living in the school dormitory in Seoul away from my family. I am the eldest among my siblings. I have two sisters and one brother, who are❶ very close to each other.

❶ 문장이 모호하므로 and로 나눠 말하는 게 나음: one brother and we are

전공 & 직업
I am studying advertising. I love to express myself through different outlets, like❷ fashion and art. With all that I have learned from school, I would like to work for a company as a professional creative director after graduation.

❷ such as 사용

성격 & 취미 & 관심사
When it comes to my character, I would say I am full of creativity and energy. I am an extroverted person with high self-esteem. For me, it is not that hard to be friends with someone I just met. Having quality time❸ with my family and friends always gives me energy. I enjoy drawing and painting. I carry a small note❹ so I can do a little sketching wherever I go. I also love outdoor activities just as much as I love being indoor❺. I always feel inspired when I spend time in nature. That's why I love to spend my time hiking and riding a bikes❻ at the park and around town. I love to take pictures and put them up online and social network sites. It is always my pleasure to share my daily pictures with many people.

❸ Having time보다 Spending time이 일반적인 표현
❹ 그림을 그리기 위한 것이므로 notepad가 적절
❺ indoor는 indoor sports 같이 명사 앞에서 쓰는 형용사. 여기서는 "실내에서"를 뜻하는 부사 indoors 사용
❻ 관사 없이 riding bikes

마무리
With all I have experienced, I hope to always become a better person with a wider perspective and a warm heart inside❼. Furthermore, I would like to motivate people and help those in need.

❼ heart는 누구나 안에 있는 것이므로 inside는 불필요

Key Expressions

- just turned 막 ~살이 되다
- be born and raised in OO ~에서 태어나고 자랐다
- live in the school dormitory 학교 기숙사에서 지내다
- the eldest 장남, 장녀
- an extroverted person 외향적인 사람
- have a high self-esteem 자존감이 높다
- love outdoor activities 야외 활동을 좋아하다
- take put them up online and social network services 온라인과 SNS에 올리다
- share my daily pictures with 일상 사진을 ~와 공유하다

Model Answer

Hello. My name is Sun-Young Choi and I just turned 24 in August. I am a senior at Hankook University in Seoul. I was born and raised in Jeonju, but for now I am living in the school dormitory in Seoul away from my family. I am the eldest among my siblings. I have two sisters and one brother, and we are very close to each other. I am studying advertising. I love to express myself through different outlets, such as fashion and art. With all that I have learned from school, I would like to work for a company as a professional creative director after graduation. When it comes to my character, I would say I am full of creativity and energy. I am an extroverted person with high self-esteem. For me, it is not that hard to be friends with someone I just met. Spending quality time with my family and friends always gives me energy. I enjoy drawing and painting. I carry a small notepad so I can do a little sketching wherever I go. I also love outdoor activities just as much as I love being indoors. I always feel inspired when I spend time in nature. That's why I love to spend my time hiking and riding bikes at the park and around town. I love to take pictures and put them up online and social network sites. It is always my pleasure to share my daily pictures with many people. With all I have experienced, I hope to always become a better person with a wider perspective and a warm heart. Furthermore, I would like to motivate people and help those in need.

안녕하세요. 제 이름은 최선영이고 8월에 24살이 되었습니다. 저는 서울의 한국 대학교 4학년입니다. 저는 전주에서 태어나 자랐고 지금은 가족과 떨어져 서울의 학교 기숙사에서 살고 있습니다. 저는 형제자매 중 맏이입니다. 2명의 여동생과 1명의 남동생이 있고 우리는 무척 가까운 사이입니다. 저는 광고를 공부하고 있습니다. 저는 패션과 예술과 같은 색다른 방식을 통해 제 자신을 표현하는 것을 좋아합니다. 학교에서 배운 것들로 졸업 후에 전문 크리에이티브 디렉터로 취직하고 싶습니다. 제 성격에 대해 말해 보자면 저는 창의성과 에너지로 가득합니다. 저는 자존감이 높은 무척 외향적인 사람입니다. 저는 방금 만난 사람과 친구가 되는 것이 그리 어렵지 않습니다. 가족들과 친구들과 함께 좋은 시간을 갖는 것은 언제나 저에게 힘을 줍니다. 저는 그림 그리는 것을 좋아합니다. 저는 어디를 가든 스케치를 할 수 있도록 작은 공책을 들고 다닙니다. 저는 또한 집에 있는 것만큼이나 야외 활동도 좋아합니다. 자연에서 시간을 보낼 때 항상 영감을 얻습니다. 그것이 제가 하이킹을 하거나 자전거를 타며 공원과 동네 곳곳에서 시간을 보내는 것을 좋아하는 이유입니다. 저는 사진을 찍어서 그것들을 온라인과 소셜 네트워크 사이트에 올리는 것을 좋아합니다. 일상 사진을 여러 사람들과 공유하는 것은 언제나 기쁩니다. 제가 경험한 모든 것들을 통해 항상 더 넓은 시야와 따뜻한 마음을 지닌 더 나은 사람이 되고 싶습니다. 나아가 사람들에게는 영감을 주고 도움이 필요한 사람들을 돕고 싶습니다.

Sample 4

🔊 대학교 3학년이며 학교 기숙사에 사는 응시자

> **1** Let's start the interview. Can you tell me about yourself?
> 인터뷰를 시작합시다. 자기 자신에 대해 말해 주시겠습니까?

기본 정보

I am junior❶ at Hankook University, where I am double-majoring❷ economics and English. I am planning to spend one more year in school in order to get❸ my double degrees❹.

- ❶ 학년이란 뜻으로 관사 필요 a junior
- ❷ 동사 major 뒤 전치사 in+과목 이름
- ❸ degree를 말할 때는 get보다 complete가 더 적절한 선택
- ❹ 복수 전공 학위일 때도 하나의 학위로 판단해서 단수 degree로 말하기

거주지 & 가족 관계

I was grown❺ up in Daejeon. It takes about 3 hours by bus to travel back and forth between my hometown and my university. For this reason, I have decided to stay in the school dorm. I have 3 older sisters who are all married, and I am the youngest in my family. My parents and sisters are still living in our hometown. I am presently in a relationship now❻. My boyfriend attends the same school, and he's studying economics, with me❼.

- ❺ grow는 스스로 자란다는 의미로 능동 때 grew가 맞음
- ❻ presently와 now의 의미가 겹치므로 생략
- ❼ 같은 전공을 하고 있다는 표현으로 ~ as I do로 수정

성격

I'm extroverted❽, active and energetic person, so I never get bored when people are around. Meeting new people is always exciting because I love share❾ different thoughts and ideas with others. Being alone in my room and doing nothing is probably the last thing I would do.

- ❽ 뒤에 명사 person을 쓰므로 관사 an 빼먹지 않도록 주의. an extroverted
- ❾ love to share, 또는 love sharing 둘 중 하나 선택

취미 & 관심사

I spend my weekends mostly with my boyfriend. We love to go to the movie❿ and grab a casual lunch or supper at some well-known restaurants. Because we love all kinds of food, we sometimes go to my boyfriend's house and cook for ourselves.

- ❿ 영화를 보러 가다라는 표현은 복수형 movies가 쓰임

직업 & 미래 계획

I am still in my junior year of college, but I'm getting ready for a job after graduation. I think it is always good to prepare in advance. Once I get a job and settle down, I want to get married to my boyfriend and make⓫ a lovely family.

- ⓫ make보다는 have가 더 자연스러움

Key Expressions

- **a junior** 대학 3학년
- **major in** ~을 전공하다
- **double-major in** ~을 복수 전공하다
- **double degree** 복수 학위
- **stay in the school dorm** 학교 기숙사에서 지내다
- **the youngest in my family** 가족의 막내
- **be in a relationship**  사귀는 사람이 있다
- **extroverted** 외향적인
- **share different thoughts and ideas with others** 다른 사람들과 각기 다른 생각과 아이디어를 나누다
- **grab a casual lunch or supper** 간단한 점심이나 저녁을 먹다
- **settle down** 안정되다

Model Answer

I am a junior at Hankook University, where I am double-majoring in economics and English. I am planning to spend one more year in school in order to complete my double degree. I grew up in Daejeon. It takes about 3 hours by bus to travel back and forth between my hometown and my university. For this reason, I have decided to stay in the school dorm. I have 3 older sisters who are all married, and I am the youngest in my family. My parents and sisters are still living in our hometown. I am presently in a relationship. My boyfriend attends the same school, and he's studying economics, as I do. I'm an extroverted, active, and energetic person, so I never get bored when people are around. Meeting new people is always exciting because I love to share different thoughts and ideas with others. Being alone in my room and doing nothing is probably the last thing I would do. I spend my weekends mostly with my boyfriend. We love to go to the movies and grab a casual lunch or supper at some well-known restaurants. Because we love all kinds of food, we sometimes go to my boyfriend's house and cook for ourselves. I am still in my junior year of college, but I'm getting ready for a job after graduation. I think it is always good to prepare in advance. Once I get a job and settle down, I want to get married to my boyfriend and have a lovely family.

저는 한국 대학교 3학년 재학 중이며, 경제학과 영문학을 복수 전공하고 있습니다. 복수 학위를 따기 위해 학교를 1년 더 다닐 계획을 하고 있습니다. 저는 대전에서 자랐습니다. 저희 고향집과 대학교를 왕복하는 데에 버스로 3시간 정도 걸립니다. 이런 이유로 저는 학교 기숙사에서 지내기로 했습니다. 저는 언니가 3명 있는데 모두 결혼했고 제가 가족의 막내입니다. 부모님과 언니들은 아직도 고향에 살고 있습니다. 저는 현재 사귀는 사람이 있습니다. 제 남자 친구는 저와 같은 학교에 다니며 저처럼 경제학을 공부하고 있습니다. 저는 외향적이고, 적극적이고, 활동적인 사람으로 주변에 사람들이 있을 때 절대 지루함을 느끼지 않습니다. 새로운 사람들을 만나는 것은 언제나 즐겁습니다. 다른 사람들과 각기 다른 생각과 아이디어를 나누는 것을 좋아하기 때문입니다. 방에 혼자 있으면서 아무것도 하지 않는 것은 제가 가장 싫어하는 일일 것입니다. 저는 주로 남자 친구와 주말을 보냅니다. 저희는 영화 보러 가는 것과 잘 알려진 식당에서 가벼운 점심이나 저녁을 먹는 것을 좋아합니다. 저희는 모든 종류의 음식을 좋아하기 때문에 가끔 남자 친구 집으로 가서 직접 요리를 하기도 합니다. 저는 아직 대학교 3학년이지만 졸업 후의 직장을 준비하고 있습니다. 저는 미리 준비하는 것이 언제나 좋다고 생각합니다. 일단 직장을 구하고 안정이 되면 제 남자 친구와 결혼해서 사랑스러운 가족을 꾸리고 싶습니다.

Sample 5

 휴학 중이며 가족과 함께 사는 응시자

> **1** Let's start the interview. Can you tell me about yourself?
> 인터뷰를 시작합시다. 자기 자신에 대해 말해 주시겠습니까?

기본 정보

Hello, nice to meet you. My name is Lim Min-Hyuk and I'm 24. I'm a student at Hankook University, majoring in sociology. I was discharged from military service this year, and I am going to go back school❶ next semester as a junior.

❶ going back to school로 수정

거주지 & 가족 관계

I live in Ulsan with my parents and a younger brother. Both my parents work in the same field and my younger brother, who is 16, is a high school student. And also❷, we have a family dog named Coco. Coco is a poodle, and he's now❸ 10 years old.

❷ and와 also는 같은 의미로 둘 중 하나만 사용

❸ He is 10 years old는 현재를 뜻하므로 굳이 now를 쓰지 않도록 주의

성격

I'm comfortable when I am with people. I can❹ get along with a lot of people and make friends very easily because I see them without any bias. Because of this, I have lots of very good friends in my life.

❹ can은 가능성을 나타내는 단어이므로 빼고 말하면 더욱 능동적인 표현이 됨

취미 & 관심사

Whenever I have time for my own❺, I love to go out for a walk with my dog, Coco. I also enjoy riding mountain bikes. So, every weekend I go to a mountain nearby with a few friends who have the same interest, and we ride bikes together. It makes me feel stronger, both physically and mentally.

❺ have time on my own 또는 have time for myself라고 말할 것

직업 & 미래 계획

For now, I'm going to return to school and finish my studies first❻. Once I graduate, I'd like to get a job and make enough money to live by myself❼. However, there is another option. Plan B is to go to Australia on a working holiday VISA and experience bigger world❽ before I graduate. I like plan B because I am young. Furthermore, I think it is good to take time in life to broaden horizons and become wise❿ in the things of the world.

❻ For now와 first는 의미가 상충되므로 first 생략

❼ by oneself는 alone의 의미, 여기서는 "스스로"의 뜻으로 on my own으로 수정

❽ bigger를 쓸 때는 뒤에 비교하는 사물이 나와야 함. more of the world로 수정

❾ 여기서는 더욱 현명해진다는 의미로 비교급 wiser

Key Expressions

- be discharged from military service 제대하다
- go back to school 복학하다
- get along with a lot of 많은 ~와 어울리다
- without any bias 편견 없이
- go out for a walk 산책하러 가다
- have the same interest 같은 취미를 가지다
- both physically and mentally 육체적으로나 정신적으로나
- Plan B 제2의 계획
- broaden horizons 시야를 넓히다

Model Answer

Hello, nice to meet you. My name is Lim Min-Hyuk and I'm 24. I'm a student at Hankook University, majoring in sociology. I was discharged from military service this year, and I am going back to school next semester as a junior. I live in Ulsan with my parents and a younger brother. Both my parents work in the same field and my younger brother, who is 16, is a high school student. Also, we have a family dog named Coco. Coco is a poodle, and he's 10 years old. I'm comfortable when I am with people. I get along with a lot of people and make friends very easily because I see them without any bias. Because of this, I have lots of very good friends in my life. Whenever I have time for myself, I love to go out for a walk with my dog, Coco. I also enjoy riding mountain bikes. So, every weekend I go to a mountain nearby with a few friends who have the same interest, and we ride bikes together. It makes me feel stronger, both physically and mentally. For now, I'm going to return to school and finish my studies. Once I graduate, I'd like to get a job and make enough money to live on my own. However, there is another option. Plan B is to go to Australia on a working holiday VISA and experience more of the world before I graduate. I like plan B because I am young. Furthermore, I think it is good to take time in life to broaden horizons and become wiser in the things of the world.

안녕하세요, 만나서 반갑습니다. 제 이름은 임민혁이고 24살입니다. 저는 사회학을 전공하는 한국 대학교의 학생입니다. 저는 올해 제대했고 다음 학기에 3학년으로 복학할 예정입니다. 저는 울산에서 부모님, 남동생과 살고 있습니다. 부모님 두 분 모두 같은 업계에서 일하시고, 열여섯 살의 남동생은 고등학생입니다. 또한 코코라는 이름의 반려견이 한 마리 있습니다. 코코는 푸들이고, 열 살입니다. 저는 사람들과 함께 있을 때 편안합니다. 저는 많은 사람들과 잘 어울리고, 그들을 편견 없이 바라보기 때문에 많은 친구들과 어울립니다. 그래서 제 삶에는 좋은 친구들이 많습니다. 저만을 위한 시간을 가질 때면 저는 강아지 코코와 함께 산책하러 가는 것을 좋아합니다. 또한 저는 산악자전거를 타는 것도 좋아합니다. 그래서 주말마다 저는 같은 관심사를 가진 몇몇 친구들과 가까운 산에 가서 함께 자전거를 탑니다. 그러면 신체적으로나 정신적으로나 강해지는 것을 느낍니다. 지금으로서는 복학해서 공부를 마칠 생각입니다. 일단 졸업을 하면 취업해서 혼자 살 수 있을 만큼의 충분한 돈을 벌고 싶습니다. 하지만 다른 옵션도 있습니다. 두 번째 계획은 워킹 홀리데이 비자로 호주에 가서 졸업 전에 더 큰 세상을 경험해 보는 것입니다. 저는 젊기 때문에 두 번째 계획이 좋습니다. 또 지금이 인생에서 시야를 넓히고 삶의 지혜를 얻을 좋은 때라고 생각하기 때문입니다.

Sample 6

 회사에 다니며 결혼하여 가족과 함께 사는 응시자

> **1** Let's start the interview. Can you tell me about yourself?
> 인터뷰를 시작합시다. 자기 자신에 대해 말해 주시겠습니까?

기본 정보

Hi. My name's Hee-Jin Song, and I'm 28. I have been working in a marketing department❶ for more than two years.

> ❶ a department를 굳이 사용할 필요 없음: in marketing

거주지 & 가족 관계

I am living in an apartment in Seoul with my husband and a son❷. My husband is a salary man❸, and we have been married for about 2 and a half years. We have a baby boy who is 13 months old. He has my eyes, but overall, he looks just like his daddy. Now❹ he walks by himself and already figured out how to talk. He is so adorable.

> ❷ 외동아들을 지칭할 때는 a son이 아닌 one son을 사용
> ❸ salary man보다 businessman이 더 자연스러운 표현
> ❹ 현재 시제일 때 now는 불필요

성격

I can concentrate❺ on things I should do, and I don't stop until I finish them. People around me always say that I am very responsible for❻ what I do, and I am proud of that. It's a compliment, but sometimes it can be a little bit burdensome.

> ❺ 문법적으로 틀리지 않지만 concentrate well이 좀 더 자연스러운 표현
> ❻ responsible for+직업, responsible in+행동. 여기에서는 responsible in이 알맞음

취미 & 관심사

I enjoy spending time with my family. It is such a blessing to have quality time with my family❼. I usually go to the local park for a picnic with my husband and my baby boy on weekends. We also love to go grocery shopping at the supermarket together and have a nice dinner at a family restaurant in there❽.

> ❼ 반복을 피하기 위해 두 번째는 대명사 them으로 지칭
> ❽ 장소를 나타내는 부사 there 앞에는 전치사가 불필요

직업 & 미래 계획

I hope that one day I could❾ have an opportunity to work in an overseas branch office that provides me with entirely new chances and challenges for my career. It would be helpful for my husband's career and my kid's education too. For this reason, I have been working hard to get that opportunity and I've been studying business English so I can communicate with people from different countries at meeting❿.

> ❾ 강한 의지를 나타내므로 will 또는 can을 사용
> ❿ 한 번의 회의가 아니라 여러 번의 회의를 의미하므로 복수형이 알맞음

Key Expressions

- marketing 마케팅 부서
- we have been married for about 결혼한 지 ~ 정도 되었다
- figure out how to ~하는 법을 터득하다
- concentrate 집중하다
- be responsible 책임감이 있다
- be a little bit burdensome 약간 부담이 되다
- such a blessing 대단한 축복
- work in an overseas branch office 해외 지사에서 일하다
- communicate with people from different countries 다른 나라의 사람들과 소통하다

Model Answer

Hi. My name's Hee-Jin Song, and I'm 28. I have been working in marketing for more than two years. I am living in an apartment in Seoul with my husband and one son. My husband is a businessman, and we have been married for about 2 and a half years. We have a baby boy who is 13 months old. He has my eyes, but overall, he looks just like his daddy. He walks by himself and already figured out how to talk. He is so adorable. I concentrate well on things I should do, and I don't stop until I finish them. People around me always say that I am very responsible in what I do, and I am proud of that. It's a compliment, but sometimes it can be a little bit burdensome. I enjoy spending time with my family. It is such a blessing to have quality time with them. I usually go to the local park for a picnic with my husband and my baby boy on weekends. We also love to go grocery shopping at the supermarket together and have a nice dinner at a family restaurant there. I hope that one day I can have an opportunity to work in an overseas branch office that provides me with entirely new chances and challenges for my career. It would be helpful for my husband's career and my kid's education too. For this reason, I have been working hard to get that opportunity and I've been studying business English so I can communicate with people from different countries at meetings.

안녕하세요. 제 이름은 송희진이고 28세입니다. 마케팅 부서에서 2년 넘게 일하고 있습니다. 저는 서울에 있는 아파트에서 남편과 아들과 함께 살고 있습니다. 제 남편은 회사원이고 저희는 결혼한 지 2년 반 정도 되었습니다. 저희에게는 13개월 된 남자아이가 하나 있습니다. 그는 저의 눈을 닮았지만 전체적으로 아빠를 꼭 닮았습니다. 그는 이제 혼자서 걸을 줄 알고, 이미 말하는 법까지 터득했습니다. 그는 무척 귀엽습니다. 저는 제가 해야 할 일에 집중하고, 끝내기 전까지 절대 멈추지 않습니다. 그래서 주변 사람들은 항상 제가 책임감이 무척 강하다고 말하며 저는 그것이 무척 자랑스럽습니다. 이것은 칭찬이지만 가끔은 부담이 되기도 합니다. 저는 가족과 함께 시간을 보내는 것을 즐깁니다. 가족과 함께 좋은 시간을 보낼 수 있는 것은 큰 축복입니다. 저는 주말에 주로 남편과 아들과 함께 지역 공원에 소풍을 갑니다. 또한 저희는 대형 마트로 함께 식료품 쇼핑을 하는 것과 그곳에 있는 패밀리 레스토랑에서 저녁 먹는 것을 좋아합니다. 언젠가는 제 커리어에 완전히 새로운 기회와 도전들을 제공하는 해외 지사에서 근무할 수 있는 기회를 얻고 싶습니다. 그것은 제 남편의 커리어와 아이의 교육에도 도움이 될 것입니다. 이러한 이유로 저는 그 기회를 얻기 위해 열심히 일하고 있고, 회의에서 다른 나라 출신의 사람들과도 의사소통할 수 있도록 비즈니스 영어를 공부해 오고 있습니다.

Sample 7

 회사에 다니며 미혼으로 가족과 함께 사는 응시자

1 Let's start the interview. Can you tell me about yourself?
인터뷰를 시작합시다. 자기 자신에 대해 말해 주시겠습니까?

기본 정보
Nice to meet you. My name is Su-Jin Kang. I am 27 years old. I have been working in the department of human resources at NEC company for about a year.

거주지 & 가족 관계
I am living with my parents in Seoul. I am the only daughter[1] they have, and I am still very close to them. My parents are now retired and enjoying their mid-60s. I am so proud of them for the sacrifices they made so that I could grow up to be the person I am.

> [1] 외동이란 뜻의 only child로 수정할 것

성격
I am a shy person[2] who loves to spend quiet time alone at home. I think before I speak and make my decisions carefully. However, when I decide on what to do[3], I follow through on my choice confidently.

> [2] 여기서는 내성적인 사람을 나타내는 an introvert로 말하는 것이 맞음
> [3] make a decision으로 수정

취미 & 관심사
I read a lot. I love reading different kinds of books that intellectually stimulate me[4]. I have gotten really into politics. I read political books and try not to miss the political section in the newspaper. I have joined in[5] some social organizations aimed at making the world a better place.

> [4] stimulate me intellectually로
> [5] join 다음 전치사 생략

직업 & 미래 계획
I'm thinking about changing jobs in a few years. I studied English in college, so I hope to work in an overseas trade department. I will work really hard to be the best I can be and ultimately become a successful CEO of a company[6] in the future.

> [6] 여기서 CEO은 막연한 임원이므로 뒤에 회사는 생략할 것

Key Expressions

- **the department of human resources** 인사과
- **only child** 외동
- **be retired** 은퇴하다
- **mid-60s** 60대 중반
- **be proud of** ~이 자랑스럽다
- **sacrifices** 희생
- **an introvert** 내성적인 사람
- **with confidence** 자신감을 가지고
- **stimulate intellectually** 지적으로 자극하다
- **political books** 정치 서적들
- **political section** 정치란
- **social organizations** 사회단체들
- **overseas trade department** 해외 무역 부서

Model Answer

Nice to meet you. My name is Su-Jin Kang. I am 27 years old. I have been working in the department of human resources at NEC company for about a year. I am living with my parents in Seoul. I am the only child they have, and I am still very close to them. My parents are now retired and enjoying their mid-60s. I am so proud of them for the sacrifices they made so that I could grow up to be the person I am. I am an introvert who loves to spend quiet time alone at home. I think before I speak and make my decisions carefully. However, when I make a decision, I follow through on my choice confidently. I read a lot. I love reading different kinds of books that stimulate me intellectually. I have gotten really into politics. I read political books and try not to miss the political section in the newspaper. I have joined some social organizations aimed at making the world a better place. I'm thinking about changing jobs in a few years. I studied English in college, so I hope to work in an overseas trade department. I will work really hard to be the best I can be and ultimately become a successful CEO in the future.

만나서 반갑습니다. 제 이름은 강수진이고 27살입니다. 저는 NEC 사의 인사과에서 1년 정도 일하고 있습니다. 저는 부모님과 서울에서 살고 있습니다. 저는 외동딸이고 부모님과 아직도 무척 가깝습니다. 저희 부모님께서는 현재 은퇴하시고 60대 중반을 만끽하시고 계십니다. 저는 제가 더 나은 사람으로 자랄 수 있게 하기 위해 당신의 삶을 희생하신 것에 저희 부모님이 굉장히 자랑스럽습니다. 저는 집에서 혼자 조용한 시간을 보내는 것을 좋아하는 내향적인 사람입니다. 저는 말하기 전에 생각하고 무언가를 신중하게 결정합니다. 하지만 저는 일단 무언가를 하기로 결정하면, 그 결정을 자신감 있게 밀어붙입니다. 저는 책을 많이 읽습니다. 저는 저를 지적으로 자극하는 다양한 종류의 책을 읽는 것을 좋아합니다. 요즘에는 정치에 푹 빠져있습니다. 지금도 정치 관련 책을 읽고 있는 중이고 신문의 정치면을 놓치지 않으려 노력 중입니다. 세상을 더 나은 곳으로 만들기 위해 가끔은 시민 단체에도 참여합니다. 몇 년 안에 이직하는 것을 고민 중입니다. 저는 대학에서 영어를 전공했기에 해외 무역 부서에서 일하고 싶습니다. 제가 될 수 있는 최고의 사람이 되기 위해 정말 열심히 일할 것이고 미래에는 최종적으로 회사의 성공한 최고 경영자가 되고 싶습니다.

Sample 8

◁)) 휴직 중이며 미혼으로 가족과 함께 사는 응시자

> **1** Let's start the interview. Can you tell me about yourself?
> 인터뷰를 시작합시다. 자기 자신에 대해 말해 주시겠습니까?

기본 정보
I'm Youngchul Kim. I am 28 years old. I was born and live❶ in Busan.

> ❶ 태어나고 자란 곳으로 born and raised로 수정

거주지 & 가족 관계
I live with my family. My mother is a civil servant for the city of Busan, and my father is a businessman in the fishing industry. My younger sister is a college student and has one more semester❷ to finish her bachelor's degree. I have a girlfriend, but we can't see each other often because she recently moved to another city for her new job. When I start a new career, I want to propose to her and marry❸.

> ❷ 남았다는 뜻으로 뒤에 left 추가한 one more semester left가 맞음
> ❸ '결혼하다'는 get married

성격
Most people say I am a realistic person❹, and I would have to agree. I consider myself to be honest and hardworking. I am not really extroverted, but I do enjoy spending time with larger groups more than❺ alone.

> ❹ 현실적인 사람이라는 뜻으로 down-to-earth person이 더 나은 표현임
> ❺ rather than으로 수정

취미 & 관심사
I enjoy learning new things, so I participate in various club activities. My free time take❻ up in these club activities. I take part in a badminton club every morning, a runner's club on the weekends, and a reading club every Wednesday.

> ❻ 수동태 is taken up으로 수정

직업 & 미래 계획
I joined ABC Electronic Company three years ago. However, I am currently taking a break❼ as I have decided to start a new career. I am preparing for a civil service examination. In the future, I want to achieve my goal working❽ in a stable government organization.

> ❼ 휴직 중은 taking a career break가 맞음
> ❽ 앞의 goal에 연결되어야 하므로 of working으로 수정

Key Expressions

- in the fishing industry 수산업에 종사하는
- have one more semester left 한 학기가 남았다
- propose to her and get married 청혼해서 결혼하다
- a down-to-earth person 현실적인 사람
- extroverted 외향적인
- participate in various club activities 다양한 클럽 활동에 참여하다
- be currently taking a career break 현재는 휴직 중이다
- prepare for a civil service examination 공무원 시험을 준비하다
- achieve my goal 내 목표를 성취하다
- work in a stable government organization 안정적인 정부 기관에서 일하다

Model Answer

I'm Youngchul Kim. I am 28 years old. I was born and raised in Busan. I live with my family. My mother is a civil servant for the city of Busan, and my father is a businessman in the fishing industry. My younger sister is a college student and has one more semester left to finish her bachelor's degree. I have a girlfriend, but we can't see each other often because she recently moved to another city for her new job. When I start a new career, I want to propose to her and get married. Most people say I am a down-to-earth person, and I would have to agree. I consider myself to be honest and hardworking. I am not really extroverted, but I do enjoy spending time with larger groups rather than alone. I enjoy learning new things, so I participate in various club activities. My free time is taken up in these club activities. I take part in a badminton club every morning, a runner's club on the weekends, and a reading club every Wednesday. I joined ABC Electronic Company three years ago. However, I am currently taking a career break as I have decided to start a new career. I am preparing for a civil service examination. In the future, I want to achieve my goal of working in a stable government organization.

저는 김영철이고 28살입니다. 저는 부산에서 태어나고 자랐습니다. 저는 가족과 삽니다. 어머니는 부산 시청 공무원이시고 아버지는 수산업 관련 사업을 하십니다. 여동생은 대학생이며 학사 학위를 마치기까지 한 학기만 남아 있습니다. 저는 여자 친구가 있습니다만 그녀가 최근 새로운 직업을 위해 다른 도시로 이사를 가서 서로 자주는 못 봅니다. 제가 새로운 일을 시작하면 저는 그녀에게 결혼하자고 청혼을 할 생각입니다. 대부분의 사람들이 제가 현실적인 사람이라고 하며 저도 그 말에 동의합니다. 저는 제 자신을 정직하고 노력하는 사람이라고 생각합니다. 저는 완전히 외향적이지는 않지만 혼자 있는 것보다는 많은 사람들과 시간을 보내는 걸 즐깁니다. 저는 새로운 것을 배우는 걸 좋아해서 다양한 클럽 활동을 하고 있습니다. 제 여가 시간은 이러한 클럽 활동에 사용됩니다. 저는 매일 아침 배드민턴 클럽, 주말에는 조깅 모임, 매주 수요일마다 독서 모임에 참여하고 있습니다. 저는 3년 전에 ABC 전자 회사에 입사했습니다. 그러나 현재는 새로운 경력을 위해 휴직 중입니다. 저는 공무원 시험을 준비하고 있습니다. 미래에 저는 안정적인 정부 기관에서 일하는 목표를 이루고 싶습니다.

Sample 9

 회사 경력이 많으며 독신으로 혼자 사는 응시자

> **1** Let's start the interview. Can you tell me about yourself?
> 인터뷰를 시작합시다. 자기 자신에 대해 말해 주시겠습니까?

기본 정보
My name is Eun-Sung Park, and I am 29 years old. I live and work in the downtown❶ of Seoul. I was born in Jeju, but my family moved to Seoul when I was young. Five years ago, I completed university and received my bachelor's degree in commerce.

> ❶ 사는 곳까지 포함하므로 '중심 지역'이라는 뜻의 downtown area로 수정

거주지 & 가족 관계
I am still single because I did not have much time for dating to pursue❷ my career. I live on my own in a small apartment building located ten minutes from my job. My dad works as a professor at Seoul University. My mom just recently started to work. She was staying at home as a mom❸ for most of my life.

> ❷ 의미상 '~하는 동안'이므로 while pursuing으로 수정
> ❸ '가정주부'라는 뜻으로 a stay-at-home mom으로 표현

성격
Some of my friends say I'm workaholic❹, but actually, I am just very dedicated to my job and my company. At first, I may seem a little shy, but I am just cautious when I first met❺ people.

> ❹ 일 중독자 한 사람을 뜻하므로 관사 a 붙임
> ❺ 자신의 성향을 이야기 하므로 현재형 meet을 사용

취미 & 관심사
I don't have much spare time, but I do have some hobbies I like to do during my day off❻. I enjoy hiking, but I can go❼ if I have a little extra time. I also enjoy playing table tennis, so I spend my Sunday evenings at the table tennis club near my house.

> ❻ 휴일이 여러 날이므로 복수형 my days off로
> ❼ '~일 때만'이라는 뜻이므로 can only go로 수정

직업 & 미래 계획
I am very satisfied with❽ my present career, and I have received several promotions since starting at ABC Company five years ago. However, I would like to own my own business someday. I am also studying❾ to learn more about international business. Foreign business and trade has always been an interest for me and is a viable option for my future.

> ❽ 한 가지 직업이 아닌 좀 더 넓은 의미의 경력이므로 satisfied in으로 수정
> ❾ 문맥상 혼자서 하는 공부가 자연스러우므로 self-studying이 맞음

Key Expressions

- pursue my career 경력을 쌓다
- a stay-at-home mom 가정주부
- dedicate to my job and my company 내 일과 회사에 헌신하다
- just cautious 단지 조심스러운
- during my days off 휴일 동안
- enjoy playing table tennis 탁구를 즐기다
- be satisfied in my present career 내 현재 경력에 만족하다
- self-study to learn 배우기 위해 독학하다
- a viable option for my future 미래에 실현 가능한 선택 사항

Model Answer

My name is Eun-Sung Park, and I am 29 years old. I live and work in the downtown area of Seoul. I was born in Jeju, but my family moved to Seoul when I was young. Five years ago, I completed university and received my bachelor's degree in commerce. I am still single because I did not have much time for dating while pursuing my career. I live on my own in a small apartment building located ten minutes from my job. My dad works as a professor at Seoul University. My mom just recently started to work. She was a stay-at-home mom for most of my life. Some of my friends say I'm a workaholic, but actually, I am just very dedicated to my job and my company. At first, I may seem a little shy, but I am just cautious when I first meet people. I don't have much spare time, but I do have some hobbies I like to do during my days off. I enjoy hiking, but I can only go if I have a little extra time. I also enjoy playing table tennis, so I spend my Sunday evenings at the table tennis club near my house. I am very satisfied in my present career, and I have received several promotions since starting at ABC Company five years ago. However, I would like to own my own business someday. I am also self-studying to learn more about international business. Foreign business and trade has always been an interest for me and is a viable option for my future.

제 이름은 박은성이며 29살입니다. 저는 서울 시내에 살고 직장을 다닙니다. 저는 제주도에서 태어났지만 가족들은 제가 어릴 때 서울로 이사를 왔습니다. 오 년 전에 저는 대학을 졸업하고 무역 학사 학위를 받았습니다. 저는 제 경력을 쌓느라 데이트를 위한 시간이 많이 없었기 때문에 여전히 미혼입니다. 저는 제 직장에서 십 분 거리에 떨어진 작은 아파트에서 혼자 살고 있습니다. 저희 아버지는 서울 대학교에서 교수로 일하고 계십니다. 어머니는 최근에 일을 시작하셨습니다. 그녀는 평생 대부분 가정주부였습니다. 몇몇의 제 친구들은 제가 일 중독자라고 하지만 사실 저는 단지 제 일과 회사에 매우 헌신하는 겁니다. 처음에는 약간 부끄러움을 타는 것처럼 보이지만 단지 사람들을 처음 만날 때 조심스러워 하는 것입니다. 저는 여유 시간이 많지 않지만 휴일에는 제가 하고 싶어하는 몇 가지 취미가 있습니다. 저는 등산을 즐기지만 시간이 조금 더 있을 때만 갈 수 있습니다. 저는 탁구 또한 즐겨서 일요일 저녁에는 집 근처의 탁구 클럽에서 시간을 보냅니다. 저는 현재 경력에 매우 만족하며, ABC 회사에서 오 년 전에 일을 시작한 이후 여러 번의 승진을 했습니다. 그러나 저는 언젠가는 제 사업을 하고 싶습니다. 저는 국제 사업에 대해 배우기 위해 혼자서 공부도 하고 있습니다. 해외 사업과 무역은 언제나 제 관심사였으며 미래에 실현 가능한 선택 사항입니다.

Sample 10

 회사 경력이 많으며 결혼하여 가족과 함께 사는 응시자

> **1** Let's start the interview. Can you tell me about yourself?
> 인터뷰를 시작합시다. 자기 자신에 대해 말해 주시겠습니까?

기본 정보

I'm Kangyoung Park. I am a 33-year-old full-time worker. I graduated from Hankook University with a degree in accounting and finance. Immediately graduating❶, I started working and now I am a manager in a big company.

❶ Immediately와 함께 쓰여 졸업하자마자의 상황을 나타내므로 after graduating으로 수정

거주지 & 가족 관계

I am married, and I live with my wife and young daughter in an apartment. My wife is an elementary school teacher. My daughter is three years old, and she is light❷ of our lives. To give her the best chance at a good education, my wife and I are working hard and saving for our future.

❷ 조명의 의미가 아니라 '~의 인생의 빛'이라는 관용적인 의미이므로 관사 필요함: the light

성격

I have always been a natural leader and a very positive person. I enjoy the responsibility of being in charge and the challenge of managing others. However, I do like to listen to the opinion❸ of other people, and I always take them into consideration.

❸ 여러 사람의 의견이므로 복수형으로 the opinions

취미 & 관심사

I do not have much free time, but when I do, I try to stay with my family. I like to take them to the park or camping, so we can spend time❹ together. I also like to exercise in the morning❺ because it's very important for my health.

❹ 문맥상 단순한 시간보다 좋은 시간이므로 quality time으로 표현

❺ '매일 아침마다'라는 뜻으로 복수형으로 the mornings

직업 & 미래 계획

My goal for the future is always❻ to have a successful career. Unfortunately, these days, it is difficult to find a job and retirement security. I am hoping to succeed in my career so I can live happily in the countryside in the future.

❻ 과거부터 현재까지 지속의 의미로 현재완료 시제 사용이 적합 has always been

Key Expressions

- full-time worker 정규직 사원
- the light of our lives 우리 삶의 빛
- a natural leader 타고난 리더
- the responsibility of being in charge 관리자가 되는 책임감
- the challenge of managing others 다른 일을 처리하는 도전
- take them into consideration 그들을 고려 대상에 넣다
- retirement security 보장된 정년
- succeed in my career 내 분야에서 성공하다
- live happily in the countryside 시골에서 행복하게 살다

Model Answer

I'm Kangyoung Park. I am a 33-year-old full-time worker. I graduated from Hankook University with a degree in accounting and finance. Immediately after graduating, I started working and now I am a manager in a big company. I am married, and I live with my wife and young daughter in an apartment. My wife is an elementary school teacher. My daughter is three years old, and she is the light of our lives. To give her the best chance at a good education, my wife and I are working hard and saving for our future. I have always been a natural leader and a very positive person. I enjoy the responsibility of being in charge and the challenge of managing others. However, I do like to listen to the opinions of other people, and I always take them into consideration. I do not have much free time, but when I do, I try to stay with my family. I like to take them to the park or camping, so we can spend quality time together. I also like to exercise in the mornings because it's very important for my health. My goal for the future has always been to have a successful career. Unfortunately, these days, it is difficult to find a job and retirement security. I am hoping to succeed in my career so I can live happily in the countryside in the future.

저는 박강영이라고 합니다. 저는 33살의 직장인입니다. 저는 한국 대학을 졸업했으며 회계와 금융의 학위를 가지고 있습니다. 저는 졸업하자마자 일을 시작했고 지금은 큰 회사의 과장입니다. 저는 결혼을 했으며 부인과 어린 딸과 함께 아파트에서 살고 있습니다. 제 부인은 초등학교 교사입니다. 제 딸은 세 살이며 우리 삶의 빛입니다. 그녀에게 좋은 교육의 기회를 주기 위해 아내와 저는 저희의 미래를 위해 열심히 일하고 저축하고 있습니다. 저는 언제나 타고난 리더이며 매우 긍정적인 사람입니다. 저는 관리자가 되는 것의 책임감과 다른 이들을 관리하는 것에 따른 도전을 즐깁니다. 그러나 저는 다른 사람들의 의견을 듣는 것도 좋아하며 언제나 그들을 고려하려 합니다. 저는 그렇게 많은 여유 시간이 없지만 시간이 되면 언제나 가족과 함께 지내려고 합니다. 저는 그들을 공원이나 캠핑에 데리고 가는 걸 좋아하고 그래서 저희는 함께 좋은 시간을 보낼 수 있습니다. 또한 제 건강이 매우 중요하기 때문에 아침에 운동하는 것을 좋아합니다. 미래를 위한 제 목표는 언제나 성공적인 경력을 가지는 겁니다. 불행히도 요새는 직업과 보장된 정년을 찾는 것이 어렵습니다. 저는 제 분야에서 성공해서 미래에는 시골에서 행복하게 살 수 있기를 바라고 있습니다.

OPIc

MP3 바로 가기

Chapter 2

난이도 선택별
(Self-Assessment)
실전 모의고사

난이도 3
Actual Test 1
Actual Test 2
Actual Test 3

난이도 4
Actual Test 4
Actual Test 5
Actual Test 6

난이도 5
Actual Test 7
Actual Test 8

난이도 6
Actual Test 9
Actual Test 10

난이도 3

난이도 3 sample — 시험장에서 들려주는 난이도 3 샘플 음성

I... the live in small apartment... hum... my apartment is third floor... um... the apartment has three rooms... three small rooms and... one bedroom... and one kitchen...

이 샘플은 실제 시험에서 한국인으로 추정되는 수험자의 음성이 들리며 32초에 걸쳐 약 25개 정도의 단어를 말하고 있습니다. 이는 1분에 약 4개에서 5개의 문장을 말하는 속도로 초보자(Novice) 수준에 해당하는 샘플입니다. 모든 문장이 한 번에 이어지지 못하고 중간마다 '음, 어' 하는 식으로 흐름을 끊고 있어 전혀 매끄럽지 않습니다. 또한, 답변에서 몇 가지 오류가 나오는데, 동사 앞에 관사 the를 말하고, 아파트의 층을 말할 때 전치사 on을 빼고 말하는 등의 문법적인 실수를 하고 있습니다. 답변은 살고 있는 집의 단순 묘사로 고득점 답변이 아닌데도 이 정도 수준을 보여 주고 있어서 예상 등급은 IL, 또는 그 이하 Novice 정도로 볼 수 있습니다. 하지만 최근 수험자들은 샘플 음성보다는 유창한 답을 할 수 있음에도 어려운 문제를 피하기 위해 난이도 3을 선택하는 경우도 꽤 있으며 이보다 높은 등급을 받는 경우도 많기 때문에 샘플 답변을 절대적인 기준으로 삼아서 난이도를 선택할 필요는 없습니다. 선택 해설에서 보여 주듯이 자신의 주변 이야기를 간단한 문장으로 말할 수 있으며 상대방인 Eva에게 직접 질문을 할 수 있는 수준이면 난이도 3을 선택하여 시험을 치르면 되겠습니다.

출제 경향 ❶ 〈가장 기억에 남는 경험〉을 묻는 과거 시제 문제 유형이 등장함

난이도 1~2에서는 12문제만 출제되고 모든 문제는 2단 콤보로 구성되어 과거 경험을 묻는 질문이 나오지 않습니다. 하지만 난이도 3부터는 문제 개수가 15개로 늘어나고 주제당 문제가 세 개씩 나오는 3단 콤보형으로 문제가 배치되면서 마지막 문제로 기억에 남는 경험이나 작품 등을 묻는 과거 경험 진술형 질문이 나오기 시작합니다. 따라서 난이도 3부터는 수험자가 과거 시제를 적절히 사용하는지가 채점 기준에 들어가게 되는 것입니다. 과거 경험 중 수험자가 어떻게 문제를 해결했는지까지 밝혀야 되는 이러한 문제 유형은 준비 없이 그 자리에서 만들어 내기가 무척 어렵습니다. 따라서 난이도 3 이상을 선택하는 수험자는 반드시 자신이 선택하는 주제마다 그에 대한 과거 경험에 해당하는 예상 질문과 답변을 연습해 가도록 합니다.

3단 콤보의 마지막에 나오는 〈과거 경험 말하기〉 샘플 문제

> Have you ever had a memorable experience when you jog? When and where did it happen? Tell me the full story from start to finish.
>
> 조깅할 때 기억에 남는 경험을 한 적이 있습니까? 언제 어디에서 그 일이 일어났습니까? 처음부터 끝까지 전체 스토리를 말해 주세요.

출제 경향 ❷   〈직접 질문하기〉 문제 유형이 등장함

난이도 1~2에서는 롤플레이의 1번 문제 유형으로 출제되는 〈상황에 맞춰 질문하기〉가 출제되지만 난이도 3에서는 이뿐만 아니라 화면 속 상대인 Eva에게 직접 서너 가지 질문을 하는 〈직접 질문하기〉가 추가로 출제됩니다. 이러한 문제 유형은 난이도 4에서도 출제되며 난이도 5~6에서는 등장하지 않는 것이 특징입니다. 또한, 이 문제는 2단 콤보의 두 번째 문제로 주로 마지막 15번 문제로 배치되는 경향이 뚜렷합니다. 따라서 난이도 3(또는 4)을 선택하는 수험자는 〈직접 질문하기〉의 예상 질문과 답변을 미리 연습하여 시험에 대비해야 합니다. 참고로 아래 샘플 문제를 보고 모든 난이도에서 공통으로 출제되는 〈상황에 맞춰 질문하기〉와 난이도 3(또는 4)에서 등장하는 〈직접 질문하기〉에 어떤 차이가 있는지 구별하여 알아두도록 합니다.

롤플레이 1번에 나오는 〈상황에 맞춰 질문하기〉 샘플 문제

> This is a role play question. A friend asks you to go to park with him or her next weekend. Call your friend and ask three or four questions to find out the details of this trip to the park.
>
> 이것은 롤플레이 문제입니다. 친구가 다음 주말에 공원에 가자고 요청했습니다. 친구에게 전화해서 공원으로 가는 것에 대해 서너 가지 질문을 해 보세요.

난이도 3(또는 4)의 마지막 문제로 등장하는 〈직접 질문하기〉 샘플 문제

> I also like to play basketball. Please ask me three or four questions about the places I like to play basketball.
>
> 나도 농구하기를 좋아합니다. 제가 농구하기 좋아하는 장소에 대해 저에게 서너 가지 질문을 해 보세요.

Actual Test 1

1단계 오리엔테이션 – 설문지 선택

Background Survey

직업 관련
1. ✓ 일 경험 없음
2. ✓ 학생입니까? 네
   (연관 질문) 강의를 듣는 목적 – 학위 취득

주거지 관련
3. ✓ 거주지 형태 – 독신자로서 개인 주택이나 아파트에 거주

필수 선택 항목 12개
4. ✓ 여가 활동 – 영화 보기, 공연 보기, 콘서트 보기, 공원 가기
5. ✓ 취미나 관심사 – 음악 감상하기, 혼자 노래 부르거나 합창하기
6. ✓ 운동 – 걷기, 하이킹/트레킹, 헬스, 요가
7. ✓ 휴가나 출장 – 국내 여행, 해외여행

2단계 오리엔테이션 - 난이도 3 선택

Self-Assessment

- **Self-Assessment**
  - 본 Self-Assessment에 대한 응답을 기초로 개인 맞춤형 문항이 출제가 됩니다.
    아래 여섯 단계의 샘플 답변을 들어보시고, 본인의 실력과 비슷한 수준을 선택하시기 바랍니다.

  - 🔊 샘플 답변 듣기 나는 나 자신, 직장, 친한 사람과 장소, 일상에 대한 기본적인 정보를 간단한 문장으로 전달할 수 있습니다. 간단한 질문을 할 수 있습니다.

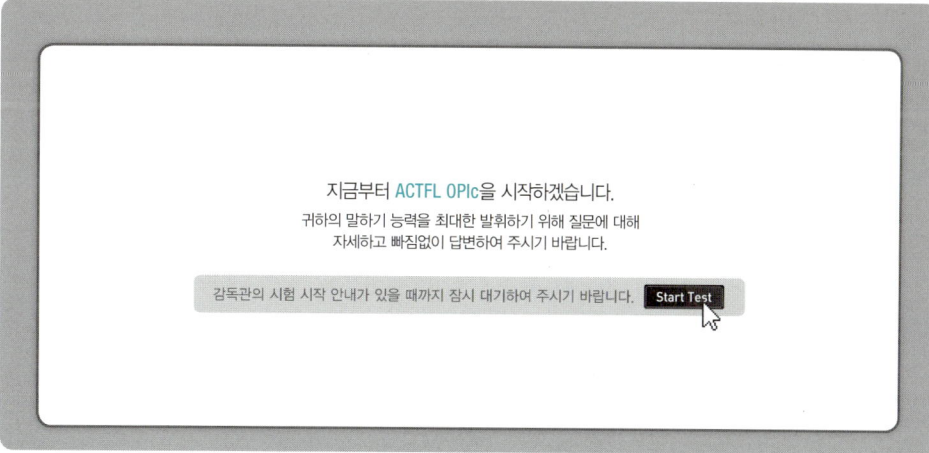

⏱ 제한 시간 40분
🎧 Actual Test 1_1~15

MP3 바로가기

문제 확인하기

Actual Test 1 1~15

01 Let's start the interview. Can you tell me about yourself?

설문 여가 활동 – 영화 보기 3단 콤보

02 You said that you like to watch movies. Can you describe the movie theater you like to go to and why you like that theater?

03 How do you determine the movie you like to see? Tell me what you do before going to the movie theater. Who do you usually go to the movies with? What do you do after watching the movie?

가장 기억에 남는 영화 **(출제 경향 ❶)**

04 What is the most memorable movie you have ever seen? Why is this movie so memorable for you? What was the movie about? Tell me as much as possible about it.

설문 주거지 관련 – 사는 집 관련 3단 콤보

05 Please describe where you live. What does your place look like? How many rooms does it have? Tell me as much detail as you can.

06 Can you tell me about your normal days when you are at home? What things do you usually do during the weekdays and on the weekends? Tell me about it.

집에 관련된 기억에 남는 일 **(출제 경향 ❶)**

07 You might have an unforgettable memory that you had in your house as a child. What was it? Why was this experience so memorable for you? How old were you at that time?

난이도 재조정 ▶ 난이도 3 유지

➡ 모범 답변 P2

설문 운동 – 걷기 3단 콤보

08 You indicated in the survey that you like to walk. Can you describe the place where you usually take a walk? Explain what the place looks like and what you can see while walking.

09 When do you usually go for a walk? Do you walk alone or with others? What do you take with you while walking? Tell me everything you do when you walk.

걷기와 관련된 경험 (출제 경향 ❶)

10 Have you ever had a memorable experience while walking? When was it? Where did this happen? Who were you with? Discuss the experience from start to finish.

설문 학생 관련 – 도서관 롤플레이 3단 콤보

11 This is a role-play question. You arrived at the school library and need to use one of the library computers. Ask the librarian what you need to do to use this computer.

12 I'm sorry, but there is a problem that you need to resolve. You were in the middle of writing an important paper for your class. However, the computer you were using suddenly shut down for no reason. Go to the librarian and explain what happened, then ask for help to fix this problem.

테크놀로지와 관련된 경험 (출제 경향 ❶)

13 Excellent. That's the end of the situation. Have you ever had an experience when technology didn't work properly? What was the problem? What were you doing at that time? How did you resolve the problem? Tell the full story.

설문 휴가나 출장 – 국내 여행 2단 콤보

14 You indicated that you like to go on domestic trips. Can you tell me your favorite place to visit when you go on a trip? Tell me why you like to go to that place.

직접 질문하기 (출제 경향 ❷)

15 I also like to travel around my country. Please ask me three or four questions about the places I like to visit when I travel.

Actual Test 2

1단계 오리엔테이션 – 설문지 선택

Background Survey

직업 관련
1. ✓ 일 경험 없음
2. ✓ 학생입니까? 네
   (연관 질문) 강의를 듣는 목적 – 학위 취득

주거지 관련
3. ✓ 거주지 형태 – 가족과 함께 주택이나 아파트에 거주

필수 선택 항목 12개
4. ✓ 여가 활동 – 영화 보기, 공원 가기, 게임 하기(비디오, 카드, 보드, 휴대폰 등)
5. ✓ 취미나 관심사 – 음악 감상하기, 악기 연주하기, 애완동물 기르기
6. ✓ 운동 – 농구, 조깅, 걷기, 헬스
7. ✓ 휴가나 출장 – 국내 여행, 해외여행

2단계 오리엔테이션 – 난이도 3 선택

Self-Assessment

- **Self-Assessment**
  - 본 Self-Assessment에 대한 응답을 기초로 개인 맞춤형 문항이 출제가 됩니다.
    아래 여섯 단계의 샘플 답변을 들어보시고, 본인의 실력과 비슷한 수준을 선택하시기 바랍니다.

  - 🔊 샘플 답변 듣기   나는 나 자신, 직장, 친한 사람과 장소, 일상에 대한 기본적인 정보를 간단한 문장으로 전달할 수 있습니다. 간단한 질문을 할 수 있습니다.

지금부터 ACTFL OPIc을 시작하겠습니다.
귀하의 말하기 능력을 최대한 발휘하기 위해 질문에 대해
자세하고 빠짐없이 답변하여 주시기 바랍니다.

감독관의 시험 시작 안내가 있을 때까지 잠시 대기하여 주시기 바랍니다. **Start Test**

⏱ 제한 시간 40분
🎧 Actual Test 2_1~15

MP3 바로 가기

문제 확인하기

Actual **Test 2** 1~15

01 Let's start the interview. Can you tell me about yourself?

설문 학생 관련 – 학교 관련 3단 콤보

02 You indicated that you have school experience. Tell me about your school campus. Please describe what it looks like in as much detail as you can.

03 What do students and teachers do at your school most days? Please give me as much detail as you can.

학교와 관련된 이벤트 경험 (출제 경향 ❶)

04 Most schools have special events like festivals, plays, and graduation ceremonies. Choose one memorable school event and tell me everything that happened in that event.

설문 여가 활동 – 게임 하기 3단 콤보

05 You indicated that you like to play games. What kinds of games do you play? What do you like about these games? Who do you usually play games with?

06 How often do you play games? When and where do you enjoy playing games? Tell me in detail.

게임에 관련된 잊지 못할 경험 (출제 경향 ❶)

07 Do you have any memories that you cannot forget of playing games? Perhaps something unexpected happened or an unthinkable thing happened when you were playing a game. Tell me everything about this experience from the beginning to the end.

난이도 재조정 ▶ 난이도 3 유지

➡ 모범 답변 P9

설문 취미나 관심사 – 애완동물 기르기 3단 콤보

08 You indicated that you have a pet. Describe your pet for me. What kind of animal do you have? Explain what it looks like in detail.

09 Tell me how you spend time with your pet. What activities do you usually do with your pet?

애완동물과 관련된 잊지 못할 경험 (출제 경향 ❶)

10 Because you are a pet owner, you may have had some interesting experiences regarding your pet. Maybe your pet has been lost or sick. Please tell me your experience in detail.

설문 주거지 관련 – 가구 구매 롤플레이 3단 콤보

11 I want to give you a situation and ask you to act it out. Let's suppose you are going to a store to buy new furniture for your house. Ask the sales person three or four questions to help decide which furniture to buy.

12 I am sorry, but there is a problem you need to resolve. The new furniture has been delivered to your home; however, you have found out there is a problem with the furniture. Call the store and explain this situation and ask for two or three options to solve this problem.

위 상황과 비슷한 경험 (출제 경향 ❶)

13 That's the end of the situation. Could you describe a situation in which you were not happy with a product after purchasing it? What product did you buy? What was the problem? I'd like to hear all the details of the situation from beginning to end.

설문 운동 – 농구하기 2단 콤보

14 You indicated that you like to play basketball. How often do you play basketball, and where do you go to play? Describe the things you do for playing basketball.

직접 질문하기 (출제 경향 ❷)

15 I also like to play basketball in my free time. Please ask me three or four questions about my basketball-playing routine.

Actual Test 3

1단계 오리엔테이션 — 설문지 선택

Background Survey

직업 관련
1. ✓ 현재 어느 분야에 종사하고 있습니까? 사업/회사
2. ✓ 현재 직업이 있습니까? 네
   (연관 질문) 근무 기간은 – 첫 직장 – 2개월 이상
   (연관 질문) 부하 직원을 관리하는 관리직입니까? 아니오

주거지 관련
3. ✓ 거주지 형태 – 가족과 함께 개인 주택이나 아파트에 거주

필수 선택 항목 12개
4. ✓ 여가 활동 – 영화 보기, 공연 보기, 콘서트 보기, 공원 가기
5. ✓ 취미나 관심사 – 음악 감상하기, 사진 촬영하기
6. ✓ 운동 – 걷기, 헬스, 자전거, 운동 수업 수강하기
7. ✓ 휴가나 출장 – 국내 여행, 해외여행

2단계 오리엔테이션 – 난이도 3 선택

Self-Assessment

- **Self-Assessment**
  - 본 Self-Assessment에 대한 응답을 기초로 개인 맞춤형 문항이 출제가 됩니다.
    아래 여섯 단계의 샘플 답변을 들어보시고, 본인의 실력과 비슷한 수준을 선택하시기 바랍니다.

  - 🔊 샘플 답변 듣기   나는 나 자신, 직장, 친한 사람과 장소, 일상에 대한 기본적인 정보를 간단한 문장으로 전달할 수 있습니다. 간단한 질문을 할 수 있습니다.

지금부터 ACTFL OPIc을 시작하겠습니다.
귀하의 말하기 능력을 최대한 발휘하기 위해 질문에 대해
자세하고 빠짐없이 답변하여 주시기 바랍니다.

감독관의 시험 시작 안내가 있을 때까지 잠시 대기하여 주시기 바랍니다. **Start Test**

⏱ 제한 시간 40분
🎧 Actual Test 3_1~15

MP3 바로 가기

문제 확인하기

Actual Test 3 1~15

01   Let's start the interview. Can you tell me about yourself?

설문 직장인 – 직장 생활 관련 3단 콤보

02   You indicated that you work. Can you tell me what you mostly do at your workplace? What is your main task at work? Tell me about it.

03   While working, how do you have lunch at your workplace? Where and when do you usually have lunch? Who do you usually eat lunch with? Tell me about your lunchtime.

직장에서 겪은 일 (출제 경향 ❶)

04   There must have been problems that you have had to resolve at your workplace. Think about a problem or issue that you have had while working. What was the problem? How did you resolve it? Tell me the full story.

설문 취미나 관심사 – 사진 촬영하기 3단 콤보

05   You said that you take photographs. Tell me about your favorite camera. What does it look like?

06   What kinds of photographs do you take? What is a typical photography day like? How do you prepare for taking photographs?

사진 촬영과 관련된 경험 (출제 경향 ❶)

07   Have you ever taken an unforgettable photograph before? What was it? What made this photo so interesting to you? Please tell all about your most memorable picture.

난이도 재조정 ▶ 난이도 3 유지

설문 여가 활동– 공원 가기 3단 콤보

08 You said that you like to go to the park. Describe the park that you usually go to. Where is it located, and what does it look like? Please describe it in detail.

09 What kinds of people can you see at the park? What activities do they normally do at the park? Tell me everything you can see in the park.

공원에서 겪은 일 (출제 경향 ❶)

10 Have you had an experience that you cannot forget when you were at a park? You might have seen a special event or an unthinkable thing may have happened at a park. When and where did it happen? Tell me the full story.

설문 휴가나 출장 – 해외여행 관련 롤플레이 3단 콤보

11 This is a role play question. You have decided to travel to the United States with a friend. Call the car rental agency and ask three or four questions about renting a car.

12 I am sorry, but there's a problem you need to resolve. You are supposed to return your rental car on time, but you are going to be late because of a traffic jam. Call the rental agency and explain your situation and suggest two or three options.

여행 중에 기억에 남는 일 (출제 경향 ❶)

13 Have you experienced any unexpected problems when traveling? When was it? Where did you travel? What was the problem? Please tell me all about this unexpected experience in detail.

설문 주거지 관련 – 집 관련 2단 콤보

14 You said that you live in an apartment. What can you see through the window from your house? Tell me about your neighborhood in detail.

직접 질문하기 (출제 경향 ❷)

15 I also live in an apartment complex. Ask me three or four questions about what my apartment is like.

난이도 4

> **난이도 4 sample** | 시험장에서 들려주는 난이도 4 샘플 음성
>
> It is a Korean family restaurant, hum... favorite restaurant, and it is so large and there are a lot of seafood, so I really like it. Especially I like shrimp and crabs like that, so I often go there and eat a lot of shrimps, I think. Hum... It is so good place to go with my family or friends.

이 샘플은 실제 오픽 시험에서는 한국인으로 추정되는 여자 수험자이며 32초에 걸쳐 60개 정도의 단어를 말하고 있습니다. 이는 1분에 약 10개 내외의 문장을 말할 수 있는 수준으로 거의 막힘없이 자신의 이야기를 구사하는 수준입니다. 주어-동사의 구조가 명확하게 맞는 문장을 구사하고 있으며 전체적으로 자신이 말하려는 내용을 상대가 알아듣기 쉽게 전달하고 있습니다. 중간에 잠시 멈추긴 하지만 난이도 3의 샘플 음성처럼 심하게 끊어지지 않고 다음 말을 생각하는 정도의 공백으로 이해할 수 있으므로 양호한 흐름이라고 말할 수 있겠습니다. 다만, 답변 자체가 단순 현재 사실을 나열하고 있으며 평범하고 쉬운 표현으로 일관된 답변이라 그다지 고득점 답변이라고 말할 수 없습니다. 자신의 감정이나 의견을 표현하고 다양한 형용사를 사용해서 풍부한 표현을 만드는 답변이 훨씬 좋은 점수를 받고 있는 게 현재 오픽의 채점 방식이기 때문에 위처럼 단순한 답변을 만들 때 예상 등급은 IM2~IM3 정도로 볼 수 있습니다.

출제 경향 ❶ 첫 경험(first time)에 대한 문제가 출제됨

오픽 시험의 난이도가 높아지면서 눈에 띄는 출제 경향은 과거 시제를 사용해야 하는 문제가 전체 문제의 절반을 차지할 정도로 많아졌다는 점입니다. 수험자가 주목할 것은 같은 과거 문제라도 다양한 시점의 과거 시제 문제가 출제될 수 있다는 점입니다. 그 첫 번째로 특정 사실, 주제, 장소를 처음 접하게 된 첫 경험(first time)을 묻는 것을 들 수 있습니다. 처음 시작하게 된 계기나 첫인상, 초반의 경험 등을 묻는 이러한 질문에서는 당연히 본인의 느낌이나 감회, 의견 등을 말하게 되므로 단순한 과거 사건 진술보다 한층 더 깊이 있는 답변을 만들 수밖에 없습니다. 물론 이런 답변은 채점에서 더 높은 배점을 받을 수 있습니다. 수험자는 난이도 3에서 등장했던 가장 기억에 남는 경험(memorable experience)과 어떤 차이가 있는지 분명히 알아 두고 다른 시점의 과거 경험에 대해 다양한 답변 전략을 마련하도록 합시다.

〈첫 경험(first time)〉 샘플 문제

> Tell me about your first experience of listening to live music. What was the live music like? Who was the singer? What was the atmosphere like? Tell me about it in detail.
>
> 라이브 음악을 처음으로 들었던 경험에 대해 말해 주세요. 그 라이브 음악은 어땠습니까? 가수는 누구였습니까? 분위기가 어땠습니까? 이것에 대해 자세히 말해 주세요.

출제 경향 ❷ 마지막 경험(last time) 또는 최근 경험(recent experience)에 대한 문제가 출제됨

앞서 등장한 첫 경험(first time)과 대조적으로 이번에는 마지막 경험(last time)이나 가장 최근에 겪은 경험(recent experience)을 묻는 질문이 출제됩니다. recently, 혹은 last time의 표현을 사용한 이러한 질문은 얼마 되지 않은 최근 사건인 만큼 그날의 행적을 순서대로, 자세하게 기억해서 말하는 것이 필요하며 사건에 대한 세밀한 묘사와 당시 느꼈던 감정을 추가해서 말하면 더욱 좋습니다. 수험자들은 아래 샘플 문제를 보고 첫 경험(first time) 문제와 어떤 차이가 있는지 파악하고 이와 관련된 정확한 답변 연습을 하도록 합니다.

〈마지막 경험(last time)〉 샘플 문제

> When was the last time you went shopping? What did you buy? Tell me about your last shopping experience from the beginning to the end.
>
> 언제가 마지막 쇼핑이었습니까? 무엇을 샀습니까? 당신의 마지막 쇼핑 경험에 대해 처음부터 마지막까지 말해 주세요.

〈최근 경험(recent experience)〉 샘플 문제

> Explain the most recent trip you went on. What things did you do while on the trip? Where did you go and who did you go with? Describe the details of that trip.
>
> 당신이 갔던 가장 최근 여행에 대해 설명해 주세요. 여행 중에 어떤 일들을 했습니까? 어디로 갔으며 누구와 함께 갔습니까? 그 여행을 자세히 설명해 주세요.

Actual Test 4

1단계 오리엔테이션 – 설문지 선택

Background Survey

직업 관련
1. ✓ 일 경험 없음
2. ✓ 학생입니까? 네
   (연관 질문) 강의를 듣는 목적 – 학위 취득

주거지 관련
3. ✓ 거주지 형태 – 가족과 함께 개인 주택이나 아파트에 거주

필수 선택 항목 12개
4. ✓ 여가 활동 – 영화 보기, 공연 보기, 콘서트 보기, 공원 가기
5. ✓ 취미나 관심사 – 음악 감상하기, 요리하기
6. ✓ 운동 – 조깅, 걷기, 헬스, 자전거
7. ✓ 휴가나 출장 – 국내 여행, 집에서 보내는 휴가

2단계 오리엔테이션 – 난이도 4 선택

Self-Assessment

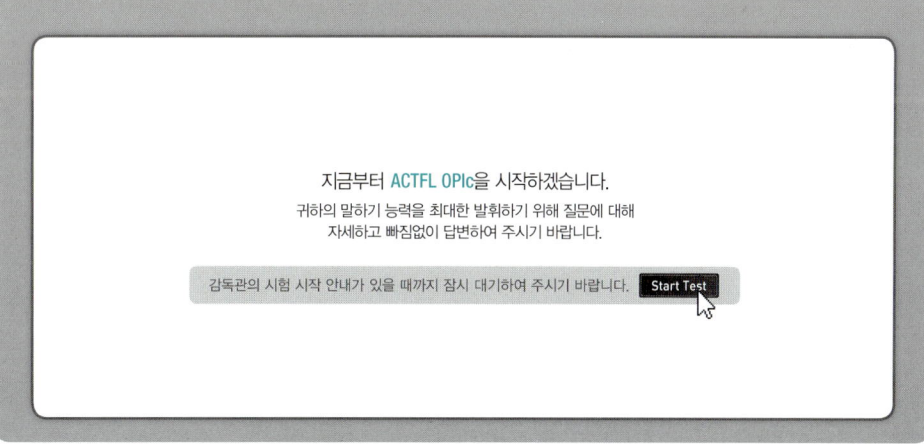

지금부터 ACTFL OPIc을 시작하겠습니다.

제한 시간 40분
Actual Test 4_1~15

MP3 바로 가기

문제 확인하기

Actual Test 4 1~15

01 Let's start the interview. Can you tell me about yourself?

설문 여가 활동 – 공연 보기 3단 콤보

02 You said that you go see theater shows or events. What types of theater shows or events do you enjoy seeing? Why are these so interesting to you?

첫 번째 봤던 공연 (출제 경향 ❶)

03 What was the first show or event you ever watched in a theater? How old were you? Who did you go to the theater with? Tell me about the first time you remember going to a theater.

04 What was the most memorable theater show you ever watched? When and where was it held? What did you see and why was it so memorable for you? Tell me the full story.

돌발 레스토랑 3단 콤보

05 I'd like to know about the restaurant you often visit. What does this place look like? What kind of food do they serve? What made you favor that place? Tell me about it.

첫 번째 갔던 레스토랑 (출제 경향 ❶)

06 Let's talk about the first time you visited a restaurant. What was your first impression of that place? What did you like or dislike about it? Tell me everything you remember about the first time at a restaurant.

07 Please tell me one memorable experience of being at a restaurant. You may have seen someone famous or lost something at a restaurant. Tell me where you were, and what happened at the restaurant.

난이도 재조정 ▶ 난이도 4 유지

➡ 모범 답변 P22

설문 휴가나 출장 – 집에서 보내는 휴가 3단 콤보

08 You indicated in the survey that you stay at home for vacation. Who do you usually see and spend time with on vacation? Are they your friends or family members? Tell me about the people you like to see during your vacation time at home.

마지막 휴가 경험 (출제 경향 ❷)

09 Tell me about a recent vacation you spent at home. Who did you see and what did you do? Tell me everything you did during the last vacation you spent at home.

10 Tell me about an unusual, unexpected, or strange experience that you had during your vacation time at home. What happened? Tell me all the details of that experience.

설문 운동 – 자전거 관련 롤플레이 3단 콤보

11 I'd like to give you a situation and ask you to act it out. You want to borrow a friend's bike to do something. Call your friend and ask three or four questions about the bike and when you can borrow it.

12 I'm sorry. There is a problem which I need you to resolve. While you were using your friend's bike, you had an accident, and the bike was destroyed. Call your friend and explain what happened, then make some suggestions as to how you can help your friend solve this problem.

13 Very good. That's the end of the situation. Have you ever borrowed a friend's bike or car and had some kind of problem? Tell me the story of a time when you had some difficulty with a bike, car, or some other form of transportation.

설문 직업 관련 – 학교 친구 관련 2단 콤보

14 You indicated that you are a student. Please tell me about your closest schoolmate.

15 I also have a close schoolmate. Ask me three or four questions about my school friend.

Actual Test 5

1단계 오리엔테이션 – 설문지 선택

Background Survey

직업 관련
1. ✓ 현재 어느 분야에 종사하고 있습니까? 사업/회사
2. ✓ 현재 직업이 있습니까? 네
   (연관 질문) 근무 기간은 – 첫 직장
   – 2개월 이상
   (연관 질문) 부하 직원을 관리하는 관리직입니까? 네

주거지 관련
3. ✓ 거주지 형태 – 독신자로서 개인 주택이나 아파트에 거주

필수 선택 항목 12개
4. ✓ 여가 활동 – 영화 보기, 공연 보기, 공원 가기, 집안일 거들기, 카페/커피 전문점 가기
5. ✓ 취미나 관심사 – 음악 감상하기, 혼자 노래 부르거나 합창하기
6. ✓ 운동 – 걷기, 수영, 헬스
7. ✓ 휴가나 출장 – 국내 여행, 국내 출장

2단계 오리엔테이션 – 난이도 4 선택
Self-Assessment

Self-Assessment

● 본 Self-Assessment에 대한 응답을 기초로 개인 맞춤형 문항이 출제가 됩니다.
아래 여섯 단계의 샘플 답변을 들어보시고, 본인의 실력과 비슷한 수준을 선택하시기 바랍니다.

🔊 샘플 답변 듣기   나는 나 자신, 일상, 일/학교와 취미에 대해 간단한 대화를 할 수 있습니다. 나는 친근한 주제와 일상에 대해 쉽게 간단한 문장들을 만들 수 있습니다. 나는 또한 내가 원하는 질문도 할 수 있습니다.

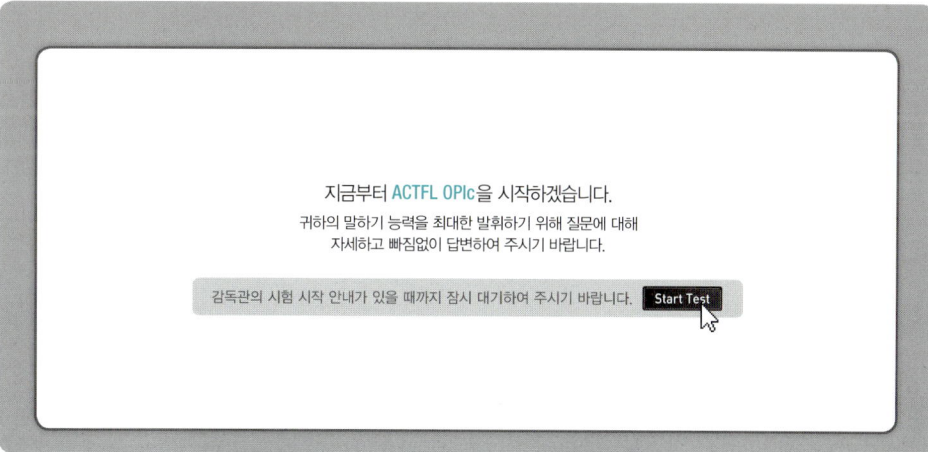

⏱ 제한 시간 40분
🎧 Actual Test 5_1~15

문제 확인하기

Actual Test 5 1~15

01 Let's start the interview. Can you tell me about yourself?

설문 취미나 관심사 – 음악 감상하기 3단 콤보

02 You said that you like to listen to music. What kinds of music do you like to listen to?

03 Who is your favorite musician or music group? Why do you like that musician? Tell me about your opinion of that musician.

첫 번째 라이브 음악을 들은 경험 (출제 경향 ❶)

04 Tell me about your first experience of listening to live music. What was the live music like? Who was the singer? What was the atmosphere like? Tell me about it in detail.

설문 휴가나 출장 – 국내 여행 3단 콤보

05 You indicated that you like to go on domestic trips. Please tell me all the steps you take to go on a trip. Tell me about it from the beginning to the end.

첫 번째 여행 (출제 경향 ❶)

06 Can you remember the first trip you ever went on as a child? Where did you go and what did you see? How young were you at that time? Tell me as much as you can remember about your first impression of the area.

최근에 갔던 여행 (출제 경향 ❷)

07 Explain the most recent trip you went on. What things did you do while on the trip? Where did you go and who did you go with? Describe the details of that trip.

난이도 재조정 ▶ 난이도 4 유지

➡ 모범 답변 P29

돌발 쇼핑 3단 콤보

08 You may go shopping. Please describe your favorite shopping place and tell me why you like to go there? Please tell me in detail.

첫 번째 쇼핑 경험 (출제 경향 ❶)

09 Can you remember the first time you saw a large shopping center when you were a child? What did it look like? What was your first impression of that place? Please tell me in detail.

마지막 쇼핑 경험 (출제 경향 ❷)

10 When was the last time you went shopping? What did you buy? Tell me about your last shopping experience from the beginning to the end.

설문 직업 관련 – 직장 관련 롤플레이 3단 콤보

11 This is a role play question. Your boss said that he or she needs a new computer for a business trip. Call the computer agency and ask three or four questions about the computer that you need to buy for your boss.

12 Unfortunately, the computer your boss needs to buy is not available in the store. Call your boss and leave a voice message about the situation and suggest three or four options for him or her.

13 Excellent. That's the end of the situation. Have you had any experiences in which you needed to solve problems at work? Think of one of those problems and tell me what you did to overcome it.

설문 여가 활동 – 카페/커피 전문점 가기 2단 콤보

14 In the survey, you indicated that you go to coffee shops. Please describe your favorite coffee shop. Which coffee shop do you like to go to?

15 I also like going to coffee shops. Please ask me three or four questions to find out about my favorite coffee shop.

Actual Test 6

1단계 오리엔테이션 – 설문지 선택

Background Survey

직업 관련
1. ✓ 일 경험 없음
2. ✓ 학생입니까? 아니오

주거지 관련
3. ✓ 거주지 형태 – 가족과 함께 개인 주택이나 아파트에 거주

필수 선택 항목 12개
4. ✓ 여가 활동 – 영화 보기, 공연 보기, 공원 가기, 집안일 거들기
5. ✓ 취미나 관심사 – 음악 감상하기, 악기 연주하기, 애완동물 기르기
6. ✓ 운동 – 걷기, 요가, 운동 수업 수강하기
7. ✓ 휴가나 출장 – 국내 여행, 집에서 보내는 휴가

2단계 오리엔테이션 – 난이도 4 선택

Self-Assessment

- **Self-Assessment**

  - 본 Self-Assessment에 대한 응답을 기초로 개인 맞춤형 문항이 출제가 됩니다.
    아래 여섯 단계의 샘플 답변을 들어보시고, 본인의 실력과 비슷한 수준을 선택하시기 바랍니다.

  - 🔊 샘플 답변 듣기   나는 나 자신, 일상, 일/학교와 취미에 대해 간단한 대화를 할 수 있습니다. 나는 친근한 주제와 일상에 대해 쉽게 간단한 문장들을 만들 수 있습니다. 나는 또한 내가 원하는 질문도 할 수 있습니다.

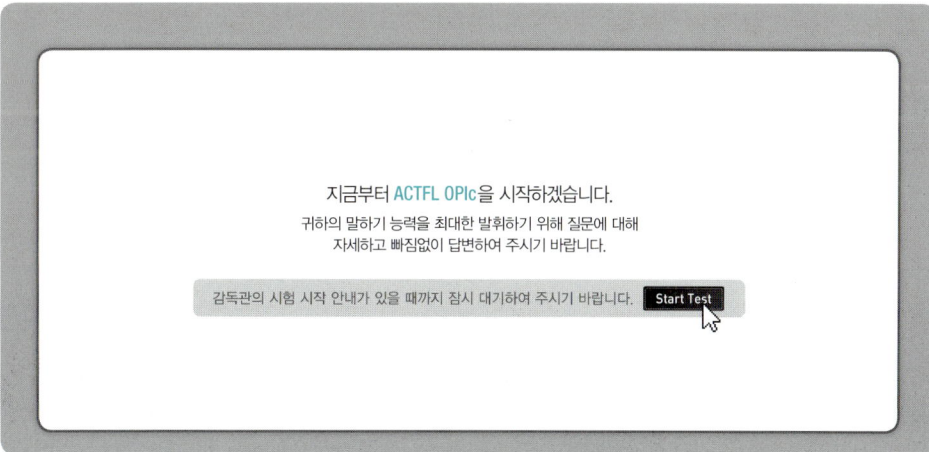

⏱ 제한 시간 40분
🎧 Actual Test 6_1~15

MP3 바로 가기

문제 확인하기

Actual Test 6 1~15

01 Let's start the interview. Can you tell me about yourself?

돌발 인터넷 서핑 3단 콤보

02 You might surf the Internet. Which websites do you usually visit? What is the site about? Describe your favorite websites.

03 Tell me about the software or computer equipment that you use for surfing the Internet.

04 I'd like to talk about one of your memorable experiences while surfing the Internet. What things did you do and why was the experience so memorable?

설문 여가 활동 – 집안일 거들기 3단 콤보

05 You said that you do house chores. What kinds of housework do you do at your house?

06 When you were young, what responsibilities did you have at home? How did you do them?

마지막으로 한 집안일 (출제 경향 ❷)

07 When was the last time you did house chores to keep your house clean and comfortable? Were there any differences before and after? Please give me a description in detail.

난이도 재조정 ▶ 난이도 4 유지

설문 운동 – 운동 수업 수강하기 3단 콤보

08 You said that you are taking an exercising class. What kind of exercising class do you take nowadays? What do you like about the class? Tell me in detail.

운동 수업을 처음 들었던 경험 (출제 경향 ❶)

09 Tell me, in as much detail as possible, about the first few times that you took a fitness class. When was it, who were you with, how did you do during the class? Tell me about it.

10 Talk about a memorable experience or instructor that you have had during your exercising class. What happened? What made this experience so memorable for you? Tell me the full story.

설문 주거지 관련 – 지역 페스티벌 롤플레이 3단 콤보

11 A friend of yours called to ask you to attend a festival event in his community. Ask your friend three or four questions to find out more about this event.

12 On the day of the festival, you suddenly learn you will have to work that day because of an emergency situation at your part-time job. Call your friend, explain the situation and propose some alternative plans for getting together another time.

13 Have you ever had an interesting or unusual experience related to an event in your community? Tell me in detail about one memorable experience you had while attending a community festival.

설문 취미나 관심사 – 악기 연주하기 2단 콤보

14 You said you play a musical instrument. What kind of an instrument do you play? Describe your musical instrument as much as possible.

15 I also enjoy playing a musical instrument sometimes. Ask me three or four questions to find out about my instrument.

난이도 5

난이도 5 sample 시험장에서 들려주는 난이도 5 샘플 음성

I ordered some kind of, I mean… like the number one like, big mac, just kind of things, then for the beverage, I ordered coffee, and wait for the moment…, then the order is coming out, and I found they understand my coffee pronunciation as coke.

이 샘플 음성은 유창한 영어 실력을 보여 주고 있는 수험자의 음성으로 34초 동안 40개 정도의 단어를 사용하고 있습니다. 이것은 1분에 약 9-10개의 문장을 말하는 정도로 오픽 고득점자들은 평균 이 정도 속도로 답변을 할 수 있어야 합니다. 주목할 점은 난이도 5 샘플 음성에서 처음으로 과거 경험에 대한 답변이 나온다는 점입니다. 이것은 패스트푸드점에서 주문을 잘못 이해한 종업원과의 사건을 과거 시점으로 이야기하는 답변으로 이런 형태의 경험 문제가 훨씬 높은 점수를 받고 있음을 알게 해 주는 샘플 답변입니다. 답변자는 듣는 사람이 낭시 상황을 충분히 이해할 수 있도록 앞뒤 문맥을 잘 설명하고 있으며 발음이나 전달력에서 큰 무리 없이 상대에게 사건을 진술하고 있습니다. 다만 몇 가지 오류를 짚어 내자면 세 번에 걸쳐 과거 시제 변환을 실패하였고(waited, order was coming out, understood) 또한 중간에 다음 말을 생각해 내는 조금 긴 공백이 있다는 점이 AL(Advanced Low)까지 받지 못한 감점 요인으로 고려됩니다. 이 샘플 음성은 IH에 해당하는 점수를 받을 것으로 예상할 수 있습니다.

출제 경향 ❶　A의 과거와 현재의 달라진 점을 묻는 문제가 출제됨

난이도 5에서는 한 가지 주제에 대해 과거의 모습과 현재 모습이 어떤 변화가 있었는지를 묻는 질문이 출제됩니다. 기술의 발전 같은 심도 높은 질문부터 단순하게 운동 전후의 몸의 변화를 묻기도 하는 이런 문제들은 시간의 차이에 따라 달라진 현상을 설명하는 것에 중점을 두어서 답해야 합니다. 과거 시제뿐만 아니라 현재 시제, 또는 현재 완료까지 다양한 시제를 활용해서 답하게 되며 때로는 객관적인 사실이 아닌 주관적인 의견으로 말하기도 하기 때문에 단순한 사실이나 사건에 대한 설명보다 훨씬 답하기가 어렵고 점수도 높게 받습니다. 스피킹 실력이 부족한 학생들은 이 같은 문제에 아예 답변 자체를 못하게 될 수도 있으므로 이러한 출제 경향을 이해하여 난이도 선택을 신중하게 할 필요가 있습니다.

〈과거와 현재의 달라진 점 설명하기〉 샘플 문제 – 대중교통의 과거와 현재의 변화

> When you were young, what types of transportation were there and how have they changed over time? Tell me about your early types of transportation in your country. How were they different from now? Describe in detail as much as possible.
>
> 당신이 어렸을 때에는 어떤 종류의 대중교통이 있었고 시간이 흐르면서 그것들은 어떻게 바뀌었습니까? 당신의 나라의 초기 대중교통의 유형에 대해 말해 주세요. 현재와 어떻게 달라졌습니까? 최대한 자세하게 묘사해 주세요.

출제 경향 ❷　A와 B의 차이점을 설명하라는 문제가 출제됨

난이도 5에서 출제되는 두 번째 출제 경향은 두 가지 사항에 대해 비교하는 문제입니다. 앞에서 언급한 출제 경향 1과 비슷해 보이지만 다른 점은 둘 사이의 차이점을 설명하는 데 문제의 초점이 맞춰져 있기 때문에 현재 시제를 주로 사용하고 주관적 의견보다 객관적 사실 비교에 더 많은 비중이 있습니다. 두 가지 중 한쪽의 특성을 나열하고 다른 한쪽이 그와 비교해 어떻게 다른지에 중점을 두어 말할 수 있어야 하고 더 나아가 자신이 어떤 것을 선호하는지, 그 이유는 무엇인지 등의 의견을 덧붙이면 고득점의 가능성이 높아집니다.

〈두 가지 비교하기〉 샘플 문제 – 학교 캠퍼스 비교하기

> You indicated that you are a student. Think about the campus you now attend and compare it to another campus you have visited. Tell me what you can see, and how each campus differs from the other.
>
> 당신은 학생이라고 대답했습니다. 지금 다니고 있는 캠퍼스를 생각해 보고 전에 방문했던 다른 캠퍼스와 비교해 주세요. 무엇을 볼 수 있는지 말하고 각 캠퍼스가 서로 어떻게 다른지 말해 주세요.

Actual Test 7

1단계 오리엔테이션 – 설문지 선택

Background Survey

직업 관련
1. ✔ 일 경험 없음
2. ✔ 학생입니까? 네
   (연관 질문) 강의를 듣는 목적 – 학위 취득

주거지 관련
3. ✔ 거주지 형태 – 가족과 함께 개인 주택이나 아파트에 거주

필수 선택 항목 12개
4. ✔ 여가 활동 – 영화 보기, 공연 보기, 콘서트 보기, 공원 가기
5. ✔ 취미나 관심사 – 음악 감상하기, 혼자 노래 부르거나 합창하기, 여행 잡지나 블로그 읽기
6. ✔ 운동 – 자전거, 걷기, 헬스, 수영
7. ✔ 휴가나 출장 – 국내 여행

2단계 오리엔테이션 – 난이도 5 선택

Self-Assessment

● Self-Assessment

● 본 Self-Assessment에 대한 응답을 기초로 개인 맞춤형 문항이 출제가 됩니다.
아래 여섯 단계의 샘플 답변을 들어보시고, 본인의 실력과 비슷한 수준을 선택하시기 바랍니다.

🔊 샘플 답변 듣기 나는 친근한 주제와 가정, 일, 학교, 개인과 사회적 관심사에 대해 자신 있게 대화할 수 있습니다. 나는 일어난 일과 일어나고 있는 일, 일어날 일에 대해 합리적으로 자신 있게 말할 수 있습니다. 필요한 경우 설명도 할 수 있습니다. 일상생활에서 예기치 못한 상황이 발생하더라도 임기응변으로 대처할 수 있습니다.

지금부터 ACTFL OPIc을 시작하겠습니다.
귀하의 말하기 능력을 최대한 발휘하기 위해 질문에 대해
자세하고 빠짐없이 답변하여 주시기 바랍니다.

감독관의 시험 시작 안내가 있을 때까지 잠시 대기하여 주시기 바랍니다. Start Test

⏱ 제한 시간 40분
🎧 Actual Test 7_1~15

MP3 바로 가기

문제 확인하기

Actual Test 7 1~15

01 Let's start the interview. Can you tell me about yourself?

돌발 전화 통화 3단 콤보

02 You may chat on the phone every day. Can you tell me when and where you talk on the phone? Do you usually use your cell phone or a home phone to chat on the phone? Tell me about it.

03 What things do you talk about when you chat on the phone? Who do you usually talk to and why do you like talking on the phone with that person?

전화 통화의 과거와 현재의 변화 **(출제 경향 ①)**

04 Talking on the phone today is much different than before. How are the phones different from old ones? Do you think there are different customs related to chatting on the phone? Tell me everything you think.

설문 주거지 관련 – 사는 집 관련 3단 콤보

05 Let's talk about where you live. Please describe your home to me. What does your house look like? How many rooms are there in your house? Give me a detailed description.

06 There are always problems that happen in any house. There can be broken things, family problems, or house problems. Tell me about some problems or issues that have been happening in your house recently.

집수리 전후의 변화 설명 **(출제 경향 ①)**

07 Please tell me about one home improvement project that you have done before. What kind of work did you do and why did you start that project? How was your home before and how did it differ after you did that project? Tell me about it from start to finish.

난이도 재조정 ▶ 난이도 5 유지

→ 모범 답변 P44

설문 취미나 관심사 – 여행 관련 잡지나 블로그 읽기 3단 콤보

08 Tell me about one travel magazine or blog you enjoy reading. What is it about? What do you find interesting?

09 When, where, and how often do you read travel magazines or blogs?

좋아하는 여행 잡지나 블로그와 다른 것 비교 *(출제 경향 ❷)*

10 Describe in detail one travel magazine or blog that you have enjoyed reading for some time. How is it different from others you have read?

설문 운동 – 수영 관련 롤플레이 3단 콤보

11 This is a role play question. You want to go swimming at a pool with your friends. Call the swimming pool office and ask three or four questions about the pool you like to go to.

12 Well, you are at the pool when you notice some children running around the swimming pool, and you think it's too dangerous. Go to a lifeguard and explain the situation, then offer two or three suggestions to solve this problem.

13 Have you ever had a scary experience at the swimming pool? What was it? Tell me the full story of what happened.

설문 직업 관련 – 학교 관련 2단 콤보

14 You said that you are a student. What kinds of technology and equipment are used at your school? Tell me about it in detail.

본인의 캠퍼스와 다른 캠퍼스 비교 *(출제 경향 ❷)*

15 You indicated that you are a student. Think about the campus you now attend and compare it to another campus you have visited. Tell me what you can see, and how each campus differs from the other.

Actual Test 8

1단계 오리엔테이션 – 설문지 선택

Background Survey

직업 관련

1. ✓ 현재 어느 분야에 종사하고 있습니까? 사업/회사
2. ✓ 현재 직업이 있습니까? 네
   (연관 질문) 근무 기간은 – 첫 직장 아님 – 경력 많음
   (연관 질문) 부하 직원을 관리하는 관리직입니까? 네

주거지 관련

3. ✓ 거주지 형태 – 독신자로서 개인 주택이나 아파트에 거주

필수 선택 항목 12개

4. ✓ 여가 활동 – 영화 보기, 공연 보기, 클럽/나이트클럽 가기
5. ✓ 취미나 관심사 – 음악 감상하기, 혼자 노래 부르거나 합창하기, 요리하기
6. ✓ 운동 – 걷기, 수영, 헬스
7. ✓ 휴가나 출장 – 국내 여행, 국내 출장, 해외 출장

2단계 오리엔테이션 – 난이도 5 선택

Self-Assessment

● **Self-Assessment**

● 본 Self-Assessment에 대한 응답을 기초로 개인 맞춤형 문항이 출제가 됩니다.
아래 여섯 단계의 샘플 답변을 들어보시고, 본인의 실력과 비슷한 수준을 선택하시기 바랍니다.

🔊 샘플 답변 듣기   나는 친근한 주제와 가정, 일, 학교, 개인과 사회적 관심사에 대해 자신 있게 대화할 수 있습니다. 나는 일어난 일과 일어나고 있는 일, 일어날 일에 대해 합리적으로 자신 있게 말할 수 있습니다. 필요한 경우 설명도 할 수 있습니다. 일생생활에서 예기치 못한 상황이 발생하더라도 임기응변으로 대처할 수 있습니다.

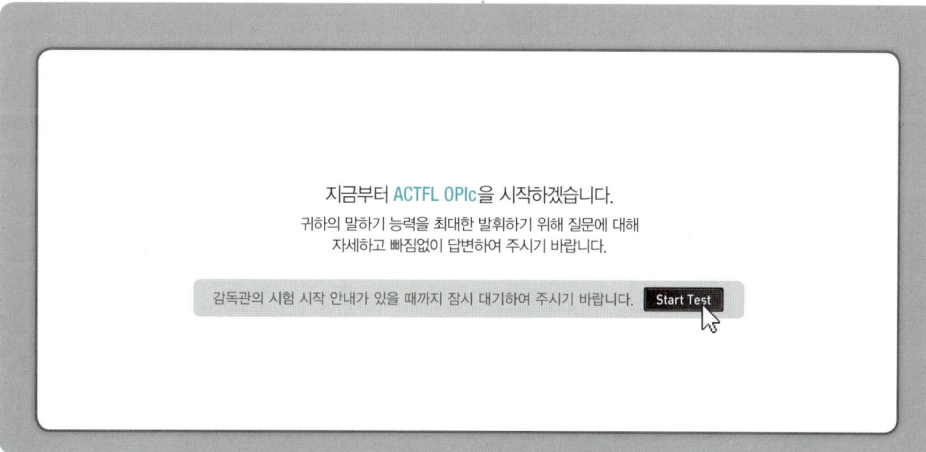

⏱ 제한 시간 40분
🎧 Actual Test 8_1~15

MP3 바로 가기

Chapter 2. 난이도 선택별(Self-Assessment) 실전 모의고사   85

문제 확인하기

Actual Test 8 1~15

01 Let's start the interview. Can you tell me about yourself?

돌발 대중교통 3단 콤보

02 In your country, what kinds of public transportation are most used among people? Tell me about the public transportation system in your country in as much detail as possible.

03 What means of transportation do you use every day? How do you use it and where do you usually go?

대중교통의 과거와 현재의 변화 (출제 경향 ❶)

04 When you were young, what types of transportation were there and how have they changed over time? Tell me about the early types of transportation in your country. How were they different from now? Describe in detail as much as possible.

설문 여가 활동 – 클럽/나이트 클럽 3단 콤보

05 You indicated in the survey that you go to clubs. I'd like to know about your favorite club. What does it look like? Describe it for me in as much detail as possible.

06 Tell me about the first time you went to a club. When was it and who did you go with? Why did you decide to go there? Tell me all about that first time of visiting the club.

07 Tell me about a time that you went to a club and had something interesting or unexpected happen. I'd like to know all about that experience. Tell me what happened that day and why this experience is so memorable for you.

난이도 재조정 ▶ 난이도 5 유지

설문 운동 – 헬스 3단 콤보

08 You indicated that you go to a health club. Describe the health club that you often go to. Where is it located, and what does it look like? Tell me about all you can see at the gym in as much detail as possible.

운동을 한 전후 변화 (출제 경향 ❶)

09 Why did you start working out at the gym? And what has changed physically and mentally over the years? Tell me about every change of yours before and after working out at the gym.

10 Things can happen while working out at the gym. Do you have any interesting experiences while working out at the gym? Tell me about an experience that is unforgettable for you.

설문 휴가나 출장 – 국내 출장 관련 롤플레이 3단 콤보

11 I'd like to give you a situation and ask you to act it out. You are going to visit a new city on a business trip. Call your business partner in the city and ask three or four questions to help you plan a successful trip.

12 I am sorry. There is a problem which I need you to resolve. You have arrived in a city, but are going to be late for the scheduled meeting with your business partner. Call him and explain what happened and suggest two or three options to resolve the situation.

13 That's the end of the situation. Have you ever been late for a meeting, event, or planned departure? Could you describe the situation? What happened? What made you late? When did this happen? I'd like to hear the details of your experience.

설문 취미나 관심사 – 요리하기 2단 콤보

14 You indicated that you like cooking. Describe your favorite types of food to make. What kinds of foods do you like cooking and why do you like cooking these dishes? Please tell me as much as you can.

본인 나라 요리와 다른 나라 요리 비교 (출제 경향 ❷)

15 You said you like to cook. What kind of food do you usually cook? Compare the food from two different countries. What are the differences between them?

난이도 6

난이도 6 sample 시험장에서 들려주는 난이도 6 샘플 음성

First, I responded to the Internet, there is email on the Internet that says if you want to do this, you email us, so I emailed them and they responded to me and they set up an interview for me in an office, so I went to the office, I talked them and discuss with me, my interest and my, with my interest and what they needed, so after the interview, they told me there is a hospital near your home that you can go, so after the interview, I went to the hospital and talked to the hospital staff, and then started.

이 샘플 음성은 43초 동안 104개의 단어를 말하는 수험자입니다. 이것을 분당 속도로 계산하면 150개 단어, 즉 15개 내외의 문장을 말하는 속도로, 영어권 원어민의 평균 말하기 속도에 해당하는 아주 빠른 속도입니다. 속도 면에서만 보면 이 샘플 음성은 거의 현지인 수준으로 막힘 없이 이야기하고 있습니다. 난이도 5에서 등장했던 답변처럼 이 샘플도 자신이 했던 과거 인터뷰에 대한 에피소드를 말하는 답변입니다. 주목할 점은 이처럼 긴 답변 중에서 한 번의 과거 시제 사용에 실수가 없으며 적절한 곳에서 that을 이용한 복문 구조까지 사용하고 있다는 점입니다. 난이도 5에서 지적했듯이 고득점을 받기 위해 과거 시제 사용이 완벽해야 한다는 기준과 더 나아가서 단문형 문장만이 아니라 복문형 문장까지 만들면 최고 점수를 받을 수 있다는 채점 기준을 고려하면 이 같은 답변은 오픽에서 최고 점수인 Advanced Low를 받는 수준이라고 짐작할 수 있습니다. 마지막 실제 샘플 음성을 들어보면 속도나 구성 능력에 비해 발음은 약간 거칠게 들리는데 오픽에서는 이로 인한 감점이 크지 않은 점을 이해해야 합니다. 오픽에서 가장 중요한 것은 이야기 전달(storytelling) 능력이므로 영어 발음이 월등히 좋지 않아도 전체적인 스토리를 이해하는 데 문제가 없으면 만점을 받을 수 있습니다.

출제 경향 ❶ 주변에서 보이는 이슈나 문제점에 대해 의견 제시, 토론형 문제가 출제됨

난이도 6을 선택할 때 나오는 출제 경향은 수험자가 의견을 제시하고 토론까지 할 수 있는 수준의 문제가 출제된다는 것입니다. 그 첫 번째로 가까운 주변, 학교나 직장 같은 곳에서 보여지는 이슈나 문제점에 대해 말하는 문제가 출제되는데 비록 수험자 주변에서 보이는 현상이라 하더라도 평소에 생각을 안 했다면 한국말로도 답변이 어려운 고난도 문제입니다. 자칫 어려워 보일 수 있는 문제이지만 주변 현상에 대한 문제이므로 평소 자신이 느낀 바를 설명하고 그에 대한 문제 제시와 해결책을 제시할 수 있으면 좋은 답변이 될 것입니다.

〈주변에서 보이는 이슈나 문제점에 대한 의견 제시〉 샘플 문제

> You said that you have working experience. What are some issues related to your workplace? Describe me some problems or issues that you have in your work place, and how you deal with these issues. Tell me what you think about it.
>
> 당신은 일 경험이 있다고 했습니다. 당신의 직장과 관련된 이슈가 무엇입니까? 직장에서 당신이 가지고 있는 어떤 문제점이나 이슈에 대해 말하고 그 이슈를 어떻게 처리하는지 말해 주세요. 그에 대해 어떻게 생각하는지 말해 주세요.

출제 경향 ❷ 사회적 이슈나 현상에 대한 의견 제시, 토론형 문제가 출제됨

위에서 언급한 주변 현상에 대한 문제보다 한발 더 나아가 대중적으로 공론화 될 수 있는 사회적 이슈나 문제점에 대해 수험자의 의견을 제시하고 토론까지 할 수 있는 문제가 출제됩니다. 역시 언급한 대로 그 주제를 깊이 생각해 본 적이 없는 수험자는 많이 당황하고 할 말이 없는 경우도 있을 수 있으므로 시험 전에 이러한 주제에 대해 간단하게라도 자신의 견해를 정리해놓으면 좋습니다. 하지만 출제되고 있는 사회적 이슈가 워낙 광범위하므로 기본적으로 어떠한 주제가 나오더라도 자신의 견해를 말할 수 있는 영어 실력을 갖춘 수험자가 이런 문제를 푸는 것이 맞으며 이 때문에 난이도 선택에 대해 모든 수험자가 좀 더 신중해야 합니다.

〈사회적 이슈나 현상에 대한 의견 제시〉 샘플 문제

> Do you think people in your country enjoy their leisure time? If so, what do people usually do in their spare time? Please tell me about what you think about leisure time in your country.
>
> 당신 나라의 사람들은 여가 시간을 즐기고 있다고 생각합니까? 그렇다면 사람들은 여가 시간에 주로 무엇을 합니까? 당신 나라에서의 여가 활동에 대해 당신이 생각하는 것을 말해 주세요.

Actual Test 9

1단계 오리엔테이션 – 설문지 선택

Background Survey

직업 관련
1. ✓ 일 경험 없음
2. ✓ 학생입니까? 네
   (연관 질문) 강의를 듣는 목적 – 학위 취득

주거지 관련
3. ✓ 거주지 형태 – 독신자로 개인 주택이나 아파트에 거주

필수 선택 항목 12개
4. ✓ 여가 활동 – 영화 보기, 공연 보기, 공원 가기
5. ✓ 취미나 관심사 – 음악 감상하기, 악기 연주하기, 혼자 노래 부르거나 합창하기
6. ✓ 운동 – 자전거, 걷기, 헬스
7. ✓ 휴가나 출장 – 국내 여행, 해외여행, 집에서 보내는 휴가

2단계 오리엔테이션 – 난이도 6 선택

Self-Assessment

- **Self-Assessment**

  - 본 Self-Assessment에 대한 응답을 기초로 개인 맞춤형 문항이 출제가 됩니다.
    아래 여섯 단계의 샘플 답변을 들어보시고, 본인의 실력과 비슷한 수준을 선택하시기 바랍니다.

  - 🔊 샘플 답변 듣기 나는 개인적, 사회적 또는 전문적 주제에 나의 의견을 제시하여 토론할 수 있습니다.
    나는 다양하고 어려운 주제에 대해 정확하고 다양한 어휘를 사용하여 자세히 설명할 수 있습니다.

지금부터 ACTFL OPIc을 시작하겠습니다.
귀하의 말하기 능력을 최대한 발휘하기 위해 질문에 대해
자세하고 빠짐없이 답변하여 주시기 바랍니다.

감독관의 시험 시작 안내가 있을 때까지 잠시 대기하여 주시기 바랍니다. **Start Test**

⏱ 제한 시간 40분
🎧 Actual Test 9_1~15

MP3 바로 가기

문제 확인하기

Actual Test 9 1~15

01 Let's start the interview. Can you tell me about yourself?

돌발 여가 활동 3단 콤보

02 Tell me about the people you like to see when you have free time. Who are these people? Tell me about them in detail.

03 When was the last time that you visited friends or family members? Who did you meet, and what things did you do with him or her? Tell me all about your last visit in as much detail as possible.

한국의 여가 생활에 대한 의견 제시 토론형 문제 (출제 경향 ❷)

04 Do you think people in your country enjoy their leisure time? If so, what do people usually do in their spare time? Please tell me what you think about leisure time in your country.

설문 휴가나 출장 – 해외여행 관련 호텔 3단 콤보

05 You have stated that you like to travel abroad. Please explain about the last hotel you stayed in. Where was it? What did you like, and what did you dislike about the hotel? Tell me as much as detail you can.

06 Can you describe the last hotel room you stayed in when you travelled abroad? What was the room like, and what could you see from the room? Tell me in detail.

07 What is the most memorable experience you have had in a hotel while traveling abroad? What country was it in, and why was it so memorable for you? Tell me everything you remember.

난이도 재조정 ▶ 난이도 6 유지

➡ 모범 답변 P61

설문 취미나 관심사 – 혼자 노래 부르거나 합창하기 3단 콤보

08 You indicated in the survey that you sing with a group. What kind of songs do you sing with a group? What do you like about those songs? Tell me as much detail as possible.

09 When you practice singing with a group, what do you usually do first, second, and at the end of the practice? Tell me all about your typical singing group practice.

10 Describe how you first got interested in singing. Who taught you how to sing? Or did you learn on your own? Where did you get interested in singing? Tell me all about your initial interest in singing.

돌발 분리수거 관련 롤플레이 3단 콤보

11 Let's assume that you have moved to a new building, and you want to know about their recycling work. Ask the building manager three or four questions about the recycling policy.

12 You suddenly hear that the recyclables will not be picked up for a while. However, you are going to have a home party next week, and your neighbors will be unhappy about this situation. Call the building manager, explain the situation and ask for at least two solutions to resolve this situation.

13 Do you remember the first time you ever did recycling? Tell me how old you were, and who told you about the process. Describe it in detail.

설문 직업 관련 – 학생 관련 2단 콤보

14 You indicated that you have school experience. Can you compare your major to another one? How are the course requirements in your major different from or similar to another field? Tell me about it.

학교 관련 이슈나 문제점에 대한 의견 제시 토론형 문제 *(출제 경향 ❶)*

15 What issues are being discussed in your school? What concerns do students have? How are the concerns being discussed?

Actual Test 10

1단계 오리엔테이션 – 설문지 선택

Background Survey

직업 관련
1. ✔ 현재 어느 분야에 종사하고 있습니까? 사업/회사
2. ✔ 현재 직업이 있습니까? 네
   (연관 질문) 근무 기간은 – 첫 직장 아님 – 경력 많음
   (연관 질문) 부하 직원을 관리하는 관리직입니까? 네

주거지 관련
3. ✔ 거주지 형태 – 가족과 함께 주택이나 아파트에 거주

필수 선택 항목 12개
4. ✔ 여가 활동 – 영화 보기, 공연 보기, SNS(페이스북, 트위터, 싸이월드 등)에 글 올리기
5. ✔ 취미나 관심사 – 음악 감상하기, 혼자 노래 부르거나 합창하기, 신문 읽기
6. ✔ 운동 – 조깅, 걷기, 수영, 헬스
7. ✔ 휴가나 출장 – 국내 출장, 해외 출장

2단계 오리엔테이션 – 난이도 6 선택

Self-Assessment

- **Self-Assessment**

  ● 본 Self-Assessment에 대한 응답을 기초로 개인 맞춤형 문항이 출제가 됩니다.
  아래 여섯 단계의 샘플 답변을 들어보시고, 본인의 실력과 비슷한 수준을 선택하시기 바랍니다.

  🔊 샘플 답변 듣기   나는 개인적, 사회적 또는 전문적 주제에 나의 의견을 제시하여 토론할 수 있습니다.
  나는 다양하고 어려운 주제에 대해 정확하고 다양한 어휘를 사용하여 자세히 설명할
  수 있습니다.

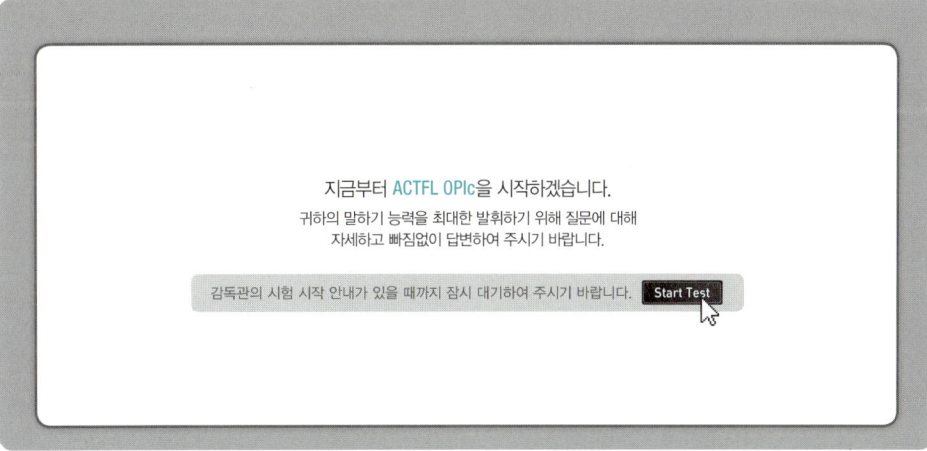

지금부터 ACTFL OPIc을 시작하겠습니다.
귀하의 말하기 능력을 최대한 발휘하기 위해 질문에 대해
자세하고 빠짐없이 답변하여 주시기 바랍니다.

감독관의 시험 시작 안내가 있을 때까지 잠시 대기하여 주시기 바랍니다. **Start Test**

⏱ 제한 시간 40분
🎧 Actual Test 10_1~15

MP3 바로 가기

문제 확인하기

Actual Test 10 1~15

01 Let's start the interview. Can you tell me about yourself?

설문 여가 활동 – SNS에 글 올리기 3단 콤보

02 Tell me about a popular social networking site that you often visit. What does the site look like? What do you see on the screen?

03 How did you first find out about your favorite social networking site? What made you start using it, and when did you start using it?

04 Sometimes problems can occur when using social networking site. Tell me about a memorable experience you had when using a social networking site. Tell me the whole story from beginning to the end.

설문 직업 관련 – 직장 관련 3단 콤보

05 I'd like to now talk about your workplace. Can you describe your company to me? What does it look like? How many departments does it have? Tell me in detail.

06 What is your typical routine at work? What things do you usually do during the business hours? Give me the details about your work routine.

직장 관련 이슈나 문제점에 대해 의견 제시 토론형 문제 **(출제 경향 ❶)**

07 You said that you have work experience. What are some issues related to your workplace? Describe some problems or issues that you have in your work place, and how you deal with these issues. Tell me what you think about it.

난이도 재조정 ▶ 난이도 6 유지

설문 운동 – 요가하기 3단 콤보

08 You indicated in the survey that you do yoga. What do you wear during yoga classes? Tell me all about the clothes you wear for yoga.

09 Tell me about your yoga routine. How do you practice, and how do you prepare for yoga? Give me as many details as you can.

10 Please tell me the differences between yoga and another kind of sport. How are they different from each other? Which one do you think is better for your exercise?

돌발 은행 관련 롤플레이 3단 콤보

11 This is a role play question. Suppose that you have gone to the bank and you want to open an account. Ask the bank teller some questions about opening an account.

12 You had a meal at a restaurant with a friend, but unfortunately you left your bank card there. Call the restaurant, explain your situation, and offer two or three alternatives to solve the problem.

13 Have you had a similar experience with a bank card? Tell me about a time when you misplaced your bank card or had some difficulty using it. Describe it from the beginning to the end.

돌발 출퇴근 관련 2단 콤보

14 I think that living in large cities may cause many difficulties for people getting to and from work. Tell me about some of the difficulties related to this issue you have observed in your city.

요즘의 통근 관련 문제에 대한 의견 제시 토론형 문제 *(출제 경향 ❷)*

15 What are the main issues or problems related to commuting nowadays? What do you think about this topic?

Memo

NEXUS makes your next day

www.nexusbook.com
t.02-330-5500 f.02-330-5555

"최신간" 토익 실전서

- 최신 기출 유형과 난이도를 완벽 반영한 1000문제, 10회분 실전서
- 12,000원으로 문제+정답+스크립트+해석+해설까지 한 번에 해결
- 어디서든 무료로 다운받을 수 있는 MP3 (www.nexusbook.com)

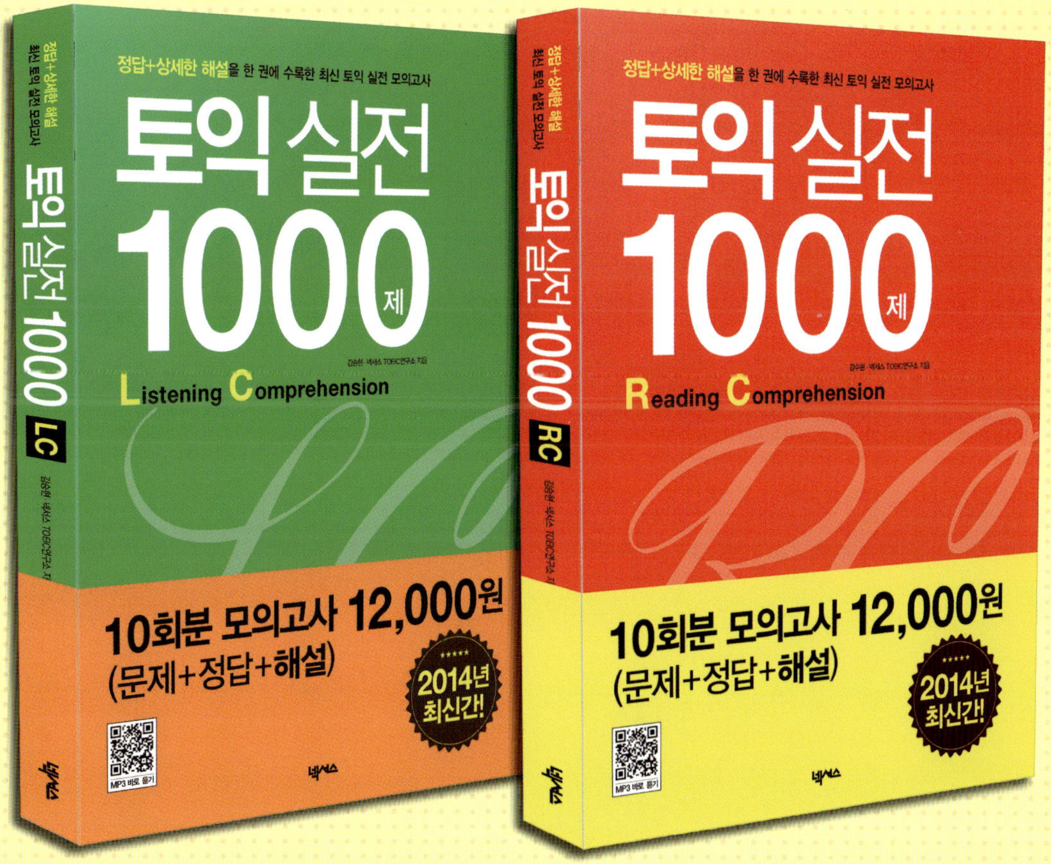

토익 실전 1000제 LC 넥서스 TOEIC연구소 • 김승현 | 312쪽 | 12,000원(MP3 무료 제공)
토익 실전 1000제 RC 넥서스 TOEIC연구소 • 강수완 | 416쪽 | 12,000원

수준별 TOEIC 맞춤 기본 학습 프로그램

 동영상 강의  www.nexusbook.com MP3 무료 다운로드

| 입문 | 초급(500점 미만) | 중급(500~800점) | 고급(800점 이상) |

기본서

 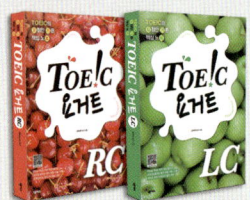

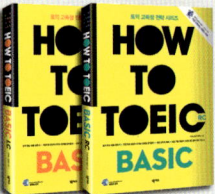  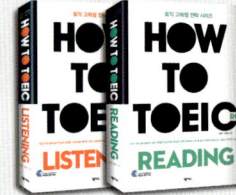

토익 요거트 RC	김부로(피터) 지음	사륙배판	620쪽	19,500원(저자 문제 풀이 직강, 10종 자료 제공)
토익 요거트 LC	김부로·전희정·정주영	사륙배판	456쪽	18,000원(10종 자료 제공)
토익보다 쉬운 토익 스타트	권영준·조수현·김종춘·공혜란 지음	사륙배판	408쪽	16,800원(어휘집, 문제집 제공)
토익보다 쉬운 토익 플러스	원정서·공혜란·넥서스 TOEIC연구소 지음	사륙배판	312쪽	15,000원
HOW TO TOEIC BASIC LC	전희정·신충호 지음	사륙배판	388쪽	16,500원(MP3 CD 1장 포함)
HOW TO TOEIC BASIC RC	넥서스콘텐츠개발팀 지음	사륙배판	352쪽	16,000원(기출 어휘 딕테이션 부록 제공)
HOW TO TOEIC LISTENING	원정서·조강수 지음	사륙배판	448쪽	18,500원(MP3 CD 1장 포함)
HOW TO TOEIC READING	조강수·원정서 지음	사륙배판	676쪽	19,800원(워크북 제공, MP3 CD 1장 포함)
손오공 토익 LC/RC	강희선 지음	사륙배판	LC 408쪽 18,500원	RC 372쪽 17,500원(온라인/모바일 어휘 서비스 제공)

| 초급(500점 미만) | 중급(500~800점) | 고급(800점 이상) |

실전 전략서 (단계별 스터디용)

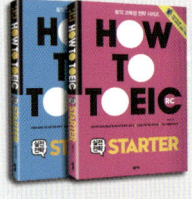  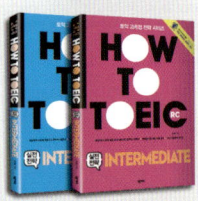 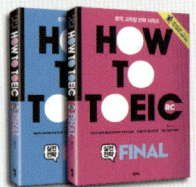

TOEIC 구문 독해 PART 7	강진오, 강원기 지음	사륙배판	224쪽	11,000원
HOW TO TOEIC 실전전략 STARTER LC	조강수 토익연구소 지음	사륙배판	220쪽	13,500원(MP3 CD 1장 포함)
HOW TO TOEIC 실전전략 STARTER RC	조강수 토익연구소 지음	사륙배판	272쪽	12,000원
HOW TO TOEIC 실전전략 BASIC LC	엄대섭·이상미 지음	사륙배판	232쪽	13,500원(MP3 CD 1장 포함)
HOW TO TOEIC 실전전략 BASIC RC	우성수 지음	사륙배판	232쪽	12,000원(어휘 부록 온라인 제공)
HOW TO TOEIC 실전전략 INTERMEDIATE LC	엄대섭 지음	사륙배판	304쪽	13,500원(MP3 CD 1장 포함)
HOW TO TOEIC 실전전략 INTERMEDIATE RC	우성수 지음	사륙배판	256쪽	12,000원
HOW TO TOEIC 실전전략 FINAL LC	엄대섭 지음	사륙배판	248쪽	13,500원(MP3 CD 1장 포함)
HOW TO TOEIC 실전전략 FINAL RC	우성수 지음	사륙배판	244쪽	12,000원(어휘 부록 온라인 제공)

OPIc 오픽 실전문제집 10회
모범 답변 및 해설

전미성 지음

새롭게 바뀐 유형에
완벽하게 맞춘 오픽 실전 모의고사

새롭게 변경되고 업그레이드 유형에 완벽하게 대비하는 오픽 문제집
시베이블 출제 빈도가 높은 문제를 위주로 구성된 실전 문제
오픽 난이도 선택에 따른 수준별 맞춤형 답변
바로 써 먹을 수 있는 시험장 100% 활용 답변 표현 리스트 (www.nexusbook.com)

MP3 바로 가기

넥서스

Actual Test 1

⇒ 문제지 P52

MP3바로가기

Background Survey

〈직업 관련〉
1 일 경험 없음
2 학생입니까? 네
(연관 질문) 강의를 듣는 목적 – 학위 취득

〈주거지 관련〉
3 거주지 형태 – 독신자로서 개인 주택이나 아파트에 거주

〈필수 선택 항목 12개〉
4 여가 활동 – 영화 보기, 공연 보기, 콘서트 보기, 공원 가기
5 취미나 관심사 – 음악 감상하기, 혼자 노래 부르거나 합창하기
6 운동 – 걷기, 하이킹/트레킹, 헬스, 요가
7 휴가나 출장 – 국내 여행, 해외여행

1 Let's start the interview. Can you tell me about yourself?

해석 인터뷰를 시작합시다. 자기 자신에 대해 말해 주시겠습니까?
TIP 미리 준비한 자기소개로 응답하세요.

설문 – 여가 활동 | 영화 보기 | 3단 콤보

2 You said that you like to watch movies. Can you describe the movie theater you like to go to and why you like that theater?

해석 당신은 영화 보기를 즐긴다고 했습니다. 자주 가는 영화관과 왜 그 극장을 좋아하는지 말해 주시겠습니까?
TIP 난이도 3 이상에서 등장하는 3단 콤보형 문제의 첫 번째 문제로 자주 가는 장소를 설명해 달라는 문제가 종종 나옵니다. 기본적인 문장을 만들 수 있는지를 가늠하는 중급 수준의 문제로 크게 어려운 문제는 아니지만 소홀히 넘겨서는 안 되는 문제입니다. 답변은 집 근처에 극장으로 간다고 하고 대응한 직원, 깊은 극장 안이 시설물이나 친절하고 빠른 직원들을 묘사하는 무난한 답변을 만들면 되겠습니다. 마지막으로 극장을 좋아하는 이유를 답변에 더하면 더욱 좋습니다.

IM2 Model Answer

I often go to the movie theater located just a short distance from my house. It is a new theater with comfortable seats for a large crowd. In addition, the big screen is easy to see from any seat in the room. IM3 추가 답변 They have a very convenient website, so I can check out movies and book tickets when I want to see a film. The staff members are very friendly and fast-moving, so I never have to wait in long lines to enter the theater. I always purchase a Coke and popcorn combo before the movie starts. I like this theater because the sounds and the big screen make me completely focused while watching movies. IM3 추가 답변 This theater is the best I know of because of its great acoustics and picture quality.

해석 저는 집에서 가까운 거리에 위치한 극장으로 자주 갑니다. 이 극장은 많은 관객을 위한 편안한 의자를 가진 새로운 극장입니다. 게다가 커다란 극장 안의 어떤 좌석에서도 쉽게 볼 수 있습니다. 그들은 매우 편리한 웹 사이트를 가지고 있어서 극장을 보고 싶을 때 영화들을 확인하고 예매를 할 수 있습니다. 극장 직원들이 매우 친절하고 신속하기 때문에 극장에 들어가기 위해 긴 줄을 기다릴 필요가 전혀 없습니다. 저는 극장이 시작되기 전에 항상 팝콘과 콜라 콤보 셋트를 삽니다. 저는 이 극장을 좋아합니다. 왜냐면 음향과 커다란 스크린이 영화를 보는 동안 제가 집중할 수 있게 만들어 주기 때문입니다. 이 극장은 훌륭한 음향과 화질을 가지기 때문에 제가 알고 있는 최고로 좋은 극장입니다.

located 위치한 book 예약하다 acoustics 음향 시설 picture quality 화질

3 How do you determine the movie you like to see? Tell me what you do before going to the movie theater. Who do you usually go to the movies with? What do you do after watching the movie?

해석 당신은 보고 싶은 영화를 어떻게 결정합니까? 당신이 영화를 보러 가기 전에 무엇을 하는지 말해 주세요. 주로 누구와 영화를 보러 갑니까? 영화를 보고 나면 무엇을 합니까?
TIP 3단 콤보에서 두 번째 문제라 자주 돌출하는 세부 사항 설명을 요구하는 문제로 변경됩니다. 영화관 가기 전후, 주로 누구와 가는지 등 여러분이 충분히 정보를 요구하고 있습니다. 무엇에 관한 답변을 해야 하는지 순인터넷에서 정보를 찾고, 포를 예매하고 극장이 일찍 도착하고 이후에는 맛있는 걸 먹으러 간다는 식으로 순차적인 답변을 만들면 되겠습니다.

IM2 Model Answer

I typically go to the movies with my friend on the weekend. We both love to watch movies because it is our only chance to relax from our studies. When we want to see a movie, first of all, we check out the newest releases online. After checking the information, we choose the movie and book our tickets online. IM3 추가 답변 My friends and I always arrive at the theater early so we don't have to wait in a long line to get in. At the theater, we make sure to buy popcorn and drinks before the movie starts. When the movie finishes, we spend the rest of the night hanging out and talking about the movie. IM3 추가 답변 Lastly, we make plans for our next weekend at the movies.

해석 저는 언제나 그랬듯이 주말마다 친구들과 영화를 보러 갑니다. 저희는 동 다 영화 보러 가는 걸 좋아합니다. 왜냐하면 이것이 저희가 공부를 떠나서 쉴 수 있는 유일한 기회이기 때문입니다. 영화를 보고 싶을 때 가장 먼저 온라인으로 최신 개봉작을 살펴봅니다. 상세한 정보를 확인 후 온라인으로 예매합니다. 친구들과 저는 언제나 극장에 일찍 도착해서 줄서기 위해 긴 줄을 설 필요가 없습니다. 저희는 영화가 시작되기 전에 반드시 팝콘과 음료를 삽니다. 영화가 끝났을 때 저희는 밖에서 놀고 영화에 대해서 얘기하면서 남은 저녁 시간을 보냅니다. 마지막으로 저희는 극장에서 보낼 다음 주말 계획을 세웁니다.

release 개봉 영화   hang out 시간을 보내다

---

4 What is the most memorable movie you have ever seen? Why is this movie so memorable for you? What was the movie about? Tell me as much as possible about it.

해석 당신이 본 영화 중 가장 기억에 남는 영화는 무엇입니까? 왜 이 영화가 그렇게 기억에 남습니까? 이에 대해 가능한 한 많이 이야기해 주세요.

TIP 난이도 3 이상에서 등장하는 3단 콤보 문제 중 유형이 마지막 콤보 문제로 과거 경험 진술형 문제가 출제되었습니다. 이 같은 출제 경향을 미리 짐작하여 설문에서 ((영화 보기)를 고르고 난이도 3 이상을 선택하는 응시자는 반드시 '가장 기억에 남는 영화' 또는 '영화와 관련한 기억에 남는 일' 같은 과거 경험 답변을 준비해야 합니다. 이제까지 본 영화 중 가장 기억에 남는 영화를 블록버스터급 영화로 준비하는 게 유리합니다. 샘플 답변은 '아이언맨'이라는 잘 알려진 히어로즈 블록버스터 스토리와 등장인물, 특징 등을 언급하고 왜 이 영화가 기억에 남는지 등을 답변하고 있습니다.

IM2 Model Answer

I have seen many movies, but the most memorable one was 'Iron Man.' I watched this movie with my friends, and we all really enjoyed it. Tony Stark, the main actor, built an amazing armored suit because of an illness. He then decided to use his suit to fight against evil, like a superhero. The technology in this movie was very impressive, and I loved the computer named Jarvis. IM3 추가 답변 I also thought that Tony and Pepper Potts had a very close and interesting relationship. I enjoyed the movie and the time spent together with my friends at the theater. I will never forget 'Iron Man,' and I always recommend it to my friends.

해석 저는 많은 영화들을 봤지만 가장 기억에 남는 영화는 〈아이언맨〉입니다. 저는 이 영화를 친구들과 봤고 저희 모두 이 영화를 즐겼습니다. 주인공인 토니스타크는 병 때문에 놀라운 무장 슈트를 만들었습니다. 그는 영웅처럼 그 슈트를 이용해서 악당에 대응해서 싸우기로 결심했습니다. 영화 속의 테크놀로지는 아주 인상적이었고 저는 자비스라는 이름의 컴퓨터를 사랑하게 됐습니다. 저는 또한 토니와 페퍼 포츠가 아주 가깝고 흥미로운 관계라고 생각했습니다. 저는 영화와 친구들과 극장에서 함께 보낸 그 시간을 즐겼습니다. 저는 〈아이언맨〉을 절대 잊지 못할 것이며 언제나 제 친구들에게 이 영화를 추천합니다.

main actor 주인공   armored suit 무장된 슈트

설문-주거지 관련 | 사는 집 관련 3단 콤보

5 Please describe where you live. What does your place look like? How many rooms does it have? Tell me as much detail as you can.

해석 당신이 어디에 사는지 말해 주세요. 당신이 집은 어떤 모습입니까? 몇 개의 방이 있습니까? 가능한 한 자세히 말해 주세요.

TIP 콤보 문제의 1번으로 사는 집(장소) 묘사를 요구하는 문제가 출제되었습니다. 자신이 사는 지역에 건물의 종류, 작은 특징에서 시작해서 넓게 보이는 공간 속 특징 등을 이야기하고 집 안 만한 인테리어에 대해 언급합시다. 작은 특징부터 시작해서 넓게 보이는 공간 속 특징 등을 순서대로 묘사하는 답변을 만들 수 있습니다. 덧붙여서 집에서 가까운 근처의 편의시설까지 언급하면 더욱 좋은 답변이 이용할 수 있는 편의 시설까지 언급하면 더욱 좋습니다.

IM2 Model Answer

I live with my parents in a modern apartment located in Seoul. Our apartment has three large bedrooms, a living room, a kitchen, and two small bathrooms. The living room is nicely decorated with a plush sofa set near the window. The apartment has large windows, so the sun shines into the room until late in the evening. Because we live on the fifteenth floor, we have a nice view of the park just down the street. IM3 추가 답변 It can be a little noisy sometimes, but it is convenient to live here because of several bus stops and a subway station near my house. There are many nice restaurants and coffee shops within walking distance from my home and I love to visit them often. I can't think of any other place I'd like to live because it meets all my needs perfectly.

해석 저는 사랑하는 조선시대 아파트에서 부모님과 함께 삽니다. 저희 아파트는 세 개의 침실이 있고 거실 하나, 부엌 하나, 작은 욕실 두 개가 있습니다. 이 아파트는 고급스러운 소파 세트로 꾸며져 있습니다. 거실의 창문 전망이 방 안으로 햇살이 바로 비칠 만큼 좋습니다. 15층의 실기 때문에 여기 개의 버스 정류장과 지하철역 때문에 여기에 사는 것이 편합니다. 때때로 시끄러울 수도 있지만 집 근처에 여러 개의 근사한 레스토랑과 커피숍이 있고 저는 이곳에 종종 방문하는 것을 좋아합니다. 이곳은 제 모든 필요를 완벽히 충족시켜 주기 때문에 제가 이곳 말고 다른 곳에서 사는 것을 생각할 수 없습니다.

plush 고급의   shine 비추다   within walking distance 걸어서 갈 거리에 있는   meet one's needs ~의 필요를 충족하다

6 Can you tell me about your normal days when you are at home? What things do you usually do during the weekdays and on the weekends? Tell me about it.

해석 당신이 집에 있을 때 당신의 평소 활동에 대해 말해 줄 수 있습니까? 주중 그리고 주말에 보통 어떤 일을 합니까? 그것에 대해 말해 주세요.

TIP 집에서의 평소 생활을 설명하는 세부 사항 질문입니다. 설문에서 학생은 선택행으로 주중에는 학교 생활을 하고 주말에는 친구들과 함께 시간을 보내는 여가 활동을 중심으로 이야기하면 됩니다. 특별히 어렵고 복잡한 표현을 사용하기보다는 자신의 일상을 사실적으로 묘사하는 데 중점을 두면 되겠습니다.

IM2 Model Answer

I'm a university student, so I am usually busy during the week. I eat breakfast early every morning before going to school. I have classes until lunch time, and then I go to the library. I meet my friends at the library, and we do our assignments together. IM3 추가 답변 I don't have much time to do anything other than study during the week, so I look forward to the weekends. On weekends, I meet my friends, and we enjoy going to the movies or eating out. IM3 추가 답변 If the weather is nice, we like to hike up the mountain or go camping outside the city. My weekly routine is quite busy, so I always try to find some time for relaxing with my friends during the weekends.

해석 저는 대학생이어서 주중에는 대부분 바쁩니다. 저는 학교 가기 전 매일 이른 아침에 아침식사를 합니다. 점심시간까지 수업이 있으며 그 다음에는 도서관으로 갑니다. 도서관에서 친구들을 만나고 함께 과제를 합니다. 저는 주중에는 공부 말고 다른 일을 할 시간이 없어서 주말을 고대합니다. 주말에는 친구들을 만나고 영화를 보거나 외식하는 걸 즐깁니다. 날씨가 좋으면 저는 등산을 가거나 도시 밖으로 캠핑을 갑니다. 제 매주 일상이 상당히 바빠서 저는 주말에는 친구들과 함께 휴식할 수 있는 시간을 찾으려고 노력합니다.

do one's assignment 과제를 하다   other than ~ 외에

7 You might have an unforgettable memory that you had in your house as a child. What was it? Why was this experience so memorable for you? How old were you at that time?

해석 당신이 어렸을 때 집에서 가졌던 잊지 못할 추억이 있을 겁니다. 무엇입니까? 왜 그 경험이 그렇게 기억에 남습니까? 당시에 당신은 몇 살이었습니까?

TIP 역시 나이도 30대였으면 등학교 기억에 잊지 못할 경험 문제로 과거 경험과 관련된 어릴 적 경험을 말하면 됩니다. 초등학교 때 아버지 직장 문제로 지금 집으로 이사 온 경험을 답변으로 준비하고 이사 온 집에 대한 첫인상과 느낌, 이전 집과 비교했을 때 달라졌는지를 어떤 것이 달라졌는지를 중심으로 이야기를 진행하면 되겠습니다.

IM2 Model Answer

I have lived in the same apartment with my parents since I was an elementary school student. However, I will never forget the excitement when we moved to where we live now. Before that, we lived in a very small old house, and I shared a bedroom with my sister. So, when my dad got a new job, my parents decided to move to the bigger place where we live now. IM3 추가 답변 When I walked in the door of our new home, I was wide-eyed and speechless because the new house was so spacious. I was so excited to have my own room with my own bed, desk, and computer. Moving away from my old house was a little sad, but it was comforting to see this place. IM3 추가 답변 I will never forget the day we moved into this house because it was like a new chapter in my life.

해석 저는 초등학생일 때부터 같은 아파트에서 부모님과 살고 있습니다. 하지만 저는 이 집으로 이사 오던 때의 흥분을 결코 잊을 수가 없습니다. 그 전에 우리는 아주 작은 집에서 살았고, 저는 언니와 방을 같이 썼습니다. 그래서 아버지께서 새 직장을 구하셨을 때 부모님은 지금 저희가 살고 있는 더 큰 곳으로 이사 가기로 결정하셨습니다. 새로운 집의 문을 들어섰을 때 제 눈은 커지고 말을 잃었습니다. 왜냐하면 새 집이 너무 넓었기 때문입니다. 저는 저만의 침대와 책상, 컴퓨터를 가진 제 방을 갖게 된 것이 너무 기뻤습니다. 오래된 집에서 이사 가는 것은 조금 슬펐지만 이 집을 보자 안심했습니다. 저는 이 집으로 이사 온 그날을 결코 잊지 못할 겁니다. 왜냐하면 이것은 제 인생의 새로운 장이 될 것 같았기 때문입니다.

excitement 흥분, 신남   wide-eyed 눈이 휘둥그레진   speechless 말을 못하는   spacious 널찍한   comforting 위로가 되는
walking trail 산책로   marking 표시

설문 - 운동 | 걷기 3단 콤보

8 You indicated in the survey that you like to walk. Can you describe the place where you usually take a walk? Explain what the place looks like and what you can see while walking.

해석 당신은 걷기를 좋아한다고 했습니다. 당신이 주로 걷는 장소를 묘사해 줄 수 있습니까? 이 장소가 어떻게 생겼으며 걷는 동안 무엇을 볼 수 있는지 설명해 주세요.

TIP 꼼보 문제의 1번 걷는 장소 묘사에 해당하는 문제입니다. 집 근처에 있는 공원으로 간다고 대답하고 산책로가 있고 새들과 꽃, 나무가 있는 아름다운 공원 풍경을 묘사하면 되겠습니다. 덧붙여서 공원에서 걷기 좋은 시간대와 왜 그 시간을 좋아하는지 자신의 생각을 설명해 주면 좋습니다.

IM2 Model Answer

Early every morning, I enjoy taking a walk at the park down the street. There is a really nice walking trail through the park that is very comfortable for walking. There are also markings to show the distance I walk on the trail. In addition, it is very safe because bicycles and motorcycles are not allowed on the walking trail. As I walk, I can see many kinds of birds wild flowers and trees where many people stop for a rest. IM3 추가 답변 I like to walk there very early in the morning because it's the only time of day when there are not many people around. I feel very refreshed by the cool morning air, and it helps me wake up before I have to go to school. I enjoy the park so much that I often go there with my friends during the weekends.

해석 저는 매일 이른 아침마다 길을 따라 있는 공원에서 산책을 즐깁니다. 거기엔 걷기에 아주 편한 공원을 가로지르는 멋진 산책로가 있습니다. 거기엔 또한 산책로를 걷는 거리를 알려 주는 표지판들이 있습니다. 추가로, 산책로에는 자전거나 오토바이가 다닐 수 없기 때문에 안전합니다. 걸어가며 저는 많은 새, 들꽃, 사람들이 휴식을 위해 쉬어가는 나무들을 볼 수 있습니다. 저는 이른 아침에 이곳에 사람들이 별로 없기 때문에 이때에 이곳을 걷는 것을 좋아합니다. 저는 시원한 아침 공기에 아주 재충전되는 걸 느끼며, 이것은 제가 학교에 가기 전에 유쾌한 시간에 깨도록 도와줍니다. 저는 이 공원을 정말 즐기기 때문에 주말에 친구들과 자주 그곳에 갑니다.

9 When do you usually go for a walk? Do you walk alone or with others? What do you take with you while walking? Tell me everything you do when you walk.

해석 언제 주로 걷습니까? 혼자 걷습니까 아니면 다른 사람과 걷습니까? 걸을 때 무엇을 가지고 갑니까? 당신이 걸을 때 하는 모든 것을 말해 주세요.

TIP 엄마나 자주 운동을 하는지 묻는 질문에 시간이 있을 때마다라고 대답하면 무난한 답이 됩니다. 기타 사항으로 얼마나 오래 걷는지, 걸을 때 음악 플레이어를 가지고 가는지, 선물은 어떤 것을 신는지에 대해 말합니다. 날씨가 더울 때 특별히 물이나 타올을 챙겨 간다는 점 언급해 주면 더욱 좋습니다.

IM2 Model Answer

I go for a walk whenever I have time because it is really good for my health. I like to walk very early in the morning because I am not busy at that time. During the weekdays, I walk for at least thirty minutes, but I like to walk longer if I have extra time on the weekends. There is a park near my home, and it has a nice walking trail through it. I always take my music player with me so that I can listen to my favorite songs while walking. IM3 추가 답변 Especially in the summer, I take my water bottle and a towel because it can be really hot even early in the morning. Most importantly, I make sure I put on my comfortable running shoes before leaving home. Sometimes my best friend joins me for a walk together, but I usually spend my walking time alone.

해석 저는 저의 시간이 있을 때마다 산책을 갑니다. 왜냐하면 이것은 건강에 아주 좋기 때문입니다. 저는 이른 아침 시간에 걷는 것을 좋아합니다. 왜냐하면 이때는 제가 별로 바쁘지 않기 때문입니다. 주중에는 적어도 삼십 분은 걷지만 주말에 여유 시간이 있으면 더 긴 시간 걷는 것을 좋아합니다. 저의 집 근처에 공원이 있고 공원을 가로지르는 멋진 산책로가 있습니다. 그래서 걷는 동안 제가 좋아하는 노래를 듣습니다. 특별히 여름에 저는 물병과 타올을 가지고 갑니다. 비록 이른 아침이라도 아주 더울 수 있기 때문입니다. 가장 중요한 점으로 저는 집을 나서기 전에 편안하기 편한지 반드시 체크합니다. 때로 제 친한 친구가 걷기에 동행하기도 하지만 저는 주로 혼자 걷는 시간을 갖습니다.

weekday 주중, 평일   at least 적어도   comfortable running shoes 편안한 조깅화

10 Have you ever had a memorable experience while walking? When was

Actual **Test 1**   5

it? Where did this happen? Who were you with? Discuss the experience from start to finish.

해설 걷는 동안 특별히 기억에 남는 경험이 있습니까? 언제였습니까? 어디에서 있었습니까? 누구와 함께 있었습니까? 그 경험에 대해 처음부터 끝까지 말해 주세요.

TIP 걷기와 관련된 경험 문제로 걷는 중 경험한 기억에 남는 에피소드를 만들고 다양한 걷는 운동 상황을 일이킨 질문으로 운동과 관련해서 자주 나오는 경험 문제로 답변하면 좋습니다. 특히 '운동 중에 주위 변동하면서 요청에 답변처럼 '운동 중에' 길 없는 개를 주어서 주인을 찾아 주시다니까서 하나의 스토리를 외우고 그리고 다른 운동 중 비슷한 질문이나 '길 없는 개를 찾았던 경험'을 응용하여 답변할 수 있습니다.

IM2 Model Answer

IM3 추가 답변 There are several experiences I have had while walking, but one really stands out in my mind. One morning last winter, I had arrived at the park for my morning walk. I was all alone, and there were not many people in the park because the weather was quite cold. I walked a couple of laps around the walking trail, but suddenly I noticed that a little dog had been following me. The dog was making a sad sound and seemed to be lost, so I carried him to a vet near the park. Fortunately, we were able to find the owner's phone number because the dog was wearing an ID tag. The owner came to the vet soon after, and she was so thankful I had found her dog. IM3 추가 답변 She wanted to reward me with a small amount of money, but I refused to take it because it was my great pleasure to help the dog. That was one experience I will never forget.

해설 걷는 동안 겪은 여러 경험이 있지만 제 머릿속에 분명히 남는 하나의 경험이 있습니다. 지난겨울 어느 아침 산책을 위해 공원에 도착했습니다. 저는 혼자였고 날씨가 상당히 추웠기 때문에 공원에는 사람이 많이 없었습니다. 산책로를 따라 몇 바퀴를 걸었는데 갑자기 작은 개가 저를 따라오고 있는 것을 알게 됐습니다. 그 개는 슬픈 소리를 냈고 마치 길을 잃은 것 같아 보였습니다. 그래서 저는 공원 근처에 있는 동물 병원으로 데려갔습니다. 다행히도 개가 인식표를 가지고 있었기 때문에 주인의 전화번호를 찾을 수 있었습니다. 주인이 얼마 후 바로 병원에 왔고 그녀가 개를 찾은 것에 정말 감사했습니다. 그녀는 얼마의 돈을 저에게 보상하려 했지만 저는 그 개를 도울 수 있는 것이 그 큰 기쁨이었기 때문에 그것을 거절했습니다. 이것은 제가 결코 잊지 못할 한 경험이었습니다.

stand out in one's mind 누군가의 기억 속에 남아 있다 lap 한 바퀴 vet 수의사 refuse 거절하다 reward 보상하다

성문-학생 관련 | 도서관 룰플레이 3단 콤보

11 This is a role-play question. You arrive at the school library and need to use one of the library computers. Ask the librarian what you need to do to use this computer.

해설 이것은 롤플레이 질문입니다. 당신은 학교 도서관에 도착했고 도서관 컴퓨터 중 하나를 사용해야 할 상황입니다. 이 컴퓨터를 사용하기 위해서 당신이 해야 할 일에 대해 도서관 사서에게 질문을 해 보세요.

TIP 모든 난이도에서 출제되는 룰플레이의 첫 번째 질문으로 제시된 상황에 맞게 가상의 상대에게 맞는 3 또는 4가지 질문을 해야 하는 문제가 주어집니다. (상황에 맞게 질문하기)로 분류되는 이 문제 유형은 난이도 3 또는 4에서 출제되는 마지막 역지사지 문제 (직접 질문하기)와 구별해야 합니다. 상당히 문제이니만큼 주어진 문제를 잘 읽고 적절한 질문을 해야 하며 상황에 맞지 않는 질문은 하지 않도록 주의하십시오. 가장 보편적인 순서는 '인사 → 전화 건 목적 → 질문 사이 가지 → 마무리 인사'로 구성할 수 있습니다. 주거 룰플레이 문제에는 정중 고객에서 마치 진짜 도서관 사서와 주고받는 듯한 대화체로 답변을 만들면 더욱 좋습니다.

IM2 Model Answer

Excuse me. I need to use one of the computers, and I need your help. 질문1 Do I need a password to log in on a library computer? 질문2 If so, where do I get it? 질문3 I don't have a library card, but I do have my student ID. Is that okay? IM3 추가 답변 Also, I need to know if there are any fees for using the computer. I think I will need to use the computer for about four hours. Please tell me exactly what I need to do to use one of your computers. Thank you for your time.

해설 실례합니다. 제가 컴퓨터 중 하나를 사용해야 해서 당신의 도움이 필요합니다. 도서관 컴퓨터에 접속하기 위해서 학생증이 있어야 할 것 같습니다. 저는 리포트를 작성하고 있어서 이것을 이마 아마 프린트도 해야 할 것 같습니다. 도서관 컴퓨터에 접속하기 위해서 패스워드가 필요합니까? 만약 그렇다면 어디서 그것을 얻을 수 있습니까? 저는 도서관 카드는 없지만 학생증은 있습니다. 괜찮을까요? 또한 컴퓨터 사용에 대한 사용료가 있는지 알고 싶습니다. 약 네 시간 정도 컴퓨터를 사용해야 할 것 같습니다. 여기서 컴퓨터를 사용하기 위해 제가 정확히 무엇을 해야 하는지 알려 주십시오. 시간 내주셔서 감사합니다.

student ID 학생증 fee 사용료, 요금

12 I'm sorry, but there is a problem that you need to resolve. You were in the middle of writing an important paper for your class. However, the

computer you were using suddenly shut down for no reason. Go to the librarian and explain what happened, then ask for help to fix this problem.

해석 마인하지만, 당신이 해결해야 할 문제가 있습니다. 당신은 수업을 위해 중요한 문서를 작성하고 있는 중이었습니다. 그런데 당신이 사용하던 컴퓨터가 갑자기 아무 이유 없이 꺼져 버렸습니다. 도서관 사서에게 가서 무슨 일이 있었는지 설명하고 이 문제를 해결하기 위해 도움을 요청해 보세요.

TIP 롤플레이의 두 번째 문제 (상황 문제 대처하기) 유형으로 난이도가 높은 까다로운 문제입니다. 앞에서 질문했던 상황과 연관되어 대부분 안 좋은 상황을 가정해 출제됩니다. 이 문제 역시 앞에서 묘사되는 이 상황의 최고 기준인 '컴퓨터가 갑자기 꺼진 상황'을 도서관 사서에게 그대로 전달하고 중요한 문서이기 때문에 복구하는 방법이 없는지 등을 묻는 답변을 만들어 보세요.

IM2 Model Answer

Excuse me. I need your help to fix a problem with the computer. I was working on a very important paper for my class when the computer shut down. IM3 추가답변 I was just typing my information, and suddenly the screen went black. I need to finish my paper today, so I need your help right away. IM3 추가답변 I was wondering if this is a common problem with the computers. What do you think caused the computer to shut down? Can you get the computer working again without losing my information? I don't think I saved my file, so I really need your help. Thank you.

해석 실례합니다. 저는 컴퓨터 문제를 해결하기 위해 당신의 도움이 필요합니다. 저는 매우 중요한 문서를 작성하고 있었습니다. 제 수업을 위한 리포트 과제였습니다. 컴퓨터가 갑자기 꺼졌을 때 말이죠. 저는 컴퓨터 화면이 검정색으로 변했을 때 정보를 타이핑하고 있었습니다. 오늘 안으로 제 답변을 끝마쳐야 하기에 당장 당신의 도움이 필요합니다. 저는 이것이 컴퓨터에서 흔한 문제인지 궁금합니다. 컴퓨터가 갑자기 꺼지는 원인이 무엇이라고 생각하십니까? 제 정보를 잃어버리지 않고 컴퓨터가 다시 작동하도록 할 수 있을까요? 제 파일을 저장한 것 같지 않습니다. 그래서 저는 정말 당신의 도움이 필요합니다. 감사합니다.

be working on A A를 작업 중이다 | shut down (기계등가) 꺼지다

13 Excellent. That's the end of the situation. Have you ever had an experience when technology didn't work properly? What was the problem? What were you doing at that time? How did you resolve the problem? Tell the full story.

해석 좋습니다. 상황이 종료되었습니다. 당신은 이전에 기계가 적절하게 작동 안 했던 경험이 있으십니까? 문제가 무엇이었습니까? 당신은 무엇을 하고 있었습니까? 어떻게 그 문제를 해결했습니까? 전체 스토리를 얘기해 주세요.

TIP 롤플레이 끝 부분이 마지막 문제 역시 과거 경험을 듣는 질문으로 출제됩니다. 앞의 상황과 비슷한 경험이 실제 있었는지를 묻고 있으므로 꼭 학교에서 사용하던 기계가 중요한 일을 실제 실제 끊긴 적이 있었는지 다른 답변을 만들 수 있습니다. 자신이 생각했던 실제 사용자에게 어떤 컴퓨터에 관한 문서 작성 답변이 준비되어 있다면 다음으로 연결하는 경험을 떠올려 말하면 되겠습니다.

IM2 Model Answer

I often go to a computer lab to surf the Internet and find information for school. Last month, I was searching for some information when the computer went offline. I needed to get the information quickly because my school report was due. IM3 추가답변 I found some pictures and websites when all of a sudden the Internet froze. I tried to reconnect several times, but it didn't work. I told the lab manager about the problem and asked for help. IM3 추가답변 The manager said she would check to see what had happened. I waited for almost an hour, and finally the Internet was reset and working well. I didn't have much time to finish my report, so I stayed there until the lab closed. Thankfully, I was able to submit my report on time.

해석 저는 종종 컴퓨터실에 가서 인터넷 서핑을 하거나 리포트 공부를 하고 있었습니다. 학교 리포트를 위한 정보를 찾고 있었습니다. 지난달 컴퓨터 인터넷이 덜컥거 담기가 있었을 때 저는 리포트를 빠르게 그 정보를 찾아야 했었으니까. 저는 인터넷이 덜컥거릴 때 정보들과 몇 개의 웹 사이트들을 찾아 가지고 있었습니다. 여러 번 다시 연결하려고 했지만 되지 않았습니다. 저는 컴퓨터실 관리자에게 문제에 대해 이야기하고 도움을 요청했습니다. 관리자는 무슨 일인지 확인해 보겠다고 말했습니다. 저는 거의 한 시간이나 기다렸고 결국 인터넷이 다시 연결되어 작동이 되었습니다. 제 리포트를 작성할 시간이 충분히 남아 있지 않아서 컴퓨터실이 문을 닫을 때까지 저는 제 시간에 리포트를 낼 수 있었습니다. 다행히도 저는 제 시간에 리포트를 낼 수 있었습니다.

go offline 인터넷이 끊기다 | be due ~할 예정이다 | the Internet froze 인터넷이 멈추다

설문 - 휴가나 출장 | 국내 여행 2단 콤보

14 You indicated that you like to go on domestic trips. Can you tell me your favorite place to visit when you go on a trip? Tell me why you like to go to that place.

해석 당신은 국내 여행을 즐겨 한다고 답했습니다. 당신이 가장 좋아하는 여행 장소에 대해 말해 주시겠습니까? 왜 그 장소를 좋아하는지도 말해 주세요.

Actual **Test 1** 7

TIP 자주 가는 국내 여행지로 제주도를 예로 들고 제주도의 특징에 대해 이야기합니다. 제주도의 유명 관광지와 날씨, 멋진 호텔 등을 나열하고 그것을 좋아하는 이유를 덧붙입니다.

IM2 Model Answer

[IM3 추가 답변] Yes, I enjoy traveling domestically because it costs less money and takes less time than traveling abroad. My favorite place to visit is Jeju Island because I can go there any time of the year. When I visit Jeju Island, I feel like a tourist because it is quite different from my area. Jeju Island has so many attractions, such as museums, trekking trails, and roads along the nice beaches. Furthermore, the weather is very nice for outdoor activities during all seasons of the year. There are also many hotels to stay in for a reasonable price. [IM3 추가 답변] I like to visit the famous hotels in Jeju because all of their rooms have a very beautiful view of the ocean. For these reasons, Jeju Island is always my favorite place to visit when I go on a domestic trip.

해석 네, 저도 국내 여행을 즐깁니다. 해외여행보다 돈도 덜 들고 시간도 덜 들기 때문입니다. 제가 가장 좋아하는 곳은 제주도입니다. 왜냐하면 일 년 중 어느 때든 그곳에 갈 수 있기 때문입니다. 제주도를 방문할 때는 제가 사는 지역과 너무 다르기 때문에 마치 관광객이 된 느낌이 듭니다. 제주도는 많은 박물관, 트레킹 코스, 멋진 해변가 옆을 지나는 도로들 같은 아주 많은 관광지들이 있습니다. 게다가 야외 활동을 하기에 일 년 중 어느 때든 날씨는 일 년 중 어느 때든 매우 좋습니다. 또한 합리적인 가격으로 머물 수 있는 많은 호텔이 있습니다. 저는 제주의 유명한 호텔들을 방문하는 걸 좋아합니다. 왜냐하면 모든 방이 아름다운 바다 풍경을 가지고 있기 때문입니다. 이런 이유 때문에 제주도는 국내 여행을 떠날 때 제가 가장 좋아하는 방문지입니다.

attraction 명소 trekking 트레킹 reasonable 적정한

15 I also like to travel around my country. Please ask me three or four questions about the places I like to visit when I travel.

해석 저도 우리나라 전역을 여행하는 것을 좋아합니다. 제가 좋아하는 여행지에 대해 서너 가지 질문을 해 주세요.

TIP 난이도 3~4에서 등장하는 2단 문답의 마지막 문제로 연결편(va)에게 다시 되돌아보는 <직접 질문하기> 문제의 유형입니다. 롤플레이 11번 문제 출제되는 <상황별 질문하기>와 다른 점은 상황이 성향이 나오지 않고 설문자와 관련된 주제에 대해 무작정 면정만 질문하면 되기 때문에 상황 파악을 할 필요가 없다는 것입니다. 하지만 이때도 무작정 질문만 하는 것보다는 듣는 사람이 앞에 함께 있다고 가정하고 '당신이 여행을 좋아한다고 들었습니다. 그래서 몇 가지 질문을 하겠습니다'라는 도입부 문장을 사용하고 마지막으로 마치 답변을 들은 것처럼 '답변해 주셔서 감사합니다'라는 마무리 엔트까지 추가해서 실제 대화처럼 답변하면 더욱 좋습니다.

IM2 Model Answer

I heard that you enjoy traveling just like I do, so I would like to ask you some questions about the places you visit. [질문1] Where is your favorite place to visit when you travel domestically? [질문2] Do you know of any nice hotels or guest houses for travelers? If so, which one is your favorite? [질문3] What famous attractions or sights are in that area? [IM3 추가 질문] Can I find cheap transportation to take if I want to do some sightseeing around the area? Thank you for answering my questions. [IM3 추가 답변] Maybe we can share some travel experiences or travel together someday.

해석 제가 그런 것처럼 당신도 여행을 즐긴다고 들었습니다. 그래서 당신이 자주 방문하는 장소에 대해 몇 가지 물어보고 싶습니다. 국내 여행을 할 때 당신이 가장 좋아하는 방문지는 어디인가요? 당신은 여행자들을 위한 멋진 호텔이나 게스트 하우스들을 알고 있나요? 만약 그렇다면 그중에 가장 좋아하는 장소는 어디인가요? 그 지역에 어떤 유명한 관광지나 볼거리가 있나요? 제가 그 지역의 몇 군데 관광명소를 둘러보고 싶다면 저렴한 교통수단을 찾을 수 있을까요? 제 질문에 답해 주셔서 감사합니다. 아마도 언젠가 우리가 서로 여행 경험을 나누거나 함께 여행을 할 수도 있을 겁니다.

sights 관광지 do sightseeing 관광하다

Actual Test 2

→ 문제지 P56

Background Survey

MP3바로 가기

〈직업 관련〉
1 일 경험 없음
2 학생입니까? 네
  (연관 질문) 강의를 듣는 목적 — 학위 취득

〈주거지 관련〉
3 거주지 형태 — 가족과 함께 주택이나 아파트에 거주

〈필수 선택 항목 12개〉
4 여가 활동 — 영화 보기, 공원 가기, 게임 하기(비디오, 카드, 보드, 휴대폰 등)
5 취미나 관심사 — 음악 감상하기, 악기 연주하기, 애완동물 기르기
6 운동 — 농구, 조깅, 걷기, 헬스
7 휴가나 출장 — 국내 여행, 해외여행

---

1 Let's start the interview. Can you tell me about yourself?

해석 인터뷰를 시작합시다. 자기 자신에 대해 말해 주시겠습니까?
TIP 미리 준비한 자기소개로 응답하세요.

설문 – 학생 관련 | 학교 관련 3단 콤보

2 You indicated that you have school experience. Tell me about your school campus. Please describe what it looks like in as much detail as you can.

해석 당신은 학교 경험이 있다고 했습니다. 학교 캠퍼스에 대해 말해 주세요. 어떤 모습인지 가능한 한 자세하게 묘사해 주세요.
TIP '학생'으로 설정했을 때 콤보 문제로 나올 수 있는 학교 캠퍼스 묘사 문제입니다. 학교가 위치한 곳부터 학교 내 캠퍼스의 모습을 설명하는데 정문에서부터 안으로 들어가는 순서로 설명하면 쉽게 답을 전개할 수 있습니다. 캠퍼스의 특징이나 될 만한 전다나 연못이 있는 정원 지역을 설명하고 그 뒤에 도서관을 포함한 몇 개의 큰 건물이 있다는 것을 묘사해 줍니다.

IM2 Model Answer

My school is located in the center of the city, so it is in a very busy place. However, the campus is in an enclosed area, so it is very quiet and peaceful inside the school. IM3 추가 답변 If you enter the school from the front gate, you can see a security officer standing in the front. After you enter the school, you can see a large area, similar to a garden, with grass and a small pond. Behind the garden is our library. The library is our school's biggest building with a very large door and many windows. IM3 추가 답변 On the side of the library building, there are vines growing that stretch to the top of the building. Within our campus, there are also a few more buildings that look similar to the library.

해석 우리 학교는 도시 가운데에 위치해 있어서 매우 번잡한 장소입니다. 그러나 캠퍼스는 담으로 둘러싸여 있어 학교 안은 매우 조용하고 평화롭습니다. 정문에서 학교로 들어서면 당신은 정문 앞에 보안 요원이 서 있는 것을 볼 수 있습니다. 학교로 들어서고 나서 당신은 잔디와 작은 연못이 있는 정원과 비슷한 큰 공간을 볼 수 있습니다. 정원 뒤가 저희 학교 도서관 자리입니다. 도서관은 큰 문과 많은 창문을 가진 학교에서 가장 큰 빌딩입니다. 도서관 빌딩의 옆면에는 빌딩의 꼭대기까지 이어진 담쟁이덩굴이 자라고 있습니다. 그리고 도서관과 비슷하게 보이는 몇 개의 빌딩들 또한 저희 캠퍼스 안에 있습니다.
- be located in ~에 위치해 있다   busy place 번잡한 장소   enclosed area 담으로 둘러싸여) 그림된 지역   vines 덩굴 식물

---

3 What do students and teachers do at your school most days? Please give me as much detail as you can.

해석 학생들과 교수님들은 학교에서 거의 매일 무엇을 합니까? 가능한 한 자세하게 말해 주세요.
TIP 학교 학생들과 교수님들에 대한 세부 사항을 묻는 질문으로 학교 안에서 학생들과 교수님들이 각자 하는 일을 답변하면 됩니다. 너무 어렵거나 복잡한 이야기를 할 필요 없이 단순하고 평범한 학생들의 일상을 전개하고 교수님들의 활동 역시 수업 하고 기끔씩 학생들과 어울리는 일상 위주로 설명하면 도겠습니다.

IM2 Model Answer

Well, most of the students at my school take classes, and the teachers give lectures on a typical school day. Most of my friends from school start school late in the morning and finish in the late afternoon before dinnertime. After our second class, we usually go out for lunch. IM3 추가 답변 After class, if our professors are free, we sometimes go out for lunch together and talk about class, our projects, or just everyday life. After lunch, we usually go to the library to do our assignments. After our afternoon classes, we sometimes have dinner together, but some of my friends, including me, have part-time jobs afterwards. IM3 추가답변 Three times a week, not including the weekends, I work at a café for 5 hours each day. After work, I go home and finish my assignments and try to go to bed around midnight.

해설 음, 일상적인 하기 중에 대부분의 학생들은 수업을 듣고 교수님들도 경할. 대부분의 제 학교 친구들은 오후에 학교를 시작하고 재택식사 시간 전 늦은 오후에 끝납니다. 두 번째 수업 이후에 저희는 주로 늦은 점심을 먹으러 갑니다. 수업 후에 만약 교수님께서 시간이 있으시면 저희는 함께 점심을 먹으러 가서 수업이나 프로젝트, 아니면 일상에 대해 이야기를 합니다. 점심 후에 저희는 주로 도서관에 가서 과제를 합니다. 오후 수업 후에 저희는 때때로 함께 저녁을 먹지만 몇몇 친구들은 방과 후에 아르바이트를 하고 있습니다. 저는 주말을 제외하고 일주일에 세 번, 매일 5시간씩 카페에서 일을 합니다. 일을 한 후에 저는 집에 가고 과제를 끝내고 자정 조금에는 자려고 합니다.

TIP 대부분의 학교들에는 축제, 연극 공연, 졸업식 같은 특별 행사가 있습니다. 기억에 남는 학교 행사가 일주일에 있었다면 그 일에 대한 것은 모두 전에게 말해주세요.

4 Most schools have special events like festivals, plays, and graduation ceremonies. Choose one memorable school event and tell me everything that happened in that event.

IM2 Model Answer

The most memorable school event for me is graduation. I remember when I graduated from my middle and high school. IM3 추가답변 It was the day I finished a period of school, but it was also a new beginning. I had many mixed feelings on graduation day. First, I was relieved to be finished with school, but I was sad that I was not going to be with my school friends and teachers. Then, I felt scared to be a part of a new society. My friends and family congratulated me, but my school friends and I cried because we were not quite ready to separate. IM3 추가답변 Graduation was also exciting because it took place in a big theatre, and my school invited special speakers to speak for us at the ceremony. For these reasons, graduation day is the most memorable school event for me.

해설 저에게 가장 기억에 남는 학교 행사는 졸업식입니다. 저는 중학교와 고등학교를 졸업했던 때를 기억합니다. 제가 학교를 마치는 날이지만 또 다른 시작을 하는 날이기도 했습니다. 저는 졸업식에서 많은 복잡한 감정을 느꼈습니다. 첫째로 저는 학교가 끝나는 것이 안심했지만 친구들, 선생님들과 더 이상 함께하지 못한다는 점에서 슬펐습니다. 그리고 저는 새로운 사회의 일부가 되는 것이 두렵기도 했습니다. 제 친구들과 가족은 저에게 축하해 줬지만 학교 친구들과 저는 아직 헤어질 준비가 안 되어 있어서 울었습니다. 졸업식은 큰 극장에서 열렸고 학교가 졸업식에 학생들을 위해 연설할 특별한 연설가들을 초청했기 때문에 모든게 흥분되었습니다. 이런 이유들로 졸업식은 저에게 가장 기억에 남는 학교 행사입니다.

be relieved 안도하다 feel scared 검약하다

설문 – 여가 활동 │ 게임 하기 3단 콤보

5 You indicated that you like to play games. What kinds of games do you play? What do you like about these games? Who do you usually play games with?

해설 당신은 게임 하는 것을 좋아한다고 했습니다. 어떤 종류의 게임을 합니까? 그 게임들의 어떤 점을 좋아합니까? 주로 누구와 함께 게임을 합니까?

TIP 즐겨 하는 게임에 대한 설명으로 너무 복잡하거나 어려운 게임을 설명하기보다는 컴퓨터로 즐기는 단순한 스포츠 게임 같은 것을 한 걸로 답하세요. 누구와 게임을 즐기는지에 대한 답변도 가장 친한 친구는(best friends)로 설정하고 주로 주말에 만나 함께 인기 있는 컴퓨터 축구 게임을 하면서 시간을 보낸다는 것이 이후에 답변에 도움이 되기에 다음 좋습니다.

IM2 Model Answer

When I have some free time, I really like to get together with my friends and relax. I like to play games, so we get together and play computer games. My best friend and I enjoy sports games because we both like to play sports. We like to play a soccer game on the computer because I can pretend to be a famous soccer player. I don't like games with shooting or killing because

10

it makes me feel strange. My friends and I meet every Saturday and spend some time gaming. IM3 추가 답변 We can really get into the game and it helps us relax. The best way to enjoy computer games is together with my best friends.

해석 저는 자주 시간이 있을 때, 친구들과 함께 모여서 하는 것을 좋아합니다. 저는 게임 하는 것을 좋아합니다. 저는 모여서 컴퓨터 게임을 즐깁니다. 단짝 친구와 저는 스포츠 하는 게임을 즐깁니다. 우리 둘 모두 스포츠 하는 것을 좋아하기 때문입니다. 저희는 유명한 축구 선수인 것처럼 컴퓨터로 축구하는 게임 하기를 즐깁니다. 저는 총 쏘는 게임이나 살인 게임을 좋아하지 않습니다. 이것이 제 기분을 이상하게 만들기 때문입니다. 친구와 저는 매주 토요일에 게임을 해며 시간을 보냅니다. 우리는 게임에 완전히 몰입할 수 있고, 이것은 우리가 쉴 수 있게 해 줍니다. 컴퓨터 게임을 즐기는 가장 좋은 방법은 친구들과 함께하는 것입니다.

get together 함께 모이다 pretend ~인 체하다

6 How often do you play games? When and where do you enjoy playing games? Tell me in detail.

해석 얼마나 자주 게임을 합니까? 언제 어디서 게임 하는 걸 즐깁니까? 자세히 말해 주세요.

TIP 게임 즐겨 하는 시간과 장소는 주말에 집에서 친구들과 함께한다고 해야 봅시다. 요새에 언급한 대로 목적적인 게임보다는 친구들과 함께 즐길 수 있는 게임이나 카레이싱 게임을 한다고 답변하면 무난하겠습니다.

IM2 Model Answer

I usually play games during the weekend. I invite my friends over to my place and we play together for about three to four hours on Saturday afternoons. Playing games is fun, but having conversations with my friends during this time is more fun for me. My friends and I do not enjoy playing violent games, because we feel uneasy shooting and killing others, although it is just a game. So, we usually play games that we can all enjoy together at the same time. We usually play car-racing games with all four joysticks plugged in. IM3 추가 답변 After playing games on a Saturday afternoon, we have dinner together. It is a nice time for my friends and I to relax and enjoy ourselves.

해석 저는 주로 주말 동안 게임을 합니다. 저는 토요일 오후에 친구들을 집으로 초대하고 서너 시간 가량 함께 게임을 합니다. 게임 하는 것이 재미있지만 이 시간 동안 친구들과 수다를 떠는 것이 더욱 재미있습니다. 친구들과 저는 비록 게임이라 할지라도 총을 쏘거나 다른 이를 죽이는 것은 불편해서 목적적인 게임은 즐기지 않습니다. 그래서 저희는 함께 즐길 수 있는 게임을 주로 합니다. 저희는 네 개의 조이스틱이 꽂혀 있는 카레이싱 게임을 즐겨 합니다. 토요일 오후에 게임을 즐기고 나서 저희는 함께 저녁을 먹습니다. 이것은 친구들과 제가 편히 쉬고 즐기는 즐거운 시간입니다.

violent 폭력적인 plugged in 꽂혀 있는, 연결된

7 Do you have any memories that you cannot forget of playing games? Perhaps something unexpected happened or an unthinkable thing happened when you were playing a game. Tell me everything about this experience from the beginning to the end.

해석 당신은 게임 하는 것에 대해 잊을 수 없는 기억이 있습니까? 아마 당신가 갑작스러운 일이 일어났거나 생각지도 못했던 일이 게임 하는 도중 발생했을 수도 있습니다. 이 경험에 대해 처음부터 끝까지 모두 말해 주세요.

TIP 게임 열심히 해서 최고 기록을 세우고 있을 때 컴퓨터가 정전으로 다운되었던 적이 있었다는 경험으로 어그 때 느꼈던 최악의 기분을 표현하는 문장을 덧붙여 답변해 봅시다.

IM2 Model Answer

IM3 추가 답변 When I was an elementary school student, I enjoyed playing "Super Mario" and used to play the game whenever I had time. I played "Super Mario" all day. One Saturday, it was raining really hard, so I stayed inside and played "Super Mario" all day. All of a sudden, there was no electricity in our house, and the computer went dead. I was so upset because I was almost at the end of a new level in the game. The power came back on, but all my settings and scores in the game were gone. I was heartbroken because I had been playing for such a long time. However, the next weekend, I started the game again and eventually finished the last level.

해석 초등학생이였을 때 저는 '슈퍼 마리오'를 즐겨했고 시간이 있을 때마다 그 게임을 하곤 했습니다. 저는 거의 매일 게임을 했고, 많은 스테이지를 깨고 새로운 기록을 세우곤 했습니다. 어느 토요일, 비가 무척 많이 내려서 저는 실내에 있으면서 하루 종일 '슈퍼 마리오'를 했습니다. 그러다 갑자기 집이 모두 정전이 되었습니다. 전원이 돌아왔지만 게임에서의 모든 설정과 점수가 사라져 버렸습니다. 긴 시간 동안 게임을 했었기 때문에 전 무척 속이 상했습니다. 하지만 그 다음 주말에 저는 다시 게임을 시작했고 결국에는 마지막 레벨을 끝냈습니다.

unlock 열다, 드러내다 electricity 전력 go dead 전기가 끊어지다 heartbroken 상심한

설문-취미나 관심사 | 애완동물 기르기 3단 콤보

8 You indicated that you have a pet. Describe your pet for me. What kind of animal do you have? Explain what it looks like in detail.

해석 당신은 애완동물이 있다고 했습니다. 당신의 애완동물을 묘사해 보세요. 어떤 종류의 동물을 가지고 있습니까? 어떻게 생겼는지 자세하게 설명해 보세요.

TIP 애완동물로 가장 많이 기르는 강아지를 묘사하는 답변을 만들어 봅시다. 흔히 볼 수 있는 푸들 종류로 이름다운 갈색 털과 동글동글한 눈을 가졌으며 매우 똑똑하고 여러 가지 재주를 가르쳐 주었다는 점을 언급합니다. 특히 어릴 때 애완동물을 기르면 책임감이 생기는 데 도움이 되기 때문에 부모님이 처음 자신에게 애완동물을 기르게 했다는 점을 덧붙이면 더욱 좋겠습니다.

IM2 Model Answer

I have always loved animals, and I have had a pet ever since I was a young child. **IM3 추가 답변** My parents gave me a pet to teach me how to be a responsible person. Now, I have a dog that is like my best friend. My dog is a poodle named Charlie. He has a beautiful brown coat and very happy eyes. He is always so full of energy, so I spend a lot of time running and playing with him. **IM3 추가 답변** I have taught him many good tricks because he listens very well and is so obedient. His tail looks so cute because it is really short. My pet is my best friend, and we understand each other quite well even though he can't speak.

해석 저는 언제나 동물을 좋아했으며 제가 어린아이였을 때부터 애완동물을 길렀습니다. 부모님께서는 책임감 있는 사람이 되는 걸 가르치기 위해 저에게 애완동물을 주셨습니다. 지금 저는 가장 친한 친구처럼 반려견을 기르고 있습니다. 제 개는 푸들 종류로 이름이 찰리입니다. 그는 아름다운 갈색 털과 행복한 눈을 가지고 있습니다. 언제나 에너지가 가득해서 저는 뛰고 놀면서 찰리와 많은 시간을 보냅니다. 찰리는 말을 잘 알아듣고 복종을 잘해서 저는 찰리에게 많은 재주들 가르쳐 주었습니다. 찰리의 꼬리는 매우 짧아서 아주 귀엽습니다. 제 애완동물은 저의 가장 친한 친구이며 비록 말하진 않은 못해도 찰리는 서로를 잘 이해하고 있습니다.

responsible 책임감 있는   trick 재주   obedient 복종적인

9 Tell me how you spend time with your pet. What activities do you usually do with your pet?

해석 당신은 어떻게 애완동물과 시간을 보냅니까? 당신의 애완동물과 주로 어떤 활동을 합니까?

12

IM2 Model Answer

My pet is very special to me, and we spend a lot of time together. I often take my pet to the park for a walk. At the park, we run around the grassy field until I feel so tired, and then we take a rest. Sometimes we play with a ball, and many people watch as we play together. My dog is trained well, so he doesn't need a leash. **IM3 추가 답변** I think I have a good exercise routine because of my dog. After arriving home, I like to relax and watch TV with my dog next to me. **IM3 추가 답변** My dog is very cuddly, so he spends a lot of time in my lap.

해석 제 개는 저에게 아주 특별하며 우리 둘이 많은 시간을 함께 보냅니다. 저는 종종 산책을 하러 공원으로 개를 데리고 갑니다. 공원에서 저희는 아주 지칠 때까지 잔디밭을 뛰어 다니고 그러고 나서 휴식을 취합니다. 때때로 저희는 공으로 장난을 치고 많은 사람들은 저희가 함께 공놀이하는 걸 지켜봅니다. 제 개는 훈련이 잘 되어 있어서 목줄이 필요 없습니다. 저희 집 개 덕분에 저는 좋은 운동 습관을 가지게 된 것 같습니다. 집에 도착하면 저는 옆에 앉아서 TV 또는 긴 걸 좋아합니다. 제 개는 안기는 걸 좋아해서 제 무릎에 앉아 있는 많은 시간을 보냅니다.

grassy field 잔디밭   leash 목줄   cuddly 꼭 껴안고 싶은

10 Because you are a pet owner, you may have had some interesting experiences regarding your pet. Maybe your pet has been lost or sick. Please tell me your experience in detail.

해석 당신이 애완동물의 주인이기 때문에 아마도 애완동물과 관련된 흥미로운 경험이 있을 겁니다. 당신의 애완동물을 잃어버렸거나 아팠던 경험일 수도 있을 겁니다. 당신의 경험을 자세하게 말해 주세요.

TIP 반려견을 기르면 반드시 자신의 개를 잃어버릴 뻔한 경험이 있을 수 있습니다. 따라서 자신의 개가 아직 어릴 때 공원에서 놓쳐 버린 사건을 이야기하고, 몇 시간을 헤맨 끝에 다시 찾았다는 결말로 마무리합니다. 개를 다시 찾고 나서 울어버린 것과 무릎을 사정없이 긁게 된 강화 운동 추가로 말한다면 더욱 이야기가 풍부해질 수 있습니다.

IM2 Model Answer

I have a dog, and I would like to tell you what happened when he was a puppy. When he was just six months old, I put his leash on him and went for

---

TIP 반려견을 기르면 가장 많이 하는 활동으로 공원을 함께 산책하거나 공놀이를 하는 등이 활동을 소개하면 됩니다. 집에서는 함께 TV를 보거나 반려견이 자신의 무릎에 앉아 쉬는 등의 반려견 친구와 사람과 함께 있는 모습을 설명하면 되겠습니다.

a walk at the park. There were many birds, and my puppy ran towards them at full speed. The leash slipped out of my hand, and my puppy disappeared through the bushes. IM3 추가답변 I was devastated and searched for him, but there was no sign of him anywhere. After several hours searching, I saw a dirty little puppy come running toward me, and it was him! I was so relieved my puppy had come back that I started to cry. IM3 추가답변 At home, I bathed him and held him for a while because I knew I was so lucky to have him back.

해석 저는 개를 기르고 있으며 그 개가 강아지였을 때 있었던 일에 대해 말하고 싶습니다. 강아지가 아주 어릴 때 저는 공원에 산책을 갔었습니다. 가게엔 많은 새들이 있었는데 제 강아지가 갑자기 전속력으로 그들을 향해 달려갔습니다. 개 줄이 제 손에서 미끄러져 나갔고 제 강아지는 수풀 속으로 사라져 버렸습니다. 저는 절망스러웠고, 그를 찾았지만 어디에도 그의 흔적이 없었습니다. 몇 시간 동안 찾은 후에 저는 더 러워진 작은 강아지가 저를 향해 달려오는 것을 봤으며 그것은 제 강아지였습니다! 저는 울기 시작했고 강아지가 저에게 돌아온 것이 정말 안심했습니다. 집에 와서 저는 강아지를 목욕시키고 한참 동안 안아 주었습니다. 강아지를 다시 찾은 것이 정말 행운이라는 것을 알았기 때문입니다.

slip 미끄러지다   be devastated 절박해지다

설문-주거지 관련 | 가구 구매 롤플레이 3단 콤보

11 I want to give you a situation and ask you to act it out. Let's suppose you are going to a store to buy new furniture for your house. Ask the salesperson three or four questions to help you decide which furniture to buy.

해석 어떤 상황을 드릴 테니, 그에 대한 대답을 해 보세요. 당신이 가게에서 집안에 쓸 새 가구를 산다고 가정합시다. 살 가구를 결정하기 위해 영업 사원에게 서너 가지 질문을 해 보세요.

TIP 고득점 문제로 채택되는 롤플레이 3단 콤보의 첫 번째 문제로 가상의 상황에서 질문을 해야 하는 문제입니다. 질문할 의문문을 만들 수 있는지를 확인하는 문제이므로 의문문의 문장 구조에 맞게 답하는 것으로 단조롭게 주의합니다. 집이 가구를 사는 상황으로 먼저 직원에게 인사말을 건네고 질문을 받는 것으로 시작하세요. 가구를 구매하려는 목적이나 상황을 설명하여 진행하시면 한층 더 좋은 답변을 만들 수 있습니다.

IM2 Model Answer

Hello. IM3 추가답변 I just moved to a new house, and I came to look at some furniture for my new home. I am looking for a bed and a dresser. I would prefer a matching set. 질문1 Do you have a set of furniture that includes a bed and a dresser? The bed is for my parents. 질문2 Do the sets come in different sizes? For instance, can I make a set including a king-sized bed instead of a single-sized bed? 질문3 How about the dresser? Do you have dressers with more than six large drawers? IM3 추가질문 & 추가답변 What are the payment methods? Do you offer any financing programs? It would be very helpful if you could answer my questions.

해석 안녕하세요. 저는 막 새집으로 이사를 했고 새집의 가구를 보러 왔습니다. 저는 침대와 서랍장을 찾고 있습니다. 침대와 서랍장이 포함된 세트가 있습니까? 침대는 제 부모님을 위한 것입니다. 세트는 다른 사이즈로 나옵니까? 예를 들어, 제가 싱글 사이즈 침대 대신 킹사이즈 침대로 세트를 구성할 수 있습니까? 서랍장은 어떻습니까? 6단보다 더 큰 서랍장이 있습니까? 지불 방식은 어떻습니까? 어떤 지불 프로그램을 제공 합니까? 질문에 답해 주시다면 매우 도움이 되겠습니다.

dresser 서랍장   drawer 서랍   payment method 지불 방식

---

12 I am sorry, but there is a problem you need to resolve. The new furniture has been delivered to your home; however, you have found out there is a problem with the furniture. Call the store and explain this situation and ask for two or three options to solve this problem.

해석 미안하지만 당신이 해결해야 하는 문제가 있습니다. 새로운 가구가 집으로 배송되었지만 당신은 가구에 문제가 있다는 것을 발견했습니다. 가게로 전화해서 이 상황을 설명하고 문제를 해결하기 위한 두세 가지 대안을 물어보세요.

TIP 롤플레이 (상황 대처하기) 유형으로 중요한 점은 상황이 어떻게 나쁜지 상대에게 설명하는 부분입니다. 답변은 주문한 가구에 문제가 있다는 점을 설명하는 것으로 시작합시다. 다른 사이즈의 가구가 배송되었다는 상황으로 설정하고 이를 기꺼이 알리고 다시 배송해 달라는 제안을 하면 됩니다.

IM2 Model Answer

Hello, is this the furniture department? I received the bed and dresser I ordered last week, but it seems I have received the wrong size. The bed is for my parents, so it has to be a king-sized bed. Do you think you can pick

13 That's the end of the situation. Could you describe a situation in which you were not happy with a product after purchasing it? What product did you buy? What was the problem? I'd like to hear all the details of the situation from beginning to end.

해석 상품이 중요되었습니다. 당신이 제품을 구매한 후에 만족하지 못했던 상황에 대해서 묘사해 줄 수 있나요? 어떤 제품을 구매했나요? 무슨 문제였나요? 그 상황에 대해 처음부터 끝까지 자세히 듣고 싶습니다.

TIP 위 룸플레이와 비슷한 경험이 있는지를 묻는 문제입니다. 실제 당사자가 있었던 가구에 하자가 있어서 판매자에 항의하고 제품을 교환받은 경우가 있었다면 답변을 만들어 봅시다. 제품의 하자는 배송 중에 가구가 파손되고 다리도 문제가 있었다는 점을 말하고 그들이 빠르고 진정성 있게 대처해 처리 잘 해결된 있다는 식으로 마무리하면 됩니다.

IM2 Model Answer

I bought a desk from an online furniture shop. I was very excited when it was delivered. But once I opened the box, I was very disappointed with what I had received. First of all, all four corners of the desk were damaged. It was a desk with legs that folded, and the legs looked as if they needed a lot of grease. The legs would not open properly, so I called the furniture shop. The company worker apologized, and said it was not a common problem. They told me they would pick up the desk because it was not my fault. IM3 추가 답변 They decided to give me a different desk, and they said they would tell the delivery person to be careful with it. I was impressed by their quick response and very satisfied with my new desk.

해석 저는 온라인 가구점에서 책상을 샀습니다. 저는 이것이 배송되었을 때 매우 흥분되었습니다. 그러나 박스를 열었을 때 저는 제가 받은 것에 매우 실망을 했습니다. 첫 번째로 책상의 네 모서리가 파손되어 있었습니다. 접힌 다리가 있는 책상이었고, 그 다리들은 모두 기름칠이 필요해 보였습니다. 다리들도 적절하게 펴지지 않았습니다. 그래서 저는 가구점에 전화했습니다. 직원은 사과했고 이것은 흔한 문제가 아니라고 했습니다. 이건 제 잘못이 아니니까 그 책상을 가지러 오겠다고 말했습니다. 그들은 다른 책상을 주기로 했으며 그리고 배송업자에게 책상을 조심하라고 더욱 부탁하겠다고 말했습니다. 저는 그들의 빠른 대응에 감명 받았고 저의 새 책상에 매우 만족했습니다.

damaged 부서지거나 상처 난   need grease 기름칠이 필요하다

up this bed and deliver the bigger one? Because the problem happened on your end, will you also cover the shipping cost? IM3 추가 답변 As for the dresser, we ordered a dresser with six drawers, but a dresser with only three drawers came. So, I need you to pick it up and drop off the one with six drawers. Is that possible? If not, we are satisfied to receive an additional dresser with three drawers, if it is okay with you. Thank you.

해석 안녕하세요, 가구 부서입니까? 저는 지난주에 주문한 침대와 서랍장에 대한 문제 때문에 전화했습니다. 침대에 대해서는, 저는 일을 요청받은 정확한 사이즈보다 작은 사이즈의 침대를 받았습니다. 저는 더 큰 침대를 가지러 오셔서 더 큰 침대를 배송해 줄 것을 내게 줄지 요청합니다. 문제가 저희 쪽에서 일어났기 때문에 배송비 또한 내 줄 것인지요? 서랍장은 저희가 6단 서랍장을 주문했는데 3단짜리가 왔습니다. 그래서 이 서랍장을 가지러 오셔서 다른 6단짜리 서랍장을 가져다 주시기 바랍니다. 가능하겠습니까? 아니면 또 다른 3단째리 서랍장을 받는 것도 저희는 괜찮습니다. 당신이 괜찮다면요. 감사합니다.

dresser 서랍장   shipping cost 배송료

설문 - 운동 | 농구하기 2단 콤보

14 You indicated that you like to play basketball. How often do you play basketball, and where do you go to play? Describe the things you do for playing basketball.

해석 설문에서 농구하는 것을 좋아한다고 답했습니다. 얼마나 자주 농구를 합니까? 그리고 어디로 농구를 하러 가나요? 농구를 위해 하는 것들에 대해 설명해 보세요.

TIP 설문에서 선택할 스포츠 활동에서 운동을 하는 장소와 횟수는 기본적으로 출제되는 문제 유형이니 답변을 미리 생각해 두는 게 좋습니다. 무난한 답변으로 장소는 주로 집 근처 농구장에서 해야 매일, 또는 이틀에 한 번 운동 후로 농구를 하러 간다고 답변을 할 수 있습니다. 농구를 하기 전에 무언가 나누어 모시하고, 운동이 느낌 느낌을 덧붙여 주면 더욱 좋습니다.

IM2 Model Answer

Playing basketball is my favorite way to relax and exercise at the same time. I play basketball with friends every other day at a nice outdoor court near my home. Before leaving home, I prepare a water bottle, a hat, goggles, and a couple of towels. At the court, I warm up for a few minutes before starting to play. IM3 추가 답변 I have never played as a professional player, but I am a pretty well-known player in my area. After an hour on the court, I relax on the bench and have a chat with friends before going home. Sometimes,

Actual Test 3

⇒ 문제지 P60

Background Survey

〈직업 관련〉
1 현재 어느 분야에 종사하고 있습니까? 사업/회사
2 현재 직업이 있습니까? 네
  (연관 질문) 근무 기간은 - 첫 직장 - 2개월 이상
  (연관 질문) 부하 직원을 관리하는 관리자입니까? 아니오

〈주거지 관련〉
3 귀주지 형태 - 가족과 함께 개인 주택이나 아파트에 거주

〈필수 선택 항목 (12개)〉
4 여가 활동 - 영화 보기, 공연 보기, 콘서트 보기, 공원 가기
5 취미나 관심사 - 음악 감상하기, 사진 촬영하기
6 운동 - 걷기, 헬스, 자전거, 운동 수업 수강하기
7 휴가나 출장 - 국내 여행, 해외여행

설문 – 직장인 | 직장 생활 관련 3단 콤보

1 Let's start the interview. Can you tell me about yourself?

해석 인터뷰를 시작합시다. 자기 자신에 대해 말해 주시겠습니까?

TIP 미리 준비한 자기소개로 응답하세요.

2 You indicated that you work. Can you tell me what you mostly do at your workplace? What is your main task at work? Tell me about it.

해석 당신은 일을 한다고 했습니다. 직장에서 주로 어떤 일을 하는지 말해 주세요. 직장에서 당신의 주요 업무는 무엇입니까? 그에 대해 말해 주세요.

TIP 직장 생활과 관련해서 많이 나오는 질문으로 현재 하는 일을 설명하는 문제입니다. 자신을 신입사원으로 설정하고 서류를 정리하거나 미팅을 보조하는 등의 소소한 업무 등 직장이 생활 중심하도록 합시다. 직장에서 서투른 것은 안 하지만 여러 가지 일을 배우고 있다는 느낌으로 답변을 합시다.

---

we go to a pub to have a cold beer after playing. **IM3 추가 답변** I really enjoy playing basketball with friends because it helps me relax and stay healthy.

해석 농구는 휴식과 운동을 동시에 하기 위한 제가 가장 좋아하는 방법입니다. 저는 이틀에 한 번씩 집 근처에 있는 근사한 이외 농구장에서 친구들과 함께 농구를 합니다. 경기 떼나기 전에 물병과 모자, 고글과 타올 몇 개를 준비합니다. 운동을 시작하기 전 코트에서 저는 몇 분간 준비 운동을 합니다. 저는 전 세번 코트 선수로 뛴 적은 없지만 저희 동네에서 알려진 선수입니다. 저는 코트에서의 한 시간 후 저는 벤치에서 휴식하며 진짜 정말로 친구들과 경쟁을 나눕니다. 때로 저희는 운동 후에 시원한 맥주를 마시러 술집에 가기도 도와주기 때문입니다. 저는 친구들과 농구하는 것을 즐깁니다. 이것이 제가 휴식하고 건강을 유지할 수 있도록 도와주기 때문이다.

every other day 하루걸러 warm up 준비 운동을 하다 goggles 고글(보호 안경) have a chat 잡담을 나누다 stay healthy 건강을 유지하다

15 I also like to play basketball in my free time. Please ask me three or four questions about my basketball-playing routine.

해석 저 또한 여가 시간에 농구하는 것을 좋아합니다. 제 농구 연습 패턴에 대해 서너 가지 질문을 해 주시요.

TIP 너에도 3~40에서 등장하는 〈직접 질문하기〉 문제 유형입니다. 14번에서 들었던 질문에 답하면서 언급했던 내용을 바탕으로 Eva에게 농구를 하는 장소나 과정에 대해 질문합니다. 어디로 가는지, 엄마나 자주 가는지, 부상을 당해 본 적이 있는지 등을 물어 보고 마지막에 답변해 줘서 고맙다는 감사 인사로 마무리합니다.

IM2 Model Answer

IM3 추가 답변 I heard you like to play basketball as well, and I would like to know a little about your basketball-playing routine. **질문1** How often do you usually play basketball, and **질문2** where do you usually play? **질문3** Have you ever experienced injuries while playing basketball? **IM3 추가 질문** What part of basketball do you find most challenging? Thank you for your answers. It was really interesting talking to you.

해석 저는 당신 역시 농구하기를 좋아한다고 들었습니다. 그래서 당신의 농구하는 패턴에 대해 조금 알고 싶습니다. 주로 어디에서 농구를 하나요? 엄마나 자주 농구를 합니까? 농구를 하면서 부상에 대한 경험이 있습니까? 농구에 어떤 부분이 가장 어렵습니까? 답변에 주셔서 감사합니다. 정말 흥미로운 대화였습니다.

injury 부상 most challenging 가장 도전해 볼 만한, 가장 어려운

IM2 Model Answer

I have just started to work, so I carry out small tasks around the office. I usually organize files and data, as well as assist other senior members on our team. IM3 추가 답변 The company released a new product recently, so I have been working on a project to promote the product. Because of this, we have a meeting every morning. My duty is to summarize the meeting and write a report on it. I have to submit the report to my supervisor each day before lunch. Sometimes, I check the status on our VIP customers' orders and ensure they have been submitted. IM3 추가 답변 I am not currently carrying out any important tasks, but I am learning many things related to office work.

해석 저는 얼마 전에 일을 시작했기 때문에 사무실의 사소한 일들을 처리합니다. 주로 서류나 데이터를 정리하거나 저희 팀의 다른 선배들을 보조합니다. 저희 회사가 최근에 새 제품을 출시해서 그 제품을 홍보하기 위한 프로젝트를 하고 있습니다. 이것 때문에 저희는 매일 아침 미팅을 합니다. 제 임무는 미팅을 정리해서 그것에 대한 보고서를 만드는 것입니다. 보고서는 상사에게 점심시간 전에 보내야 합니다. 때로는 저희 VIP 고객들의 주문 상황을 파악하고 주문이 확실히 잘 들어갔는지 체크하는 일도 합니다. 저는 지금 그렇게 중요한 일을 하고 있지는 않지만 사무실 일에 관련된 많은 것들을 배우고 있습니다.

carry out 처리하다 small task 사소한 일 organize 정리하다 assist 보조하다 be released 출시되다 summarize 요약(정리)하다

3 While working, how do you have lunch at your workplace? Where and when do you usually have lunch? Who do you usually eat lunch with? Tell me about your lunchtime.

해석 일하는 동안 직장에서 어떻게 점심을 해결합니까? 어디서 그리고 언제 주로 점심을 먹습니까? 주로 누구와 함께 식사를 합니까? 당신의 점심시간에 대해 말해 주세요.

TIP 직장 생활과 관련된 세부 사항에 관한 질문으로 점심시간에 대한 설명을 요구하는 문제입니다. 북적하거나 여유로운 답변을 할 필요 없이 직장 근처의 식당 상명과 어울러 여러분이 어울러 점심을 먹는 일반적인 점심시간을 설명하면 되겠습니다. 덧붙여 외식으로 점심 식사를 하는 장점에 언급하면 더욱 좋겠습니다.

IM2 Model Answer

Our company has a scheduled lunchtime for each employee. My lunchtime is usually from 12 to 1 o'clock, and I always go out to eat. There are many small restaurants near our company. There are many different types of food available, so there is a lot of variety for the workers. Several of my coworkers take their lunch breaks at the same time, so we often eat together. After eating, we stop by one of the coffee shops and pick up a coffee to take back to the office. IM3 추가 답변 Eating out is a little more expensive than eating at the office, but it gives us time to relax. Lunchtime is a great time for not just eating, but also for chatting and getting to know my coworkers.

해석 저희 회사는 직원들에게 정해진 점심시간이 있습니다. 제 점심시간은 주로 12시부터 1시까지이며 저는 주로 나가서 식사를 합니다. 저희 회사 근처엔 많은 작은 식당들이 있습니다. 가지에는 많은 다른 종류의 가능한 음식들이 있어서 직원들에게 많은 다양성을 제공합니다. 여러 명의 동료 직원들이 점심시간을 같은 시간에 가지기 때문에 자주 함께 식사를 합니다. 식사 후에 우리는 커피숍에 들러서 사무실로 가져갈 커피를 삽니다. 점심시간에 단지 식사를 위한 것만이 아니고 동료들을 알고 수다를 떨기에도 좋은 시간입니다.

stop by 들르다 coworker 직장 동료

4 There must have been problems that you have had to resolve at your workplace. Think about a problem or issue that you have had while working. What was the problem? How did you resolve it? Tell me the full story.

해석 당신이 일터에서 해결해야 했던 문제들이 있었을 겁니다. 일하는 동안 있었던 어떤 문제나 이슈에 대해 생각해 보세요. 어떤 문제였습니까? 어떻게 해결했습니까? 전체 스토리를 말해 주세요.

TIP 직장에서 겪었던 문제점이나 이슈에 대해 설명하는 문제로 직장에서 있을 수 있는 중요한 주문을 잘못 처리해서 과거 경험을 답하는 것이 좋습니다. 직장에서 있을 수 있는 중요한 주문이었기 때문에 자신이 직접 처리해서 문제를 잘 해결했다는 식으로 이야기를 전개해 봅시다.

IM2 Model Answer

Sometimes, I have to deal with our company's major customers. Once, I received a phone call from a very important customer. The customer had received the wrong order, and he was very mad about it. IM3 추가 답변 I tried to calm him down and asked him to explain what had happened. After listening to his situation, I realized that our company had made a big mistake. IM3 추

기 답변 I apologized and told him that I would do everything possible to fix the problem quickly. Because his order was so urgent, I prepared the right order and delivered it to his office myself. He was so impressed that he thanked me again and again.

해석 때때로 저는 저희 회사의 주요 고객들을 상대해야 합니다. 그리고 한 번은 매우 중요한 고객에게서 전화를 받았습니다. 이 고객은 잘못된 주문을 받았고 그에 대해 매우 화가 나 있었습니다. 저는 그 즉시 진상사과드리고 노력해서 잘못된 것이 있었는지 설명해 달라고 요청했습니다. 그의 상황을 듣고 나서 저는 그 즉시 회사가 그 실수를 했다는 걸 알게 되었습니다. 그의 주문이 너무 급한 것이었기 때문에 저는 맞는 주문을 준비해서 그의 사무실로 직접 배달했습니다. 그는 매우 감명을 받아서 저에게 여러 번 감사를 표현했습니다.

major customer 주요 고객 calm A down A를 진정시키다 urgent 긴급의

설문-취미나 관심사 | 사진 촬영하기 3단 콤보

5 You said that you take photographs. Tell me about your favorite camera. What does it look like?

해석 당신은 사진 촬영을 한다고 했습니다. 당신이 가장 좋아하는 카메라에 대해 말해 주세요. 어떻게 생겼습니까?

TIP 사진 촬영에 사용하는 카메라를 설명하는 문제로 스마트폰보다는 좀 더 전문적인 디지털 카메라를 모델로 보도록 합니다. 사진을 미리 볼 수 있는 프리뷰 화면이나 포커스 옵션 등을 설명해 크고 마지막으로 이 사진기를 사용했을 때의 느낌 등을 덧붙이면 더욱 좋겠습니다.

IM2 Model Answer

I really enjoy taking pictures, so I bought a nice digital camera for myself a few months ago. This camera has many interesting options. My camera is one of the top brands in Korea, and it is very compact. It is black with a screen for previewing pictures and it has a really good focus option. It is very light to carry using a comfortable neck strap. It has a waterproof case, so I can take pictures in any type of weather. IM3 추가 답변 I am only an amateur photographer, but when I carry this camera I feel like a professional. I have always enjoyed taking pictures, but with my new camera it has become even more enjoyable.

해석 저는 정말 사진 찍는 걸 즐깁니다. 그래서 몇 달 전에 저를 위해 괜찮은 디지털 카메라를 샀습니다. 이 카메라는 흥미로운 옵션이 많이 있습니다. 제 카메라는 한국의 탑 브랜드 중의 하나의 것으로 광장히 작습니다. 이것은 편리한 목줄을 사용해서 가진 블랙 카메라이며 정말 좋은 포커스 옵션을 가지고 있습니다. 이것은 편리한 목줄을 사용해서 가지고 다닐 수 있게 매우 가볍습니다. 어느 날씨에서도 사진을 찍을 수 있는 방수 케이스도 있습니다. 저는 단지 아마추어 사진가지만 이 사진기를 가지고 나가면 마치 전문가처럼 느껴지게 됩니다. 사진 찍는 걸 즐겨왔지만 새 카메라와 함께 이것은 더욱 즐거운 일이 되었습니다.

compact 작은, 소형의 neck strap 목줄 waterproof 방수의

6 What kinds of photographs do you take? What is a typical photography day like? How do you prepare for taking photographs?

해석 어떤 종류의 사진을 찍습니까? 당신의 사진 찍는 날은 보통 어떻습니까? 사진 찍기를 어떻게 준비합니까?

TIP 어떤 종류의 사진을 즐겨 찍는 것에 대해서는 꽃이나 나무, 새 같은 자연물을 즐겨 찍는다고 답해 봅시다. 특별한 날씨에 구애받지 않고 사진을 찍으며 카메라 배터리를 충전하고 삼각대를 등이 사진을 찍기 전 준비 사항을 설명해 봅시다.

IM2 Model Answer

I really enjoy taking pictures in nature, things like flowers, trees, birds, and mountains. IM3 추가 답변 I don't worry about the weather; because even on a rainy day I can take interesting pictures. I prepare some snacks and water before I head out to take pictures. I charge my camera batteries and pack my tripod in my backpack. When I take a picture, I walk slowly and often sit just looking around. I often wait for the perfect chance to take a picture. After taking many pictures and feeling that I have lots of good shots, I head home. IM3 추가 답변 I am not a professional photographer, but I feel so satisfied after a good day of photography.

해석 저는 꽃, 나무 새, 산 같은 자연 풍경 사진을 찍는 걸 좋아합니다. 비록 비가 오는 날이라도 흥미로운 사진들을 찍을 수 있기에 날씨에 구애받지 않습니다. 저는 사진을 찍으러 나가기 전에 간식과 물을 준비합니다. 카메라 배터리를 충전하고 배낭에 삼각대를 챙깁니다. 사진을 찍을 때 저는 천천히 걷고 때때로 그냥 바라만 보기도 합니다. 저는 완벽한 기회를 찾기 위해 종종 기다립니다. 많은 사진을 찍고 나서, 많은 좋은 사진들을 건졌다고 느끼며 저는 집으로 향합니다. 저는 전문 사진가는 아니지만 근사한 사진을 찍은 다음 날에는 패 만족감을 느낍니다.

tripod 삼각대 head home 집으로 가다

7 Have you ever taken an unforgettable photograph before? What was it? What made this photo so interesting to you? Please tell me all about your most memorable picture.

해석 당신은 전에 잊지 못할 사진을 찍은 적이 있습니까? 그게 어떤 사진이었습니까? 왜 이 사진이 당신에게 그렇게 흥미롭습니까? 가장 잊지 못할 사진에 대해 말해주세요.

TIP 가장 기억에 남는 사진을 설명하는 과거 경험 문제로 생각하지 않게 찍히 이름다운 사진과 과거 경험으로 답변하면 좋겠습니다. 비 오는 날 우연히 찍힌 꽃잎 한 장의 이름다움에 감동을 받았다고 그것을 확대해서 거실 벽에 걸게 되었다는 내용으로 답변을 보시다. 사진을 찍을 때 언제나 완벽한 순간이 포착될 수 있다는 의견을 덧붙이면 더욱 좋습니다.

IM2 Model Answer

I have taken many pictures that impressed me, but there is one I will never forget. Several months ago, I had an opportunity to take some pictures when it started to rain. It rained so heavily that I didn't expect any good pictures at all. When I got home, I was quite surprised by one of the flower photos I had taken. The flower was pretty, but on one of the petals there was a beautiful raindrop. It was clear like a crystal and looked like a teardrop on the flower. I named the photo "Crying Flower" and enlarged it to hang on my living room wall. IM3 추가답변 Now I know that there is always an opportunity to catch a perfect moment when taking photos.

해석 저는 인상적인 많은 사진을 찍었지만 잊지 못할 사진이 하나 있습니다. 몇 달 전 저는 비가 오기 시작할 때 사진을 찍을 기회가 있었습니다. 비가 너무 많이 와서 전혀 좋은 사진을 기대하지 않았습니다. 집에 왔을 때 제가 찍은 꽃 사진의 하나에 심히 놀랐습니다. 꽃은 예뻤지만 그중 하나의 꽃잎에 아름다운 빗방울이 맺혀 있었습니다. 이것은 마치 크리스탈처럼 맑았고 꽃 위의 눈물방울처럼 보였습니다. 저는 그 사진에 '울고 있는 꽃'이라고 이름 지었고 거실 벽에 걸기 위해 크게 확대했습니다. 이제 저는 사진을 찍을 때 언제나 완벽한 순간을 잡을 수 있는 기회가 있다는 걸 알고 있습니다.

petal 꽃잎 raindrop 빗방울 teardrop 눈물방울 enlarge 확대하다 hang on (a wall[hanger]) (벽[옷걸이]에) 걸다

8 You said that you like to go to the park. Describe the park that you usually go to. Where is it located, and what does it look like? Please describe it in detail.

해석 당신은 공원에 가는 것을 좋아한다고 했습니다. 당신이 주로 가는 공원을 묘사해 보세요. 어디에 위치해 있고 어떤 모습입니까? 자세히 묘사해 주세요.

TIP Actual Test 1회에서 듣는 장소로 집 근처 공원을 묘사했다면, 여러 개의 산책로를 외우기 힘든 응시자는 공이 상세하게 응답에도 좋습니다. 다양한 표현을 원하는 응시자는 아래 답안을 참고해서 본인만의 답변을 만들면 더욱 좋습니다.

IM2 Model Answer

I enjoy going to a park just across the street from my house. I go there whenever I have some spare time because it's only a five-minute walk. The park is not big, but there is a nice pond and lots of different colored flowers. I always go there to walk and look at all the different colored flowers there. After walking, I usually take a rest under one of the big trees. The park is in the middle of the city, but it feels so quiet and relaxing. IM3 추가답변 I have time to think and relax while walking on the nice walking trail. It is great to have such a nice place for relaxing very near my house.

해석 저는 저희 집에서 길 하나 건너편에 있는 공원에 가는 것을 좋아합니다. 걸어서 5분 거리에 있기 때문에 여가 시간이 있을 때마다 그곳에 갑니다. 공원은 그리 크지는 않지만 멋진 연못과 많은 꽃들이 있습니다. 저는 산책과 여러 색상의 꽃들을 감상하려 그곳에 갑니다. 산책 후 저는 주로 큰 나무 중 한 그루 아래에서 휴식을 취합니다. 공원은 도시 한가운데에 있지만 무척 고요하고 편안하게 느껴집니다. 근사한 산책로를 걷는 중에 저는 생각하고 쉴 수 있는 시간을 갖습니다. 집 바로 근처에 휴식을 취할 수 있는 이처럼 근사한 장소를 가진다는 것은 멋진 일입니다.

across the street 길 건너 pond 연못 take a rest 휴식을 취하다 walking trail 산책로

9 What kinds of people can you see at the park? What activities do they normally do at the park? Tell me everything you can see in the park.

해석 공원에서 어떤 종류의 사람들을 볼 수 있습니까? 그들은 공원에서 주로 어떤 활동을 합니까? 당신이 공원에서 볼 수 있는 모든 것들에 대해 말해 주세요.

TIP 공원에서 사람들은 주로 산책과 조깅 같은 운동을 하겠지요. 공원에 배치된 운동 기구에서 운동하는 사람들의 모습을 설명할 수도 있습니다. 낯익은 이웃과 가벼운 대화를 나누는 일상의 모습을 설명하고 도시 숲에서 공원이 가진 아름다움을 덧붙이면 더욱 좋습니다.

설문 — 여가 활동 | 공원 가기 3단 콤보

IM2 Model Answer

There is a nice park in our neighborhood, and many people go there to walk or jog. IM3 추가 답변 People enjoy walking on the trails because the ground is flat and not rocky. Some people enjoy jogging and exercising on the workout equipment there. On the weekends, many families go to the park to walk or play games together. I usually go to the park to walk, but I love meeting neighbors who go there every day. We can meet and chat as we take a nice walk in the park. IM3 추가 답변 Our city is very busy, but the inside of the park is quiet and slow with beautiful trees, birds, and flowers. The park is the best place in our neighborhood, and many people enjoy going there.

해석 저희 동네에는 근사한 공원이 있고, 많은 사람들이 그곳에 조깅을 하러 가거나 산책이나 조깅을 합니다. 사람들은 신책로로 산책하는 것을 좋아하는데, 그 땅이 평평하고 돌이 많지 않기 때문입니다. 몇몇 사람들은 조깅하는 것과 그 곳에 있는 운동기구에서 운동하는 것을 즐깁니다. 주말에는 많은 가족들이 산책이나 놀이를 즐기러 공원에 갑니다. 저는 주로 산책을 위해 공원에 가지만 매일 그곳에 가시는 이웃들을 만나는 것도 좋아합니다. 우리는 공원에서 만나 즐거운 산책을 하면서 가볍게 대화할 수 있습니다. 우리의 도시는 무척 바쁘지만 공원 안은 아름다운 나무, 새, 꽃들로 고요하고 느립니다. 그 공원은 우리 동네에서 제일 좋은 곳이고, 많은 사람들이 그곳에 가는 것을 좋아합니다.

flat 평평한 rocky 돌투성이의

10 Have you had an experience that you cannot forget when you were at a park? You might have seen a special event or an unthinkable thing may have happened at a park. When and where did it happen? Tell me the full story.

해석 공원에 있을 때 잊지 못할 경험을 한 적이 있습니까? 당신이 이마 특별한 이벤트를 보았거나 공원에서 상상도 못한 일이 벌어진 것일 수도 있습니다. 언제 어디서 그 일이 있어났습니까? 전체 이야기를 해 주세요.

TIP Actual Test 2회 나왔던 애완동물 관련된 경험이든 주변에 답은 연상하지 않을 경우 아래 답변처럼 개를 잃어버린 사건과 같은 본인 사용하는 것도 가능합니다. 중복된 답을 원하지 않을 경우 아래 답변처럼 어릴 적 공원에서 야외생이 자전거를 잃어주다가 손가락이 손가락을 다친 사건을 말해도 괜찮습니다. 오픽 시험에서 경험을 묻는 질문은 모두 중요하므로 다양한 에피소드를 연습하는 것이 좋습니다.

IM3 Model Answer

IM3 추가 답변 Even when I was little, I enjoyed spending time at the park. When I was in elementary school, my best friend, my younger sister and I went to the park. My sister rode her tricycle while my friend and I walked. My sister was just learning how to ride her tricycle at that time. I stood behind her and pushed the tricycle, but I tripped on a small rock while I was pushing. My fingers got stuck between the wheel and the body of the tricycle. IM3 추가 답변 For a couple of minutes, I couldn't get my fingers out, but my friend helped me release them. My fingernails were broken, and I was bleeding badly. We ran home and my parents took me to the nearest hospital. Thankfully, I did not break my fingers, but I still had to wear a cast for a couple of weeks.

해석 저는 어렸을 때에도 공원에서 시간 보내는 것을 즐겼습니다. 초등학생일 때 저의 단짝과 제 여동생이랑 함께 공원에 갔었습니다. 제 여동생과 저는 걸었을 때 제 친구가 걸어 그 당시 세발자전거를 타고 있었습니다. 그녀는 당시 세발자전거 타는 법을 이제 막 배우는 중이어서 제가 뒤에서 서서 세발자전거를 밀어 주었습니다. 그러나 저는 그것을 밀어 주는 와중에 작은 돌부리에 걸려 넘어졌습니다. 제 손가락이 자전거의 바퀴와 몸체 사이에 끼고 말았습니다. 몇 분 동안 제 손가락을 뺄 수 없었지만 친구가 뺄 수 있게 도와주었습니다. 제 손톱은 부러졌고 심하게 피가 났습니다. 저희는 집으로 달려가 부모님은 저를 가장 가까운 병원으로 데려갔습니다. 다행히도 손가락은 부러지지 않았지만 몇 주 동안 깁스를 하고 있어야 했습니다.

설문-휴가나 출장 | 해외여행 관련 롤플레이 3단 콤보

11 This is a role play question. You have decided to travel to the United States with a friend. Call the car rental agency and ask three or four questions about renting a car.

해석 이것은 롤플레이 질문입니다. 당신은 친구와 미국으로 여행 가기로 결정했습니다. 렌터카 회사에 전화해서 차를 렌트하기 위해 서너 가지 질문을 해주세요.

TIP 설문지에서 해외여행을 간다고 설정했을 때 나올 수 있는 상황국으로 렌터카 회사에 전화해서 여행을 위한 차를 빌리는 설정입니다. 초반부에서 질문에서 제시하는 가상점을 만들어 놓고 답변을 받을 수 있으므로 이를 활용해봅시다.

IM2 Model Answer

Hi, IM3 추가 답변 I will be traveling to the United States next month, and I am interested in renting a car for the trip. I will need to rent a car for at least ten days. 질문1 What kinds of cars do you have available next month? I don't really need a big vehicle. 질문2 Is there a certain car that you recommend for me? 질문3 I am also wondering, is there insurance included in the price of the rental? IM3 추가답변 Finally, what happens if I am not able to return the car on time? Are there extra charges? Thank you for your time, and I will be sure to get back to you if I decide to rent a car.

해석 안녕하세요. 저는 다음 달에 미국으로 여행을 갈 것이고 여행용 차를 빌리는 것에 관심이 있습니다. 저작에 여돌은 차가 필요할 것입니다. 다음 달에 어떤 종류의 차가 가능합니까? 큰 차는 필요 없습니다. 저를 위해 추천할 만한 차가 있습니까? 저는 또한 렌트 보험이 차의 비용에 포함되어 있는지 궁금합니다. 마지막으로 만약 제가 차를 정시에 반환하지 못하면 어떻게 됩니까? 추가 비용이 있습니까? 시간 내 주셔서 감사하고 만약 차를 빌리기로 결정한다면 당신에게 오겠습니다.
vehicle 차량 on time 정시에 extra charge 추가 요금

12 I am sorry, but there's a problem you need to resolve. You are supposed to return your rental car on time, but you are going to be late because of a traffic jam. Call the rental agency and explain your situation and suggest two or three options.

해석 미안하지만 당신이 풀어야 할 문제가 있습니다. 당신은 차를 정시에 반납해야 했는데 교통 체증 때문에 늦게 될 것 같습니다. 렌터카 회사에 전화해서 상황을 설명하고 두세 개의 대안을 제시하십시오.
TIP 플롤에는 두 번째 문제는 항상 이렇게 안 좋게 이돌이 등장합니다. 차를 제시간에 반납하지 못하는 상황과 이유가 문제에 나와 있지만 구체적인 변명거리나 상황 설명을 덧붙이면 더욱 좋습니다. 렌터카 회사에 전화해서 제시된 상황대로 설명하고 초반에 답변을 하고 과거 추가 요금을 더 낼 수도 있다는 흔하 할 수 있는 대안을 제안하는 것으로 후반부 답변을 마무리하면 되겠습니다.

IM2 Model Answer

Hello. I rented a black minivan yesterday, and I am supposed to return the car this afternoon at 3 p.m. IM3 추가답변 I am on my way back, but there is a serious traffic jam right now on the highway. I left my place early enough to return the car before 3, but because of traffic, I am still on my way. Is it okay to return the car around 5 p.m.? Because I am returning the car later than I had promised, I will fill up the gas tank. When I received the car, it was less than half full. Otherwise, I can pay for the extra 2 hours I will be using. Are there any other options for me? I want to know what you think.

해석 안녕하세요. 저는 어제 검은색 미니밴을 빌렸고 오후 3시에 이 차를 반납해야 합니다. 지금 돌아가고 있는 중인데 고속도로에 심각한 교통 체증이 있습니다. 3시보다 더 일찍 차를 반납할 수 있을 만큼 충분히 이른 시간에 출발했지만 이 교통 체증 때문에 여전히 가는 길입니다. 차를 5시 즈음에 반납해도 될까요? 약속한 시간보다 더 늦게 차를 반납하는 것이기 때문에 제가 연료 탱크를 채울 것입니다. 이 차를 받았을 때 기름이 절반도 안 되게 차 있었습니다. 아니면 제가 사용하게 될 추가 2시간의 요금을 내겠습니다. 저를 위해 다른 선택이 있습니까? 당신의 생각을 알고 싶습니다.
be supposed to ~하기로 되어 있다, ~해야 한다 early enough 일찍 fill up 채우다

13 Have you experienced any unexpected problems when traveling? When was it? Where did you travel? What was the problem? Please tell me all about this unexpected experience in detail.

해석 해외여행할 때 생각지도 못한 문제들을 경험한 적이 있습니까? 언제였습니까? 어디로 여행했었습니까? 문제는 무엇이었습니까? 자세하게 예상치 못했던 경험에 대해 전부 말해 주세요.
TIP 문제는 해외여행하기 때문에 일본으로 친구들과 여행 갔을 때 생긴 과거 사건을 만들어서 답변을 해 봅시다. 해외여행에서 생길 수 있는 호텔 예약이 잘못된 경험을 답하였고 다행히도 긍정적인 결말로 마무리합니다. 과거 시제를 말할 때 특히 동사의 시제 과거형으로 말하는 데 실수가 없도록 주의합시다.

IM2 Model Answer

Last year, I traveled to Japan for a week during the summer with my friends. After arriving at the hotel, I realized they had no record of my reservation. IM3 추가답변 My friends and I were so exhausted, and the hotel worker was not being very helpful. Thankfully, I had a copy of my online hotel reservation, so I showed it to the worker. She called the manager, and the hotel manager admitted that it was their mistake. He apologized and gave us a better room at the same price. We were tired, but the room was very luxurious and made us feel so relaxed. IM3 추가답변 The manager also gave us discounts on meals, laundry services, and the fitness center. Eventually, we enjoyed our trip very much.

해석 작년에 저는 친구들과 일주일 동안 일본을 여름에 여행했습니다. 호텔에 도착하고 나서 저는 제 예약이 없는 사실을 알게 되었습니다. 친구들과 저는 너무 피곤했고 호텔 직원은 그리 협조적이지 않았습니다. 다행히도 저는 온라인 호텔 예약 복사본이 있어서 직원에게 그것을 보여 주었습니다. 그녀는 호텔 매니저를 불렀고 매니저는 그것이 그들의 잘못이라는 것을 인정했습니다. 그는 저희에게 사과를 하고 같은 가격으로 더 나은 방을 배정해 주었습니다. 저희는 피곤했지만 그 방은 정말 고급스러웠고 아주 편안함을 느끼게 해 주었습니다. 매니저는 또한 식사, 세탁 서비스, 헬스클럽 이용 가격도 할인해 주었습니다. 결과적으로 저희는 여행을 매우 즐겼습니다.
be exhausted 매우 지치다 admit 인정하다 luxurious 호화로운 record of reservation 예약 기록

설문 - 주거지 관련 | 집 관련 2단 콤보

14 You said that you live in an apartment. What can you see through the window from your house? Tell me about your neighborhood in detail.

해석 당신은 아파트에 산다고 했습니다. 당신의 집 창문을 통해 무엇을 볼 수 있습니까? 당신이 동네에 대해 자세히 말해 주세요.

TIP 집에 대한 질문이지만 Actual Test 1에서 나왔던 집 모습이는 전혀 다른 질문입니다. 창문으로 보이는 풍경을 듣고 있으므로 집에서 보이는 풍경, 즉 동네 모습을 설명해야 하는 문제입니다. 답변도 복잡하지 않게 집 주변에 작은 강이 흐르며 강가 옆에는 산책로와 자전거 도로가 있다는 식으로 만들어 봅시다.

IM2 Model Answer

From my window, I can see a small, flowing river. Along the river, there is a small walkway for people to take walks on. I do not live in a crowded area, so the walkway is usually empty. Next to the walkway, there is a bike lane. The bike lane is also quite empty. IM3 추가 답변 Both the walkway and the bike lane are only busy on nice days during the weekends. In the water, there are usually ducks and small birds that rest and fish for food. Across the river, there are a few corporate buildings, but the river still remains very quiet.

해석 제 창문에서 저는 작은 강이 흘러가는 것을 볼 수 있습니다. 강을 따라서 산책하는 사람들을 위한 작은 산책로가 있습니다. 저는 그렇게 붐비는 지역에 살지 않아서 이 산책로는 주로 비어 있습니다. 산책로 옆에는 자전거 도로가 있습니다. 자전거 도로 역시 거의 비어 있습니다. 이 산책로와 자전거 도로는 오직 날씨 좋은 주말 동안만 붐빕니다. 물에는 언제나 쉬거나 먹이를 위해 사냥을 하는 오리와 작은 새들이 있습니다. 강을 따라서 몇 개의 대형 빌딩들이 있지만 강은 여전히 매우 조용합니다.

15 I also live in an apartment complex. Ask me three or four questions about what my apartment is like.

해석 저 또한 아파트 단지에 살고 있습니다. 저에게 제 아파트에 대해 서너 가지 질문을 해 보세요.

TIP 질문자 Eva에게 그녀가 사는 집에 대해 직접 질문하는 문제 유형입니다. 도입부에서 Eva가 사는 아파트에 대해 질문하겠다는 사실을 언급해 주고 질문해도 되는지 양해를 구하는 문장을 넣어 보세요. 받은 어떤 모습인지, 혼자 사는지, 가족과 사는지, 동네 모습은 어떤지 등을 물으면 되겠습니다.

IM2 Model Answer

I heard you live in an apartment complex. If you don't mind, let me ask some questions about your house. 질문1 Do you live with your family, roommates, or do you live alone? 질문2 How many rooms are in your apartment? 질문3 Can you explain your room in detail? IM3 추가 질문 & 추가 답변 I just have one more question. How is your neighborhood? These are all my questions. Thank you.

해석 저는 당신이 아파트 단지에 살고 있다고 들었습니다. 만약 괜찮다면 당신 집에 대해 몇 가지만 질문 하겠습니다. 당신은 가족이나 룸메이트와 삽니까 아니면 당신의 동네는 어떤 모습입니까? 이것이 제 질문의 전부입니다. 감사합니다.

apartment complex 아파트 단지

Actual Test 4

⇨ 문제지 P.66

MP3 바로 가기

Background Survey

〈직업 관련〉
1 일 경험 없음
2 학생입니까? 네
 (연관 질문) 강의를 듣는 목적 – 학위 취득
〈주거지 관련〉
3 거주지 형태 – 가족과 함께 개인 주택이나 아파트에 거주
〈필수 선택 항목 12개〉
4 여가 활동 – 영화 보기, 공연 보기, 콘서트 보기, 공연 가기
5 취미나 관심사 – 음악 감상하기, 요리하기
6 운동 – 조깅, 걷기, 헬스, 자전거
7 휴가나 출장 – 국내 여행, 집에서 보내는 휴가

1 Let's start the interview. Can you tell me about yourself?

해석 인터뷰를 시작합시다. 자기 자신에 대해 말해 주시겠습니까?

TIP 미리 준비한 자기소개로 응답하세요.

설문 – 여가 활동 | 공연 보기 3단 콤보

2 You said that you go see theater shows or events. What types of theater shows or events do you enjoy seeing? Why are these so interesting to you?

해석 당신은 극장 쇼나 공연들을 보러 공부보러 간다고 말했습니다. 어떤 종류의 공연들을 즐겨 봅니까? 그 공연들이 왜 그렇게 당신에게 흥미롭습니까?

TIP 공연 보기를 선택했을 때 공부보 의 첫 번째 질문으로 첫 번째 질문에는 문제로 출제되는 문제가 주로 출제됩니다. 실제 오픽 문제에서 공연을 관람을 표현하는 문제의 events로 표현됩니다. (가까지 고득점을 노리는 응시자들은 마치 자신이 시설 부모님과 함께 어린 뮤지컬을 본 경험을 설명하는 문제를 하더라도 문장 중간이나 후반에 형용사를 많이 쓰이는 감정이나 느낌, 의견을 덧붙이는 것에 실수가 없도록 주의합니다.

IM3 Model Answer

I like to go to the theater when I am on vacation. I enjoy attending comedy shows most of all. I admire how the actors in a comedy can make the audience laugh so much. Comedy shows help me release stress and forget about my busy schedule. When I watch a history play or a thriller, I have to focus deeply to catch the storyline. If I have to think about the story, I never really relax. Comedy shows are easy to follow, and sometimes they make me laugh for no reason. I have heard that laughter is good medicine, and I would definitely have to agree. 〔H 추가 답변〕My goal, when I go to a theater, is to feel refreshed after watching the show. Going to a theater should be enjoyable, whether alone or with friends, so a comedy show is always the best choice.

해석 저는 방학 때 극장에 가는 것을 좋아합니다. 저는 코미디 쇼를 관람하는 것을 가장 좋아합니다. 저는 코미디 공연에서 배우들이 관객들을 웃게 하는 방법이 감탄합니다. 코미디 쇼는 스트레스를 풀어주고 제 바쁜 스케줄을 잊도록 도와줍니다. 역사극이나 스릴러를 볼 때에는 스토리 전개를 이해하기 위해 저는 완전히 집중해야 합니다. 만약 이야기 스토리를 생각해야 한다면 저는 절대 긴장을 풀 수 없습니다. 코미디 쇼는 따라가기 쉽고 때로는 이유 없이 저를 웃게 만듭니다. 웃음은 명약이라는 말을 들은 적이 있는데, 저는 그 말에 완전히 동의합니다. 제가 공연장에 가는 목적은 쇼를 보고 난 후 재충전됨을 느끼기 위해서입니다. 혼자이건 친구와 함께이건, 극장에 가는 것은 즐거워야 하기에 코미디 쇼는 언제나 최고의 선택입니다.

thriller 스릴러   storyline 줄거리   feel refreshed 재충전됨을 느끼다

3 What was the first show or event you ever watched in a theater? How old were you? Who did you go to the theater with? Tell me about the first time you remember going to a theater.

해석 당신이 극장에서 봤던 첫 번째 쇼나 공연이 무엇이었습니까? 당신은 몇 살이었습니까? 누구와 그 극장에 같이 갔었습니까? 당신이 기억하는 처음으로 극장에 갔던 때에 관해 말해 주세요.

TIP 난이도 4 이상에서 출제되는 문제로 첫 번째 유형으로 과거 경험을 묻는 질문 유형입니다. 이와 같이 처음 경험을 묻는 질문에서 신기하거나, 처음이었기 때문에 더욱 흥미로웠다는 식으로 자신의 생각과 감정이 많이 들어가는 답변을 하는 것이 좋습니다. 가장 처음으로 봤던 공연을 묻고 있으므로 어린 시절 부모님과 함께 어린 뮤지컬을 본 경험을 답변할 수 있습니다. 과거의 일이므로 과거 동사 시제를 사용하는 것에 실수가 없도록 주의합니다.

IM3 Model Answer

When I was a child, my parents used to take me to the theater during my vacation time. I remember when I was just seven years old, my parents took me to see a kid's musical for the first time. It was my first time in a theater, so I was amazed by the big stage and loud sounds. When the show started, the characters I had seen only in books suddenly came alive on the stage. I still remember the excitement of all the other children in the theater. I also laughed and screamed a lot with all the other children. I have seen many shows since then, but the most memorable will always be that first show with my parents. [IH 추가팁] Even though I have grown up and become busy, I sometimes choose to watch kids' musicals because they arouse me a lot, just like when I was younger. I think they help me forget about my worries, and I get some time to relax in the theater.

해석 제가 어린아이였을 때 부모님께서는 방학 동안 저를 극장으로 데려가 주셨습니다. 제가 겨우 일곱 살이었을 때 부모님께서는 어린이 뮤지컬을 보러 저를 처음으로 극장으로 데려가 주셨던 걸 기억합니다. 처음으로 극장에 가 본 것이어서 저는 큰 무대와 웅장한 사운드에 매료되었습니다. 쇼가 시작했을 때 오직 책에서만 봤던 캐릭터들이 갑자기 무대 위에서 생생하게 다가왔습니다. 저는 아직도 극장 안 아이들의 흥분을 기억합니다. 저도 역시 다른 아이들과 함께 많이 웃고 소리도 질렀었습니다. 저는 그 이후로 많은 공연을 봤지만 가장 기억에 남는 것은 언제나 부모님과 함께했던 그 첫 번째 공연일 겁니다. 비록 저는 자라면서 바빠졌지만 가끔 어린이 뮤지컬을 골라 보기도 합니다. 왜냐하면 그들은 어린아이였을 때처럼 시간을 가지도록 해 주기 때문입니다. 그것은 제 걱정들을 잊게 해주고 극장에서 약간의 휴식 시간을 가지도록 해주는 것 같습니다.

come alive 생생히 다가오다 excitement 흥분 grow up 자라다

4 What was the most memorable theater show you ever watched? When and where was it held? What did you see and why was it so memorable for you? Tell me the full story.

해석 당신이 봤던 것 중에 가장 기억에 남는 공연은 무엇입니까? 그것은 언제 어디서 열렸습니까? 무엇을 봤으며 왜 그것이 그렇게 기억에 남습니까? 전체 스토리를 말해 주세요.

TIP 이번에는 가장 기억에 남는 공연을 답하는 문제로 친구가 출연했던 학교 연극을 계로 들어 답변해 봅시다. 본인이 직접 출연하지는 않았지만 친구가 대사를 외울 수 있도록 도우면서 다른 스태프들과 연극에 같이 참여하게 되었다는 내용으로 전체 연극을 관객으로 받을 때 감회가 남달랐다는 식으로 이야기를 만들어 봅니다.

IM3 Model Answer

The most memorable performance for me was a play my best friend participated in. It was just a small school play, but it has remained very memorable for me. I helped my friend memorize her lines, and I also helped other actors and staff at rehearsals. I was not part of the play, but I was so involved that it felt as if I was part of the crew. I was excited and anxious as the curtains went up. I knew the whole play by heart, but seeing it live in front of an actual audience was a very special experience for me. Seeing the whole play, with the lighting and music along with the actors, was very exciting. [IH 추가팁] After seeing that play, I began to take an interest in other plays and musicals. Going to the theater is very enjoyable because I can just chill out with my friends.

해석 제게 가장 기억에 남는 공연은 제 단짝 친구가 참여했던 연극입니다. 그것은 작은 학교 연극이었지만 제에게는 아주 기억에 남았습니다. 저는 제 친구가 대사를 외우도록 도와줬으며 또한 다른 배우들과 스태프들이 리허설에서도 도움을 줬던 걸 기억합니다. 저는 연극의 참여 멤버는 아니었지만 마치 제가 전체 스태프 중 하나인 것처럼 참여했습니다. 커튼이 올라가며 흥분도 되고 초조해 지기도 했습니다. 저는 전체 연극 스토리를 외워서 알고 있었지만 실제 관중들 앞에서 라이브 연극을 보는 것은 매우 특별한 경험이었습니다. 배우들과 어우러진 조명과 음악이 있는 전체 연극을 보는 것은 매우 흥미로웠습니다. 그 연극을 보고 나서 저는 다른 연극과 뮤지컬들에 관심을 갖기 시작했습니다. 극장에 가는 것은 제 친구들과 함께 건강을 풀 수 있기 때문에 매우 즐겁습니다.

chill out 긴장을 풀다

돌발 | 레스토랑 3단 콤보

5 I'd like to know about the restaurant you often visit. What does this place look like? What kind of food do they serve? What made you favor that place? Tell me about it.

해석 당신이 자주 가는 식당에 대해 알고 싶습니다. 이곳은 어떻게 생겼습니까? 어떤 종류의 음식을 팝니까? 무엇 때문에 그 장소를 선호합니까? 그에 대해 말해 주세요.

TIP 자주 가는 식당을 묘사하는 질문으로 위치 → 파는 음식 종류 → 인테리어와 서비스 → 처음 가게 된 이유 → 좋아하게 된 이유 등의 순서로 답을 전개하는 것이 좋습니다. 좋아하는 종국 인문 → 좋아하는 음식을 설명한 이래 당 받을 참조해서 본인이 좋아하는 식당을 바꾸어 사용하는 것도 가능합니다.

IM3 Model Answer

I often go to a Chinese restaurant, just a couple of bus stops from my house. That restaurant is famous in our area for its black bean sauce noodles and sweet and sour pork. I always order the noodles because they are the best I have ever eaten. The restaurant has traditional Chinese decorations and really nice Asian music. The service is great at that restaurant, and the staff is always very helpful. The room is very bright with multi-colored lights, and the chairs are really comfortable. I like to go there with my girlfriend because the atmosphere is so nice. The first time I ever went there was with my girlfriend on our first date. IH 추가답변 Since then, we have gone back for all of our special occasions, or when we have just wanted a nice meal. Above all, the food is my favorite, and I always look forward to the next time I can eat there.

해석 저는 집에서 버스 몇 정거장 떨어진 중국 식당에 자주 갑니다. 그 식당은 짜장면과 탕수육으로 이 지역에서 유명합니다. 제가 먹어 본 것 중 최고였기 때문에 저는 언제나 그곳의 짜장면을 시킵니다. 그 식당은 전통 중국 인테리어가 되어 있고 아주 멋진 아시안 음악이 있습니다. 식당의 서비스는 아주 좋고 직원들은 언제나 기꺼이 도움을 줍니다. 방은 여러 가지 컬러 조명으로 매우 환하고 의자는 아주 편안합니다. 그곳의 분위기가 정말 좋기 때문에 여자 친구와 함께 가는 걸 좋아합니다. 처음으로 그곳에 간 것은 여자 친구와의 첫 데이트를 위해서였습니다. 그 후로 저희는 특별한 일이 있거나 괜찮은 식사를 원할 때면 그곳으로 갑니다. 무엇보다 음식들이 좋고, 저는 언제나 그곳에서 식사할 수 있는 다음 기회를 기대합니다.

black bean sauce noodles 짜장면   sweet and sour pork 탕수육   atmosphere 분위기
special occasion 특별한 경우

6 Let's talk about the first time you visited a restaurant. What was your first impression of that place? What did you like or dislike about it? Tell me everything you remember about the first time at a restaurant.

해석 식당을 처음 방문했을 때에 관해 말해 봅시다. 그 장소의 첫인상이 어땠습니까? 무엇이 좋고 싫었습니까? 그 장소를 처음 방문했을 때에 관해 기억하는 모든 것을 말해 주세요.

TIP 단어도 40세서 나오는 특정 장소에 대한 첫 번째 경험을 진술하는 문제로 처음 식당을 방문했던 경험을 묻고 있습니다. 처음 방문이니만큼 어떤 곳을 방문했고 생일날 갔었던 부페로 답을 만들어 봅시다. 답변에서는 그날의 행복함을 자세하게 설명하도록 해야 긴 시간을 기다려서 부페에 들어가서 너무 많은 음식에 압도당해서 첫인상에 대한 문장을 넣어보도록 하세요.

IM3 Model Answer

The first time I visited a restaurant was with my family when I was seven years old. It was a buffet restaurant, and we went there for my birthday party. It was dinner time when we arrived, so there was a long line of people waiting to go inside. We were given a number and had to wait almost thirty minutes for a table. IH 추가답변 When we finally entered the restaurant, I was overwhelmed that the buffet had so many kinds of noodles, fried rice, vegetables, cakes, and cookies. Because it was a buffet, I didn't have to decide exactly what I wanted to eat. I couldn't believe all the different choices, and I tried to taste all the different foods. The food was actually the most delicious food I had ever eaten, and I will never forget the taste of that food. IH 추가답변 I was very excited and happy to have my birthday party, but I was even more excited to go to that restaurant for the first time.

해석 처음 식당을 방문한 것은 제가 일곱 살 때 가족과 함께 간 것이었습니다. 그것은 부페 식당이었으며 제 생일 파티를 위해 그곳에 갔었습니다. 저희가 도착했을 때는 저녁 시간이어서 안으로 들어가려고 기다리는 사람들이 긴 줄을 서고 있었습니다. 저희는 번호를 받고 테이블을 안내받기 위해 거의 삼십 분이나 기다려야 했습니다. 저희가 마침내 식당으로 들어갔을 때 저는 부페에 너무나 많은 종류의 국수와 볶음밥, 채소, 케이크, 구이가 있어서 압도되어 있었습니다. 부페였기 때문에 저는 무엇이 먹고 싶은지 딱히 정할 필요가 없었습니다. 저는 이 많은 선택권을 믿을 수 없었고 그래서 저기 다른 음식들을 모두 맛보려고 했습니다. 음식은 사실 제가 먹어 본 것 중 가장 맛있었으며 저는 그 음식의 맛을 영원히 잊을 수가 없을 것입니다. 저는 제 생일 파티를 한다는 것이 아주 박차고 행복했는데 거기다 처음으로 그런 식당에 간다는 것이 더욱 흥분되었습니다.

be given 받다   overwhelmed 압도된

7 Please tell me one memorable experience of being at a restaurant. You may have seen someone famous or lost something at a restaurant. Tell me where you were, and what happened at the restaurant.

해석 당신이 식당에 있었을 때 기억할 만한 경험을 말해 주십시오. 아마 누군가 유명한 사람을 만났을 수도 있고 식당에서 무언가를 잃어버렸을 수도 있습니다. 어디였는지 그리고 그 식당에서 무슨 일이 일어났는지 말해 주세요.

TIP 식당과 관련된 기억에 남는 경험으로 온라인에 맛집이라는 포스팅을 보고 찾아가본 더러운 실내와 맛없는 음식에 실망했다는 경험으로 답변해 봅시다. 이후에 식당에 대한 코멘트를 남겼지만 삭제되었고 더 이상 온라인 평가로 맛있는 식당을 찾지 않게 되었다는 후기까지 덧붙이면 더욱 좋습니다.

IM3 Model Answer

I will never forget the time that my friend and I went to a restaurant to eat out last year. I visited the restaurant with a friend after reading several online postings that said it was a nice place to visit. After waiting a long time for a table, we sat at a table near the window and we ordered several dishes. However, I was disappointed that the tables and chairs were quite dirty, and the restaurant served food that was not delicious. The servers looked very tired from serving a lot of customers, and inside, the kitchen did not seem organized at all. My friend was so dissatisfied with the service that she wanted to leave before finishing our meal. After returning home, I commented online about the restaurant, saying how terrible it was, but I was surprised the comment was deleted soon after. IH 추가 답변 After that, I stopped visiting restaurants based on reading online posts. I'd rather get recommendations from people I know. It was my most terrible restaurant visit ever, and I sometimes think about that visit.

해석 저는 친구와 제가 외식하기 위해 잭년에 식당에 갔던 때를 결코 잊을 수가 없습니다. 저는 이곳이 방문할 만한 괜찮은 장소라고 말하는 여러 개의 온라인 포스팅을 읽고 난 후 친구와 식당을 방문했습니다. 저희는 한참 긴 시간을 기다리다 나서 저희는 창가 근처에 저희를 잡고 몇 개의 요리를 시켰습니다. 그런데 저는 테이블과 의자들이 상당히 더럽고 나온 음식도 맛있지 않다는 것에 실망스러웠습니다. 종업원들은 많은 손님들을 상대 하느라고 상당히 지쳐 보였고 주방 안쪽도 역시 전혀 정리가 안 된 듯해 보였습니다. 제 친구는 저는 요란에 너무 불만족스러워 식사가 끝나기 전에 나가고 싶어했습니다. 집에 돌아오고 나서 저는 온라인에 그 식당이 얼마나 함편없었는지를 말하는 평가를 남겼는데 곧 그만뒀이었습니다. 지인들로부터 추천을 받아야 방문하는 것이 좋습니다. 그 이후 저는 온라인 포스트를 읽고 식당을 방문하는 걸 그만뒀습니다. 지인들로부터 추천을 받아야 방문하는 것이 낫다는 겁니다. 그것은 지금까지 갔던 가장 최악의 식당 방문이었고 때때로 그때가 생각이 납니다.

단어도 제조정 ▶ 비슷한 질문

설문 - 휴가나 출장 | 집에서 보내는 휴가 3단 콤보

8 You indicated in the survey that you stay at home for vacation. Who do you usually see and spend time with on vacation? Are they your friends or family members? Tell me about the people you like to see during your vacation time at home.

해석 당신은 설문지에 집에서 휴가를 보낸다고 했습니다. 휴가 때 주로 누구를 만나고 함께 시간을 보내나요? 그들은 당신의 친구들입니까, 가족들입니까? 집에서 휴가를 보내는 동안 만나기 좋아하는 사람들에 대해 말해주세요.

TIP 집에서 휴가를 보낼 때 만나는 사람들을 설명하는 것은 주로 어떤 사항으로 휴가를 보내기를 묻는 질문과 같습니다. 부모님과 함께 선다는 생활으로 휴가 기간 중에 집안일을 도우나 가족들과 함께 시간을 보내는 식이 답변을 만들면 됩니다. 가족 외에는 가까운 친구들을 만난다고 답하면 되겠습니다.

IM3 Model Answer

IH 추가 답변 I prefer to stay home for vacation because I want to spend my time relaxing in a familiar place. I usually spend time with my family because I do not have much time to spend with them when I am so busy with school. IH 추가 답변 Actually, I cannot spend the amount of time I wish to spend with them because my parents also work. So, when they go to work and I stay home, I help with the chores. After doing the chores, I cook dinner for them. When they come home from work, we have dinner together and catch up on our lives. Sometimes, we go out to the movies or go out for dinner if my vacation includes a Friday. When I am not spending time with my family members, I sometimes go out to see my friends. Since most of my friends are busy with work, I visit them around their offices, and we often go out for dinner.

해석 저는 익숙한 장소에서 휴식하는 시간을 갖고 싶어서 집에서 휴가를 보내는 걸 선호합니다. 학교에서 너무 바빠서 가족과 함께 보내는 시간이 많지 않기 때문에 주로 가족들과 휴가 시간을 보냅니다. 사실상 부모님께서도 일을 하시기 때문에 제가 함께 보내길 원하는 만큼 시간을 가질 수도 없습니다. 그래서 부모님께서 일하러 가시면 저는 집에 머물면서 집안일 돕을으로 엄마를 도와드립니다. 집안일을 한 후에는 그들을 위해 요리를 합니다. 그들이 퇴근하시면 저희는 함께 저녁을 먹고 일상에 대해 이야기를 나눕니다. 만약 제 휴가가 금요일까지 되면 저희는 영화를 보거나 저녁을 먹으러 나갑니다. 만약 제가 가족과 시간을 보내지 않으면 저는 친구들을 만나러 나갑니다. 대부분의 친구들이 일하느라 바쁘기 때문에 저는 사무실 근처로 자주를 먹으러 갑니다.

chore 일 | catch up on ~을 따라잡다

9 Tell me about a recent vacation you spent at home. Who did you see and what did you do? Tell me everything you did during the last vacation you spent at home.

해석 집에서 보낸 최근의 휴가에 대해 말해 주세요. 누구와 만났으며 무엇을 했나요? 마지막으로 집에서 휴가를 보내는 동안 했던 모든 것에 대해 말해주세요.

TIP 난이도 4의 출제 빈도가 가장 높은 최근의 집에서 보낸 휴가 경험을 묻는 질문 유형입니다. 가장 최근의 기억이므로 마지막으로 집에서 휴가를 보내는 동안 했던 일을 첫부분부터 마지막 날까지 순서대로 묘사해 보도록 합니다. 너무 튀거나 특별한 이야기를 할 필요는 없으며 집안일을 돕거나 친구들을 만나 영화를 보는 식의 활동을 묘사하면 됩니다.

IM3 Model Answer

Last vacation, I had a very relaxing time at home. On the first day of vacation, I woke up around noon and started to do chores around the house. My mother usually does the chores during the weekend, but I decided to help. After having lunch, I did the laundry. After the washer started, I then vacuumed the whole house. I had some free time before my parents arrived home from work, so I decided to watch a movie. IH 추가답변 Because I was not used to doing so much housework at once, I guess I was tired from all the physical work and ended up falling asleep on the couch. The day after, I met my friends, and we watched a movie we had planned to see when the movie trailer first came out. Then we went to a popular restaurant in the area and had dinner. On the last day of my vacation, I went shopping because I needed new clothes for the upcoming season. IH 추가답변 It was not a very special vacation, but I really needed that time for myself.

해석 마지막 휴가에 저는 집에서 매우 편안한 시간을 가졌습니다. 휴가 첫날에는 정오쯤 일어나서 집안일을 하기 시작했습니다. 어머니는 주로 주말 동안 집안일을 하시는데 제가 도와드리기로 했습니다. 점심을 먹고 나서 빨래를 했습니다. 세탁기를 돌리고 나서 집 전체를 청소기로 청소했습니다. 그리고 부모님께서 직장에서 돌아오시기 전에 여유 시간이 있어서 영화를 보기로 했습니다. 그런데 제가 너무 많은 집안일을 한 번에 하는 것에 익숙하지 않아서, 아마도 그 모든 육체 노동 때문에 지쳐서 소파에서 잠이 들었던 것 같습니다. 다음날 저는 친구들을 만나서 영화 예고편이 처음 나왔을 때 보려고 했던 영화를 봤습니다. 그리고 나서 저희는 그 지역에 있는 유명한 레스토랑에 가서 저녁을 먹었습니다. 휴가 마지막 날 저는 다가오는 계절을 위한 새로운 옷이 필요해서 쇼핑을 했습니다. 이것은 매우 특별한 휴가는 아니었지만, 저는 정말로 저만의 이 시간이 필요했습니다.

10 Tell me about an unusual, unexpected, or strange experience that you had during your vacation time at home. What happened? Tell me all the details of that experience.

해석 집에서 휴가를 보낼 때 일반적이거나, 생각지도 못했거나, 이상한 경험에 대해 말해 주세요. 어떤 일이 일어났습니까? 그 경험에 대해 모든 것을 자세히 말해 주세요.

TIP 휴가 기간 중 있을 수 있는 일은 여러 가지 에피소드로 사용 가능합니다. 다른 테스트에서 나왔던 경험을 이용해서 휴가 기간 중 에피소드로도 사용해도 괜찮습니다. 다양한 답변도 많이 준비하면 답변 하는 중으로 전날에 답변했던 휴가를 가져고 했다는 것이 영향이 되었던 하루의 에피소드를 말하는 것도 좋습니다.

IM3 Model Answer

IH 추가답변 For my vacation one year, I was not planning to stay home. I was planning to fly to a different part of the country, but all flights for that day had been cancelled due to a rainstorm, so I was forced to stay home. Instead of making new plans, I decided to relax and just stay home. I wanted to help around the house with chores because my mom had become sick the day before I was supposed to leave. I first wanted to do the laundry, but realized the washer had stopped working. So, instead of doing the laundry, I decided to vacuum. When I plugged in the vacuum, I found out it was not working either. I noticed that something was terribly wrong. I tried to turn on the lights in the house, but nothing would turn on at all. Finally, I figured out from the news on my smartphone that there had been a blackout in my neighborhood due to the rainstorm. IH 추가답변 It was a very strange experience, but it was definitely memorable.

해석 일 년에 한 번 있는 휴가를 위해 저는 집에 머물려고 계획하지 않았습니다. 저는 우리나라의 다른 쪽으로 비행기를 타고 가려고 계획했는데 그날 모든 비행기가 폭풍 때문에 취소되어 집에만 있을 수밖에 없었습니다. 새로운 계획을 잡는 대신 저는 집에서 편히 쉬면서 머물기로 결정했습니다. 따나기로 했던 전날 어머니께서 아프셔서 기 때문에 집안일을 돕고 싶었습니다. 처음에는 빨래를 하려고 했습니다. 그런데 제가 청소기를 돌리려고 했습니다. 그러나 저는 무언가 심각하게 잘못되었다는 걸 느꼈습니다. 저는 전등이 안 되는 걸 알게 되었습니다. 결국 저는 스마트폰의 뉴스에서 폭풍 때문에 동네에 정전되었다는 걸 알게 되었습니다. 그것은 매우 이상한 경험이었지만 확실히 기억에 남았습니다.

설문-운동 | 자전거 관련 롤플레이 3단 콤보

I'd like to give you a situation and ask you to act it out. You want to borrow a friend's bike to do something. Call your friend and ask three or four questions about the bike and when you can borrow it.

해석 제가 제시하는 상황에 대처해 주세요. 당신은 무언가를 하기 위해 친구의 자전거를 빌리고 싶습니다. 친구에게 전화하여 자전거에 대해 서너 가지 질문을 하고 언제 그것을 빌릴 수 있는지 물어 보세요.

TIP 자전거와 관련된 상황으로 친구에게 전화해서 자전거를 빌리는 상황입니다. 먼저 인사말을 하고, 자전거를 빌려야 하는 이유를 설명하면서 자전거를 쓸 수 있는 시간, 돌려주어야 하는 시간에 대한 질문을 만들고 마지막에 감사의 말로 인사말로 마무리하면 됩니다.

IM3 Model Answer

Hi. How are you? Tomorrow one of my schoolmates wants to go bike riding with me. Unfortunately, I don't have a bike, so I was wondering if I could borrow yours. 질문1 Can I borrow your bike for a couple of hours tomorrow? 질문2 If I borrow your bike, when should I return it? 질문3 Where and when can I pick it up? [H 추가 답변] Lastly, are there any special things I need to know about your bike? Are the brakes okay? I owe you a favor. I really appreciate you lending me your bike. I will take care of the bike and return it quickly. Thanks.

해석 안녕. 잘 지내니? 내일 함께 학교 친구 중의 한 명이 나와 함께 자전거를 타러 가고 싶어해. 안타깝게도, 나는 자전거가 없어서 혹시 너의 것을 빌릴 수 있는지 궁금해. 내일 두 시간 동안 너의 자전거를 빌릴 수 있을까? 만약 자전거를 빌린다면, 언제 돌려주면 될까? 어디로 언제 가면 기본 될까? 마지막으로 너의 자전거에 대해서 내가 알아야 할 특별한 사항이 있니? 브레이크는 괜찮니? 너에게 신세를 졌네. 자전거를 빌려주어서 무척 고마워. 자전거를 잘 쓰고 빨리 돌려줄게. 고마워.

borrow 빌리다 lend 빌려주다

12 I'm sorry. There is a problem which I need you to resolve. While you were using your friend's bike, you had an accident, and the bike was destroyed. Call your friend and explain what happened, then make some suggestions as to how you can help your friend solve this problem.

해석 유감이지만 당신이 해결해야 하는 문제가 있습니다. 당신이 친구의 자전거를 쓰는 동안 사고가 나서 자전거가 망가졌습니다. 친구에게 전화해서 무슨 일이 있었는지 설명하고, 이 문제를 해결하기 위해 당신이

친구를 어떻게 도울 수 있는지 몇 가지를 제안하세요.

TIP 롤플레이의 두 번째 문제는 앞 질문에서의 상황이 이후 생각지도 못한 일로 자전거가 망가진 상황과 연결됩니다. 앞에서 친구의 자전거를 빌리는 질문을 하였으므로 이후 생각지도 못한 일로 자전거가 망가진 상황으로 출제되었습니다. 중요한 것은 친구에게 왜 자전거가 망가졌는지 상세하게 설명하는 부분으로 답변이 됩니다. 단순히 사고가 나게 된 경우를 답하여주는 것보다 더 좋은 답변은 단순히 부서진 상황으로 새로 사주거나 돈으로 보상하는 방법을 제안하면서 마무리하면 되겠습니다.

IM3 Model Answer

Hi. This is Woo-Jin Lee, and I have some bad news. [H 추가 답변] First, I want to thank you so much for lending me your bike. Unfortunately, while I was riding, the brakes stopped working, and I couldn't stop the bike. I jumped off and was not hurt, but the bike hit a car and is totally destroyed. I feel so sorry, and I want to fix this problem quickly. It was my fault, so please tell me the name of your bike and I will buy you another one. If you do not want another one, please tell me how much money I owe you for the damages. I feel terrible. What can I do to make it up to you? We are good friends, so I hope there is something I can do to make you feel better. If you have any other suggestions, please let me know, and I will do my best.

해석 안녕, 나 우진이야. 안 좋은 소식이 있어. 먼저, 자전거를 빌려주어서 무척 고마워. 안타깝게도, 내가 자전거를 타는 동안 브레이크가 작동을 하지 않아서 자전거를 멈출 수가 없었어. 나는 뛰어내렸고 다치진 않았어. 이것은 내 잘못이기에 네 자전거가 부딪혀 자전거 이름을 말해 주면 다른 걸로 하나 사줄게. 속상하구나. 이것을 만회하려면 내가 무엇을 할 수 있을까? 너무 미안해 너에게 주어야 하는지 기분을 풀어주기 위해 내가 할 수 있는 것이 있었으면 좋겠어. 다른 의견이 있으면 너에게 알려줘. 최선을 다할게.

jump off 뛰어내리다 fix 해결하다 make up 보상하다

13 Very good. That's the end of the situation. Have you ever borrowed a friend's bike or car and had some kind of problem? Tell me the story of a time when you had some difficulty with a bike, car, or some other form of transportation.

해석 아주 좋습니다. 상황이 종료되었습니다. 당신은 친구의 자전거 또는 차를 빌려서 이런 종류의 문제를 경험한 적이 있습니까? 당신이 자전거나 차, 다른 종류의 교통수단에 대한 문제가 있었을 때에 이야기를 해 주세요.

TIP 위 상황과 연관된 경험을 묻는 질문으로 굳이 자전거에 관한 경험이 아닌 다른 교통수단에 관련되어 모든 경험이 답변으로 가능합니다. 샘플 답변은 아버지에게 차를 빌렸다가 타이어가 펑크 나는 사고가 나고서 보험사 직원을 불렀던 경험을 말하고 있습니다.

IM3 Model Answer

One day, I had to borrow my father's car because I had to go out of town. [IH 추가 답변] I had been driving for a long time, and I have borrowed my father's car several times before, so I was neither worried about my trip nor the car. I was expecting my drive to take about three hours. After about two and a half hours, the car started to shake strangely. I stopped the car at a small shopping mall and decided to check it out. When I got out of the car, I noticed that the tire had gone flat. I panicked and called my dad, but he told me to calm down and call the insurance company. After waiting for about 15 minutes, the insurance company sent somebody to replace the flat tire with the spare one in the trunk. [IH 추가 답변] I was behind schedule, but was thankful that everything was okay.

해설 어느 날 저는 외부로 나가야 해서 아버지의 차를 빌렸습니다. 저는 오랫동안 운전해 왔고 그 전에 여러 번 아버지의 차를 빌려왔었습니다. 그래서 제 여행이나 차에 대해서도 전혀 걱정하지 않았습니다. 저는 약 세 시간 정도 운전을 할 거라고 예상했었습니다. 두 시간 반 쯤에 차가 이상하리만치 흔들리기 시작했습니다. 저는 작은 쇼핑몰에서 차를 세우고 차를 살펴보기로 했습니다. 차에서 나왔을 때 저는 타이어에 바람이 빠져 있는 걸 알게 되었습니다. 저는 당황했고 아버지에게 전화했으나 아버지는 침착하라고 하면서 보험 회사에 전화를 하라고 말씀해 주셨습니다. 약 15분이 지나자 보험 회사에서 트렁크에 타이어를 싣고 오는 사람을 보냈습니다. 원래 계획보다는 늦었지만 모든 것이 괜찮았다는 것에 감사했습니다.

설문-직업 관련 | 학교 친구 관련 2단 콤보

14 You indicated that you are a student. Please tell me about your closest schoolmate.

해석 당신은 학생이라고 했습니다. 가장 친한 학교 친구를 소개해 주세요.

TIP 학생 관련 질문으로 출제되고 있는 친한 학교 친구 소개에 대한 문제입니다. 사람을 소개하는 전형적인 답변으로 친구 이름과 처음에 만나게 된 계기, 성격 등을 소개하고 그 친구를 좋아하게 되는 이유와 친구와의 특별한 관계에 대한 자신의 생각을 이야기하면서 답변을 마무리하면 되겠습니다.

IM3 Model Answer

One of my closest schoolmates is a girl named Eun-Ji Choi who is studying the same major I am. We study together and sometimes do important school projects together. We became close friends because we always sit next to each other in class, and we have helped each other with assignments. She is a very outgoing person; and very easy to get along with. Even though she is very outgoing, she is sensitive to other people's feelings. [IH 추가 답변] I have become very close to this schoolmate because she always understands my situation. I hope Eun-Ji and I can be close friends even after we graduate from university. Eun-Ji is not just my schoolmate, she is my best friend.

해설 저와 가장 친한 학교 친구 중 한 명은 저와 같은 전공을 공부하고 있는 최은지라는 이름의 여자입니다. 저희는 함께 공부하고 때로는 중요한 학교 프로젝트를 함께합니다. 우리는 수업 시간에 항상 옆자리에 앉았었고 서로의 과제를 도와주면서 친한 친구가 되었습니다. 그녀는 굉장히 외향적인 사람이고 다른 사람과 어울리기가 무척 쉬운 사람입니다. 그녀는 굉장히 외향적인 사람임에도 다른 사람의 기분에 민감합니다. 그녀는 늘 제 상황을 이해해 주기에 이 친구와 가까운 사이가 되었습니다. 은지와 제가 졸업 후에도 가까운 친구로 지냈으면 좋겠습니다. 은지는 단순한 학교 친구가 아닙니다. 그녀는 저의 가장 친한 친구입니다.

get along with ~와 잘 지내다   schoolmate 학교 친구

---

15 I also have a close schoolmate. Ask me three or four questions about my school friend.

해석 저에게도 친한 학교 친구가 있습니다. 제 학교 친구에 관해 서너 가지 질문을 해 주세요.

TIP 단어도 30세부터 등장했던 Eva에게 직접 질문하기 문제 유형입니다. 일반적으로 제 학교 친구에 관한 질문입니다. 앞에서 친한 친구를 설명했던 답변을 떠올리시고 그 친구의 성격은 어떤지, 그 친구와 일반적으로 물을 수 있는 친구의 이름이나 언제, 어디에서 그 친구를 만났는지, 그 친구의 성격은 어떤지 등의 질문을 만드십시오. 마지막으로 어떤지 등이 답변을 만드십시오. 마지막으로 친구와의 생각에 대한 질문을 답변으로 답변하여도 좋습니다.

IM3 Model Answer

I heard that you also have a close schoolmate. May I ask you some things about your closest friend? [질문1] What is your schoolmate's name? [질문2] When and how did you first meet him or her? [질문3] How did you guys become best friends? [IH 추가 답변] My friend and I always talk about many different things. How about you? Are there any special things you like to do together? I think it is great to have good friends, especially at school. Thank you.

Actual Test 5

→ 문제지 P70

MP3바로 가기

Background **Survey**

〈직업 관련〉
1 현재 어느 분야에 종사하고 있습니까? 사업/회사
2 현재 직업이 있습니까? 네
(연관 질문) 근무 기간은 – 첫 직장 – 2개월 이상
(연관 질문) 부하 직원을 관리하는 관리자입니까? 네

〈주거지 관련〉
3 거주지 형태 – 독신자로서 개인 주택이나 아파트에 거주

〈필수 선택 항목 12개〉
4 여가 활동 – 영화 보기, 공연 보기, 공원일 가기, 캐페/커피 전문점 가기
5 취미나 관심사 – 음악 감상하기, 혼자 노래 부르거나 합창하기
6 운동 – 걷기, 수영, 헬스
7 휴가나 출장 – 국내 여행, 국내 출장

1 Let's start the interview. Can you tell me about yourself?

해석 인터뷰를 시작합시다. 자기 자신에 대해 말해 주시겠습니까?
TIP 미리 준비한 자기소개로 응답하세요.

설문 – 취미나 관심사 | 음악 감상하기 3단 콤보

2 You said that you like to listen to music. What kinds of music do you like to listen to?

해석 당신은 음악을 듣는다고 했습니다. 어떤 종류의 음악을 즐기십니까?
TIP 좋아하는 음악을 설명하는 문제로 좋아하는 음악 장르에 대한 답변을 해 봅시다. 일상생활에서 필요한 예시를 주고 기준을 총계 해 주기 때문에 팝송과 댄스 음악을 즐겨 듣는다고 대답하고 처음 접송을 좋아하게 되었던 계기까지 추가해서 답하면 더욱 좋은 답변이 됩니다.

30

IM3 Model Answer

I like to listen to many types of music, but my favorite type of music to listen to is pop music. I listen to pop music whenever I can because it always makes me happier. [H 추가 답변] I became interested in it when my friend gave me a pop music CD for my sixteenth birthday. It was the most entertaining music I had ever heard, and I have listened to pop songs ever since. The first thing I do when I wake up is turn on the radio. My radio is tuned to a station that plays pop music all day. I also download popular pop music on my smartphone, so I can listen to it whenever I can. When I come home from work, I turn the radio back on or I listen to my favorite musicians' music. I also like to listen to other dance music that gives me energy. Whenever I am down or when I need energy, I listen to dance music because it usually has a powerful beat that makes people move.

해설 저는 다른 종류의 음악 듣기를 좋아하지만 제가 가장 듣기 좋아하는 음악은 팝뮤직입니다. 이것은 언제나 저를 더 행복하게 해 주기 때문에 저는 기능할 때마다 팝뮤직을 듣습니다. 저는 열여섯 살 생일에 친구가 팝뮤직 CD를 첫을 때 처음 이것에 관심을 갖게 되었습니다. 그것은 제가 이제까지 들었던 것 중에 가장 신나는 음악이었고 그 이후로 저는 팝송을 들어 왔습니다. 제가 일어나서 처음 하는 것은 라디오를 켜는 것입니다. 저는 또한 유명한 팝뮤직을 스마트폰에 다운로드해서 언제든지 듣고 싶을 때 들을 수 있습니다. 직장에서 집에 돌아왔을 때 저는 라디오를 다시 들거나 제가 가장 좋아하는 뮤지션의 음악을 듣습니다. 저는 또한 저에게 에너지를 주는 다른 댄스 뮤직도 듣기 좋아합니다. 우울하거나 힘이 필요할 때 저는 댄스 뮤직을 듣습니다. 왜냐하면 이것은 사람들을 움직이게 만드는 파워풀한 리듬을 주로 가지고 있기 때문입니다.

make one's mood happier 기분을 더 좋게 하다 entertaining 신나는 ever since 그 이후로 be tuned (채널이) 맞춰져 있다

3 Who is your favorite musician or music group? Why do you like that musician? Tell me your opinion of that musician.

해설 당신이 가장 좋아하는 뮤지션이나 그룹은 누구입니까? 왜 그 뮤지션을 좋아합니까? 그 뮤지션에 대한 당신의 의견을 들려주십시오.

TIP 듣는 채생님들이 미국인이라는 점은 간안에서 좀 평가나 미국 팝가수 비욘세를 답변으로 할 수 있습니다. 비욘세가 왜 기간 파워와 그의 특징 그의 실력을 설명하는 가에다가 결론이나 음악가일 뿐 아니라 세상을 위해 좋은 일을 하는 사람이라는 같은 답변으로 자신이 좋아하는 음악가에 대한 의미가 더욱 부각될 것입니다.

IM3 Model Answer

My all time favorite musician is Beyonce. I like Beyonce because she gives me energy. She is a singer who can also dance very well. Whenever I listen to her songs, I receive a lot of power from her music. Also, when I watch her performances, her dance moves and singing skill never fail to amaze me. Most of her songs become very big hits when they are first released. Her songs are so sensational that a lot of stores and clubs play her music. Even if it has been a long time since her latest release, her older hits are still being played everywhere. So, I can never forget about her. I also like her as an icon in today's world. [H 추가 답변] She is not only known as a great musician, but also a great person who does good things for the world. She represents leading female musicians and is a great figure who tries to help people in need.

해설 제가 언제나 좋아하는 음악가는 비욘세입니다. 그가 저에게 에너지를 주기 때문에 저는 비욘세를 매우 좋아합니다. 그녀는 또한 아주 춤을 잘 출 수 있는 가수이기도 합니다. 그녀의 음악을 들을 때마다 저는 그녀의 노래에서 많은 힘을 받습니다. 또한 그녀의 공연을 볼 때마다 그녀의 춤 동작이나 실력은 항상 저를 감탄시킵니다. 그녀의 대부분의 노래들은 처음 나왔을 때 대히트를 치게 됩니다. 그녀의 노래는 너무 환상적이어서 많은 상점들과 클럽은 그녀의 음악을 틀니다. 비록 그녀의 최신 곡 발표 이후 오랜 시간이 지났다 하더라도 그녀의 지난 히트곡들은 여전히 어디서든 플레이됩니다. 그래서 저는 그녀에 대해 잊어버릴 수가 없습니다. 저는 또한 오늘날의 아이콘으로서의 그녀를 좋아합니다. 그녀는 단지 위대한 음악가로서 알려져 있는 것만이 아닌 이 세상을 위해 좋은 일을 하는 좋은 사람입니다. 그녀는 주도적인 여성 음악가와 어려움에 처한 사람들을 도우려는 훌륭한 인재로 대표되고 있습니다.

never fail to ~하는 데 결코 실패하지 않는(항상 ~한다) sensational 환선적인 icon 대표하는 것, 상징하는 것 represent 대표하다 figure 숫자, 인물

4 Tell me about your first experience of listening to live music. What was the live music like? Who was the singer? What was the atmosphere like? Tell me about it in detail.

해설 라이브 음악을 처음으로 들었던 경험에 대해 말하세요. 그 라이브 음악은 어땠습니까? 가수는 누구였습니까? 분위기가 어땠습니까? 이에 대해 자세히 말해 주세요.

TIP 너무도 4이 출처가 분명에서 이나 군부대에서 처음 경험을 첫 첫 경험에 대한 답변으로 할 수 있겠습니다. 요에서 언급됐던 세계적인 팝스타인 비욘세의 내한 군부대에 처음 경험 답변으로 할 수 있겠습니다. 평소 좋아했던 가수를 훌륭한 공연으로 직접 만났을 때 감동과 벅찬 느낌을 표현해 준다면 좋은 답변이 됩니다.

IM3 Model Answer

I went to my first live music concert two years ago. I had never been interested in live music, but it was my favorite musician, Beyonce's first concert in Korea. I had always listened to her music, but I had never had a chance to hear her live. She was amazing, and the huge crowd screamed wildly when she walked out on the stage. This was Beyonce's first solo concert in Korea, so the crowd was bigger than I expected. The music was loud, but the people enjoyed it as they jumped and cheered. She sang many of her newest releases and danced perfectly. The concert was outside, so the bright lights flashed all across the sky. [H 추가답] The picture on her CDs is beautiful, but she was even more amazing in real life. After the concert, I bought her signed CD so that I would never forget that experience.

해석 저는 2년 전에 첫 라이브 콘서트에 갔습니다. 라이브 음악에 전혀 관심이 없었지만 그것은 제가 가장 좋아하는 가수, 비욘세의 첫 번째 한국 콘서트였습니다. 저는 늘 그녀의 음악을 들어왔지만 그녀의 라이브를 들을 기회는 한 번도 없었습니다. 그녀는 놀라웠고 그녀가 무대에 등장했을 때 많은 관객들이 환호했습니다. 이것은 한국에서의 열린 비욘세의 첫 솔로 콘서트에서 관객들이 제가 생각했던 것보다 많았습니다. 음악 소리는 컸지만 사람들은 뛰고 환호하며 그걸 무척 즐겼습니다. 그녀는 최신 곡들 중 많은 곡들을 불렀고 춤도 추었습니다. 콘서트는 실외였는데 밝은 빛이 하늘 전체에 비춰졌습니다. CD에 있는 그녀의 사진도 아름답지만 그녀는 실제로는 더욱 멋졌습니다. 콘서트가 끝난 후에 저는 그녀의 사인이 있는 CD를 사서 그 경험을 절대 잊지 못할 것입니다.

newest release 신간   in real life 실제로, 실물로

설문 - 휴가/나 출장 | 국내 여행 3단 콤보

5 You indicated that you like to go on domestic trips. Please tell me all the steps you take to go on a trip. Tell me about it from the beginning to the end.

해석 당신은 국내 여행하는 것을 좋아한다고 답했습니다. 여행을 준비를 위해 당신이 하는 절차들을 설명해 보세요. 처음부터 끝까지 말해 주세요.

TIP Actual Test 1의 14번 문제로 자주 출제되는 국내 여행과 가는 질문이 이번에는 제주도를 좋아한다는 답변을 했습니다. 이번에는 국내 여행을 가기 위한 절차에 대해서 묻는 질문이 출제되었습니다. 일반적인 여행 준비 절차로 인터넷에서 정보를 검색하고 여행사에 문의하고, 상품을 선택한 후 출발 직전

에 필요한 지불하는 순서로 나열할 수 있으며 중간에 자신이 빠지지 여행을 선호하는 이유 등을 넣어주면 더욱 좋습니다.

IM3 Model Answer

I don't have much time for traveling, so I enjoy going on domestic trips. First, I check online to see what events are taking place in other areas. After choosing where I want to go, I call a travel agency and check out the tour packages. [H 추가답] Sometimes, I like to travel with a group because it's a lot of fun to get to know new people. The travel agency gives me many options, but I always want one with lots of sightseeing. After thinking about the options, I book my ticket and mark the date on my planner. The ticket usually includes hotel accommodations, so I don't have to worry about that. A couple of days before leaving, I pay the travel agency and buy all the things I need for my trip. I make sure I am ready to leave on my trip, and I always have a great time.

해석 저에게는 여행을 위한 시간이 그렇게 많지 않기 때문에 저는 국내 여행을 좋아합니다. 처음에는 다른 지역에서는 어떤 이벤트가 열리고 있는지 보기 위해 온라인으로 확인합니다. 제가 가고 싶은 곳을 고른 후에 여행사에 전화해 투어 패키지들을 확인합니다. 새로운 사람들을 알아가는 것은 무척 재미있기 때문에 저는 가끔 단체로 여행하는 것을 좋아합니다. 여행사는 저에게 많은 옵션을 제시하지만 저는 늘 볼거리가 많은 것을 고릅니다. 옵션에 대해서 고려한 후에는 티켓을 예약하고 수첩에 날짜를 기록해 둡니다. 티켓은 보통 호텔 숙박을 포함하고 있기 때문에 그것에 대해서는 걱정할 필요가 없습니다. 출발하기 며칠 전, 저는 여행사에 금액을 지불하고 여행에 필요한 모든 것들을 구입합니다. 여행을 떠날 준비가 될 것을 확인하고 저는 언제나 좋은 시간을 갖습니다.

sightseeing 관광   mark 표시하다   accommodation 숙소

6 Can you remember the first trip you ever went on as a child? Where did you go and what did you see? How young were you at that time? Tell me as much as you can remember about your first impression of the area.

해석 당신이 어렸을 때 갔던 첫 번째 여행을 기억할 수 있습니까? 어디로 갔으며 무엇을 보았습니까? 당시에 당신은 몇 살이었습니까? 그 지역에 대한 첫인상에 대해 기억나는 대로 말해 주세요.

TIP 너이도 4 출제가 예상으로 나온 첫째 경험으로 했던 처음으로 했던 여행에 대한 질문입니다. 처음 여행이기에 7살 정도의 어린 나이로 설정하고 가족들과 함께 바닷가를 떠났다고 하고, 해변에서 했던 놀이 등 전체적으로 즐거웠던 첫 여행에 대한 바다를 보았을 때 느꼈던 기분, 바다 냄새, 촉감, 해변에서 했던 놀이 등 전체적으로 즐거웠던 첫 여행에 한 추억으로 설명하면 됩니다.

Actual Test 5 31

IM3 Model Answer

When I was seven years old, my family traveled to the East Sea. I was born in the city, so I rarely had a chance to play on the beach. I was so excited when my dad told me we were going to the ocean for our vacation. When we arrived, I could smell salt water and fish everywhere. At first, I thought it was smelly, but then I saw the beach and the amazing ocean. My eyes were wide, and I was so excited when my parents took me into the water. Because the waves were not high, I could play around in the water. The water was cool and refreshing as it splashed on my legs. IH 추가 답변 I remember screaming with joy as I played for hours on the beach. I will never forget seeing the ocean for the first time.

해석 제가 7살 일 때, 우리 가족은 동해로 여행을 갔었습니다. 저는 도시에서 태어났기에 해변가에서 놀 수 있는 기회가 별로 없었습니다. 저는 아빠가 우리의 휴가로 바다를 갈 것이라고 이야기 해주셨을 때 무척 신이 났습니다. 우리가 도착했을 때, 저는 어디에서나 소금과 물고기들의 냄새를 맡을 수 있었습니다. 처음에는 냄새가 심하다고 생각했지만 이후에 저는 해변과 멋진 바다를 보았습니다. 제 눈은 휘둥그레졌고 부모님이 저를 물속으로 데리고 들어갔을 때는 무척 신이 나있었습니다. 파도가 높지 않았기에 저는 해변에서 놀 수가 있었습니다. 물이 제 다리에서 첨벙거릴 때 차가웠고 청량했습니다. 저는 해변가에서 몇 시간 동안 기쁨에 찬 함성을 지르며 놀던 것이 기억에 남니다. 바다를 처음 본 것을 절대 잊지 못할 것입니다.

smelly 냄새 나는   splash 튀기다

---

7 Explain the most recent trip you went on. What things did you do while on the trip? Where did you go and who did you go with? Describe the details of that trip.

해석 당신이 갔었던 가장 최근 여행에 대해 설명해 주세요. 여행 중에 어떤 일들을 했습니까? 어디로 갔었고 누구와 함께 갔었습니까? 그 여행을 자세히 설명해 주세요.

TIP 너무도 4의 출제 경향으로 나온 가장 최근 경향으로 준비한 여행에 대한 질문입니다. 회사 신익회에서 설악산으로 신물 했던 경험을 답변으로 준비했습니다. 최근 여행이므로 여행 일정대로 자세하게 설명하도록 하며 신에 도착해 시작부터 선물 오르던 과정, 즐거웠던 캠핑에 대한 기억으로 답변으로 준비해 보세요.

IM3 Model Answer

Last year, I traveled to Sorak Mountain with a group from my company hiking club. We went there to hike up the mountain and sleep in our tents for a night. After a long bus ride, we arrived and prepared for the long hike. It was a very hard climb, so we had to stop many times to rest on the way. Finally, after several hours, we arrived at a campsite near the top. The view was unbelievable, and the mountain air was so cool and fresh. We set up our tents, and then ate delicious food around a warm campfire. We laughed and told stories until late that night, and we all slept so peacefully until morning. IH 추가 답변 I had never experienced such a quiet and relaxing place in my life. That experience was unforgettable, and I look forward to going back someday soon.

해석 몇 년 전, 저는 회사 신익회와 함께 설악산 여행을 갔었습니다. 자기 위해서, 오랫동안 버스를 타고 난 후, 우리는 도착해서 장거리 등반을 준비했습니다. 이것은 무척 어려운 등반이었기에 우리는 오는 길 여러 번 쉬기 위해 멈춰야 했습니다. 마침내, 몇 시간 후 우리는 정상 근처에 있는 캠핑장에 도착했습니다. 경관은 믿을 수 없이 멋있었고, 산 공기는 차고 상쾌했습니다. 우리는 텐트를 치고 나서 따뜻한 캠핑파이어 주변에서 맛있는 음식을 먹었습니다. 우리는 늦은 밤까지 웃으며 이야기를 나눴고 모두 아침까지 편안하게 잤습니다. 실제로 그렇게 고요하고 편안한 곳은 한 번도 경험해 보지 못했습니다. 그 경험은 잊을 수 없었고, 언젠가 곧 다시 가게 될 것을 고대합니다.

hike 하이킹을 가다   campsite 야영지

▶ 비슷한 질문   너이도 제조정

---

8 You may go shopping. Please describe your favorite shopping place and tell me why you like to go there? Please tell me in detail.

해석 당신은 쇼핑을 갈 것입니다. 당신이 좋아하는 쇼핑 장소를 묘사하고 왜 그곳에 가는 걸 좋아하는지 설명하세요. 자세히 말해 주세요.

TIP 자주 가는 쇼핑 센터를 묘사하는 문제로 쇼핑센터가 위치한 장소, 누구와 함께 가는지, 쇼핑을 하는 순서, 쇼핑 후에는 무엇을 하는지를 말하면 됩니다. 마지막으로 이 쇼핑몰을 좋아하는 이유를 덧붙여서 마무리해 줍니다.

IM3 Model Answer

My favorite shopping center is located just a five-minute walk from my school. The shopping center is a huge seven-story building with a movie

9 Can you remember the first time you saw a large shopping center when you were a child? What did it look like? What was your first impression of that place? Please tell me in detail.

해석 당신이 어린아이였을 때 처음 봤던 가장 큰 쇼핑센터에 대해 묘사해 주세요. 쇼핑센터는 어떤 모습이었고 엄마나 컸습니까? 그곳의 첫인상이 어떠했습니까? 자세히 말해 주세요.

TIP 난이도 4의 출제 경향 문제로 처음으로 대형 쇼핑센터를 봤던 기억으로 질문입니다. 처음 갔던 경험이므로 8살 정도의 어린 나이로 말하는 것이 좋으며 아이의 시선에서 바라본 광경을 묘사하는 데 중점을 두어 답변을 만듭니다. 모든 것이 신기하고 놀랍다는 인상만 남겼던 사람들이 너무 많아서 길이 나가기도 했던 서로 다른 두 가지 측면을 설명하면 좋습니다.

IM3 Model Answer

When I was a child, my parents took me to a big shopping center in the city. I was just eight years old, and I had never seen a big shopping center like that before. [H 추가답변] My eyes were wide as I looked at the ten-story building with flashing lights and colorful decorations. It felt like an amusement park as we rode the large elevators and escalators from floor to floor. I have a strong memory of the staff members wearing nice uniforms as they greeted customers on each floor. On the ground floor, there was a kid's corner with video games and toys. I had never seen so many toys, but I was too nervous to let go of my mother's hand. My mom and I sampled many different snacks at the grocery store, and then ate lunch in the food court. [H 추가답변] The shopping mall was like a huge playground, and I really enjoyed spending time there.

해석 제가 어렸을 때, 부모님께서는 도시에 있는 큰 쇼핑센터에 저를 데려갔습니다. 저는 겨우 여덟 살이었고, 그 전까지는 이렇게 큰 쇼핑센터를 본 적이 없었습니다. 번쩍이는 불빛과 색색의 장식이 있는 10층짜리 빌딩을 쳐다볼 때 제 눈은 휘둥그레졌습니다. 층에서 층으로 가기 위해 대형 엘리베이터와 에스컬레이터를 탔을 때 저는 마치 놀이동산에 온 것 같았습니다. 저에게는 층마다 손님들에게 인사하던 멋진 유니폼을 입은 매장 직원들에 대한 강한 기억이 있습니다. 1층에는 비디오게임과 장난감이 있는 어린이 코너가 있었습니다. 저는 이렇게 많은 장난감을 한 번도 보지 못했지만 엄마의 손을 놓기가 너무 겁이 났었습니다. 엄마와 저는 식료품점에서 다양한 간식을 시식하고 나서 푸드코트에서 점심을 먹었습니다. 쇼핑몰은 마치 커다란 놀이터 같았고, 그곳에서 시간을 보내는 것을 즐거웠습니다.

ten-story 10층의 ground floor 1층 sample 시식하다

10 When was the last time you went shopping? What did you buy? Tell me about your last shopping experience from the beginning to the end.

해석 언제가 마지막 쇼핑이었습니까? 무엇을 샀습니까? 당신의 마지막 쇼핑 경험에 대해 처음부터 마지막까지 말해 주세요.

TIP 최근에 쇼핑한 경험을 물어보는 이므로 그날의 행적을 자세히 기억할 수 있기 때문입니다. 가장 먼저 도착해서 구입한 물건들의 순서대로 그날의 쇼핑을 설명해 주세요. 쇼핑 후에는 영화를 보았고 피곤했지만 좋은 쇼핑을 했다는 것으로 중점을 마무리합니다.

IM3 Model Answer

My best friend and I went to the shopping mall last weekend to purchase new clothes. We took the bus early on Saturday morning and arrived at the mall before it became too busy. The shopping mall has a movie theater, a variety of clothing stores, and even some nice cafés. I needed to buy summer clothes, so we went to one of the clothing stores on the first floor.

Actual Test 5 33
---

theater on the top floor. I usually go shopping with my best friend so we can spend time together. We find the latest fashions and great sales on the items we want to buy. My friend and I both like casual clothes because we both enjoy being outside. We also like to go to the sports stores to check out running shoes or training wear. After we pay for our things, we go to the food court for a nice meal. We have coffee and dessert at one of the cafés on the top floor after the meal. [H 추가답변] I often go to the shopping center because it is very clean, and I can buy anything I need there. Above all, I can save time because things are organized, and I can find what I need quickly.

해석 제가 쇼핑을 좋아하는 쇼핑몰에는 학교에서 5분 거리에 위치한 큰 쇼핑몰이 있습니다. 쇼핑몰에는 꼭대기 층에 영화관이 있는 7층짜리의 거대한 빌딩입니다. 함께 시간을 보낼 수 있어서 저는 주로 제일 친한 친구와 쇼핑을 하러 갑니다. 저희는 최신 패션과 제가 사고 싶은 물품들을 대폭 세일하는 것을 찾습니다. 친구와 저는 캐주얼 의류를 둘 다 좋아합니다. 저희 둘 모두 야외에 있는 것을 좋아하기 때문입니다. 저희는 또한 러닝슈즈나 트레이닝 웨어를 사기 위해 스포츠 매장에 가는 것을 좋아합니다. 물건을 계산한 후에는 식사를 위해 푸드코트로 갑니다. 식사 후에는 꼭대기 층에 있는 카페 중 하나에서 커피와 디저트를 먹습니다. 저는 자주 쇼핑센터에 갑니다. 무엇보다도 체계적으로 되어 있기 때문에 시간을 절약할 수 있고 제가 필요한 것을 빨리 찾을 수 있습니다.

organized 정리된

Some of the sports stores were having a sale, so we dropped by to see what was on sale. One store had brand-name running shoes and great training wear for a really cheap price. My friend was very pleased because the shoes were the exact ones he had been looking for. After we finished shopping, we watched an action movie at the theater on the top floor. [내 추가답변] The movie was really exciting, and it was a perfect way to end our day at the shopping mall. Even though I was tired, I made some great shopping memories with my best friend last weekend.

해석 제 단짝 친구와 저는 지난 주말에 쇼핑몰에 새 운동화 사러 쇼핑하러 갔습니다. 우리는 토요일 아침 일찍 버스를 타고 나가 배빠지기 전에 쇼핑몰에 도착했습니다. 그 쇼핑몰에는 영화관과 다양한 여러 매장, 근사한 카페들이 있습니다. 제가 여름 웃을 사야 찾기에 저희는 1층에 있는 옷 가게 중 한 곳으로 갔습니다. 몇몇이 스포츠 매장은 세일 중이어서, 우리는 무엇이 세일 중인지 보기 위해 잠시 들렀습니다. 한 매장은 메이커 러닝슈즈와 트레이닝 웨어를 무척 싸게에 팔고 있었습니다. 친구는 자신이 찾고 있었던 바로 그 신발을 찾아서 매우 기뻐했습니다. 쇼핑을 끝내고 꼭대기 층에 있는 극장에서 액션 영화를 관람했습니다. 영화는 무척 신나고 쇼핑몰에서 우리의 하루를 마치는 최고의 방법이었습니다. 비록 피곤했지만 저는 지난 주말 단짝 친구와 멋진 쇼핑 추억을 만들었습니다.

brand-name 상표가 붙은

설문 – 직업 관련 | 직장 관련 롤플레이 3단 콤보

11 This is a role play question. Your boss said that he or she needs a new computer for a business trip. Call the computer agency and ask three or four questions about the computer that you need to buy for your boss.

해석 이것은 롤플레이 질문입니다. 당신의 상사가 출장을 가기 위해서 새로운 컴퓨터가 필요하다고 말했습니다. 컴퓨터 회사에 전화해서 당신의 상사를 위해서 사야 하는 컴퓨터에 대해 서너 가지 질문을 해 보세요.

TIP 직장 관련해 출제되는 롤플레이 정보 요청은 직장 상사가 필요한 직장 상사를 상황으로 롤플레이 상사가 필요한 컴퓨터를 대신 구매해 주기 위해 상점으로 전화해서 정보 요청을 하는 상황입니다. 준비되지 않은 상황에 전화했는지 문제에서 들은 대로 언급해 주고 추천 상품이 있는지, 대용량의 컴퓨터가 있는지, 배터리 수명에 대한 정보를 좀 수 있는지 등을 물어보면 마지막으로 소프트웨어에 대한 추가 질문을 만들어 보세요.

IM3 Model Answer

Hi, I am calling to ask you some questions about buying the right computer for my boss. My boss is preparing for a business trip, and he needs a computer. I am very interested in one of the latest laptops I saw in your brochure. 질문1 Which one would you recommend? 질문2 Do you have a laptop with a lot of memory space and a keyboard that is comfortable to use? 질문3 He may not need to recharge often, but could you give me information about the battery life? [내 추가답변] In addition, I am not sure what software he will need, so I was hoping you could make some suggestions. Thank you for your time. I am sure my boss will be pleased with your recommendation.

해석 안녕하세요. 저는 제 상사가 쓸 괜찮은 컴퓨터를 사기 위해서 몇 가지 질문을 하려고 전화했습니다. 제 상사는 출장을 준비하고 있고 컴퓨터가 필요합니다. 저는 팸플릿에서 본 최신 노트북 중 하나에 관심이 있습니다. 어떤 것을 추천하시겠습니까? 많은 메모리 공간이 있고 사용하기 편한 키보드가 있는 노트북이 있습니까? 이마도 자주 충전을 할 필요는 없겠지만 배터리 수명에 대한 정보를 좀 주실 수 있습니까? 추가로 저는 어떤 소프트웨어를 그가 필요로 할지 모르겠습니다. 그래서 몇 가지 추천을 해 주셨으면 하고 바랍니다. 시간을 내주셔서 감사합니다. 제 상사도 아마 당신의 추천에 만족할 것입니다.

팸플릿에서 memory space 저장 용량 battery life 배터리 수명

---

12 Unfortunately, the computer your boss needs to buy is not available in the store. Call your boss and leave a voice message about the situation and suggest three or four options for him or her.

해석 불행히도 상사가 사려고 했던 컴퓨터가 가게에 없다고 합니다. 상사에게 전화해서 이 상황에 대해 음성 메시지를 남기고 그 또는 그녀에게 서너 가지 대안을 제시해 보세요.

TIP 유에서 나왔던 상사의 컴퓨터가 사야 되는 상황에 연이어지는 상황에 출처에 (억울한 상황 대처하기) 문제가 주입니다. 원래 실제로 구매하는 것으로 상사가 시작합니다. 손보력이 있게 시작합니다. 대안으로 상품을 설명해야 한다는 설명보다는 더욱 좋으시다면, 대안으로 물음이나 늦어져서 어떨 수 없이 이 다른 것 물라야 한다는 설명으로 주어진 상황이 출제됩니다. 다른 컴퓨터를 고르는 건 어떤지 등을 물어보면 됩니다.

IM3 Model Answer

Hi, this is Ji-Yeon Park. [내 추가답변] I am calling because there is a problem concerning the computer you need. Unfortunately, the perfect laptop for your business trip is not available in the store. We can order it, but it will not be delivered until after you return from your business trip. The store manager recommended that you choose a little different model. Last year's model is a little slower, but the memory and functions are just as good. Another option is to buy a laptop that doesn't have as much memory, but has high speed. I also want to suggest that you borrow a laptop for this trip and buy the one you want later. Please let me know what you want to do, and I will take care of it for you right away.

해설 안녕하세요. 저는 박스연입니다. 당신이 필요한 컴퓨터에 관한 문제가 있어서 전화드렸습니다. 불행히도 당신이 출장을 위해 인상깊은 모인 노트북이 가게에 없다고 합니다. 주문을 할 수 있지만 출장가게에서 돌아오실 때 까지도 배송이 안 될 것입니다. 가게 매니저는 약간 다른 모델을 추천했습니다. 작년 모델이라 약간 느리지만 메모리나 기능은 역시 좋다고 합니다. 또 다른 대안은 조 저장 용량이 아니지만 빠른 속도의 노트북을 사는 것입니다. 저는 또한 이번 출장을 위해서 노트북을 발리시고 나중에 원하시는 것을 사시는 방법도 제안하고 싶습니다. 어떤 것을 원하는지 알려 주시면 당장 이 문제를 해결하도록 하겠습니다.

take care of ~을 처리하다[맡다]

13 Excellent. That's the end of the situation. Have you had any experiences in which you needed to solve problems at work? Think of one of those problems and tell me what you did to overcome it.

해석 좋습니다. 상황은 끝입니다. 당신은 직장에서 문제를 해결해야 했던 경험이 있습니까? 그 문제 중의 하나를 생각해 보고 그것을 극복하기 위해 어떻게 했는지 말해 주세요.

TIP 위 상황처럼 직장에서 어려움을 겪은 경험을 묻는 질문입니다. 답변은 Actual Test 3의 4번 문제에서 나왔던 중요 고객이 주문을 잘못 처리해 관리을 맺댔던 경험을 그대로 사용하는 것도 가능합니다. 다양한 답변을 원하는 당사자는 아래 샘플 답변을 참조해서 직장 상사가 아플 때 중요한 프로젝트를 끝이 잘 처리했던 경험으로 답변해도 좋습니다.

IM3 Model Answer

I have worked at the same company for several years, and there have been many problems to solve. I remember a few months ago when the head supervisor had a car accident and couldn't work. We were working on an important project at that time, and the supervisor was in charge. Without him, no one seemed to know what to do. I knew the project needed to be finished, so I called the team members for a meeting. IH 추가 답변 We all agreed that we needed to continue even if the supervisor couldn't be there. I confirmed with the supervisor and then assigned extra tasks to each of our team members. The deadline was really close, but by pulling together we were able to finish on time. The supervisor returned to work a week later, and he was very impressed with our work. IH 추가 답변 Our team members are more confident now, and I am happy knowing I helped achieve that.

해석 저는 몇 년 동안 한 회사에서 일했고, 해결해야 할 많은 일들이 있었습니다. 저는 몇 달 전에 부장 님께서 차 사고를 당해서 일을 수 없었던 때를 기억합니다. 저희는 당시 중요한 프로젝트에 매달리고 있었는데 부장님이 담당하셨습니다. 부장님 없이 아무도 어떻게 할지 모르는 것 같았습니다. 저는 그 프로젝트를 마쳐야 한다는 걸 알기 때문에 팀 멤버들에게 전화를 해서 미팅을 소집했습니다. 저희는 부장님이 함께할 수 없다는 것을 알지만 일을 계속 진행해야 한다는 것에 모두 동의하고 있었습니다. 저는 부장님께 허락을 받고 각 팀 멤버들에게 초과 업무를 배정했습니다. 마감일 정말 가까웠지만 함께 결국 우리는 정시에 결론 수 있었습니다. 부장님은 일주일 후에 복귀했고 저희의 작업에 매우 감명을 받으셨습니다. 저희 팀 멤버들은 현재 더욱 신뢰감을 갖게 되었고 그것을 성취하기 위해 제가 도움을 줬던 걸 알기에 저는 행복합니다.

supervisor 감독관, 관리자   assign 배정하다   impress 감동 인상을 주다   pull 끌다

설문 – 여가 활동 | 카페/커피 전문점 가기 2단 콤보

14 In the survey, you indicated that you go to coffee shops. Please describe your favorite coffee shop. Which coffee shop do you like to go to?

해석 당신은 설문지에서 커피숍에 간다고 했습니다. 당신이 가장 좋아하는 커피숍을 묘사해 보세요. 어떤 커피숍에 가기 좋아합니까?

TIP 즐겨 가는 커피숍에 대한 묘사를 요구하는 문제로 다른 장소 묘사 문제처럼 답변에는 위치, 분위기, 왜 좋아하는지 등의 이유를 들어 설명하면 됩니다. 답변은 체인점이 미국으로는 간주해서 외국에도 잘 알려져 있는 스타벅스 커피숍을 묘사하는 것이 좋겠습니다.

IM3 Model Answer

I really enjoy going for a coffee with my friends after a busy day at work. There are many nice coffee shops in my neighborhood, but my favorite is Starbucks. The atmosphere is always relaxing even though there are so many people there. The lights are not too bright, and the mood is exactly the way I like it. I go to that coffee shop often, so the workers recognize me and treat me well. Even more than the atmosphere, that coffee shop makes the most delicious coffee I've ever had. IH 추가 답변 Some people think the

Actual Test 6

MP3 바로 가기

➡ 문제지 P74

Background Survey

〈직업 관련〉
1 일 경험 없음
2 학생입니까? 아니오

〈주거지 관련〉
3 가주지 형태 – 가족과 함께 개인 주택이나 아파트에 거주

〈여수 선택 항목 12개〉
4 여가 활동 – 영화 보기, 공연 보기, 집안일 거들기
5 취미나 관심사 – 음악 감상하기, 악기 연주하기, 애완동물 기르기
6 운동 – 걷기, 요가, 운동 수업 수강하기
7 휴가나 출장 – 국내 여행, 집에서 보내는 휴가

1 Let's start the interview. Can you tell me about yourself?

해설 인터뷰를 시작합시다. 자기 자신에 대해 말해 주시겠습니까?
TIP 미리 준비한 자기소개로 응답하세요.

돌발 | 인터넷 서핑 3단 콤보

2 You might surf the Internet. Which websites do you usually visit? What is the site about? Describe your favorite websites.

해설 당신은 아마 인터넷 서핑을 할 것입니다. 어떤 웹 사이트를 주로 방문하십니까? 그 사이트는 어떤 내용입니까? 당신이 가장 좋아하는 웹 사이트를 설명해 주세요.
TIP 인터넷 서핑은 이전 설문지에 있던 사항으로 현재는 설문지에서 삭제되었지만 돌발 주제로 자주 출제되고 있는 주제 중의 하나입니다. 답변은 대표적인 SNS 활동으로 페이스북이나 트위터 등을 이야기하면 좋습니다. 만약 있다면 어떤 좋은점이 있는가? 당신이 좋아하는 검색 엔진으로는 대표적인 검색 엔진으로는 채점자가 쉽게 이해할 수 있는 구절을 예로 들어 설명하도록 되었습니다. 또한, 대표적인 검색 엔진으로는 채점자가 무엇인지 무엇인지 예를 들어 내 주요 수 있습니다? 처음 커피숍에 가는 걸 즐기게 된 계기가 무엇인지 말해 주세요. 시간 내 주셔서 감사합니다.

coffee is expensive, but I think it is reasonable considering the quality. That Starbucks has three floors for seating and even several nice tables where we can sit outside. IH 추가 답변 I am always very happy when I can meet my friends and enjoy coffee at my favorite coffee shop.

해설 저는 바쁜 직장에서의 하루 후에 친구들과 커피숍에 가는 걸 정말 좋아합니다. 저희 동네에 괜찮은 커피숍들이 많이 있지만 제가 가장 좋아하는 곳은 스타벅스입니다. 저는 그 커피숍에 자주 직원들과 점심 사람들로 분명에도 분위기는 상당히 편안합니다. 저는 그 커피숍에 자주 가서 직원들과 점심을 만듭니다. 분위기를 넘어서 이 커피숍은 제가 막은 커피 중에 가장 맛있는 커피를 만듭니다. 어떤 사람들은 커피가 비싸다고 생각하지만 저는 품질을 고려하면 적당하다고 생각합니다. 이 스타벅스는 3개 층이 좌석이 있고 심지어 야외에 저희가 앉을 수 있는 여러 개의 괜찮은 테이블도 있습니다. 저는 친구들을 만날 수 있고 제가 가장 좋아하는 커피숍에서 커피를 즐길 때 언제나 매우 행복합니다.

15 I also like going to coffee shops. Please ask me three or four questions to find out about my favorite coffee shop.

해설 저도 역시 커피숍에 가는 걸 좋아합니다. 제가 제일 좋아하는 커피숍에 대해서 서너 가지 질문을 해 보세요.
TIP 역시 난이도 3~4의 마지막 문제인 〈직접 질문하기〉 문제가 유형입니다. 앞에서 설명했던 커피숍의 특징들을 이번에는 역으로 Eva에게 질문을 던져 되겠습니다. 좋아하는 커피숍이 어디인지, 얼마나 자주 가는지, 누구와 함께 가는지 등을 묻고 처음 그곳에 가게 마지막으로 왜 가게 되었는지 이유를 물으면 됩니다.

IM3 Model Answer

I really enjoy going to coffee shops, and heard that you do too. 질문1 I was wondering if you have a favorite coffee shop. If so, what is it? 질문2 Do you go to your favorite coffee shop often? 질문3 What makes your favorite coffee shop different from the other coffee shops? 질문4 Could you tell me who you go to the coffee shop with, and what you usually do there? IH 추가 답변 Please tell me what made you first enjoy going to coffee shops. Thank you for your time.

해설 저는 정말 커피숍에 가는 걸 즐기고 당신도 그렇다고 들었습니다. 당신이 제일 좋아하는 커피숍이 있는지 궁금합니다. 만약 있다면 어떤 곳입니까? 당신이 좋아하는 커피숍에 자주 가십니까? 가장 좋아하는 커피숍이 다른 커피숍들과 당신에게 어떻게 다릅니까? 좋아하는 커피숍에는 누구와 함께 가며 주로 거기서 무엇을 하는지 말해 주실 수 있습니까? 처음 커피숍에 가는 걸 즐기게 된 계기가 무엇인지 말해 주세요. 시간 내 주셔서 감사합니다.

IM3 Model Answer

I usually go on various SNS, social networking sites, such as Facebook and Twitter. Facebook is a site used to post on others' pages and share pictures. I use Facebook to keep in touch with old friends and friends I cannot see often. I also use Facebook to keep in touch with family and teachers. It is a great way to casually contact them. I can leave short posts or comment on their updated pictures. I also use Twitter to receive quick updates about things, especially the news. When I have to do research for a project, I usually use Google. [H 추가답변] Google, I believe, is the greatest search engine. Not only does it allow me to search for articles and other websites that include the information I need, it also enables me to search for images as well. So, when I surf the web, I spend most of my time on Facebook, Twitter, and Google.

해석 저는 주로 페이스북과 트위터 같은 다양한 SNS, 소셜 네트워킹 사이트에 접속합니다. 페이스북은 이들의 페이지에 포스트를 하고 사진을 서로 공유하는 사이트입니다. 저는 오래된 친구들이나 자주 보지 못하는 친구들과 연락하기 위해 페이스북을 사용합니다. 저는 또한 가족이나 선생님과 연락을 하기 위해 페이스북을 사용합니다. 이것은 기볍게 그들과 연락하기 위한 아주 좋은 방법입니다. 저는 짧은 포스트나 코멘트를 그들의 업데이트된 사진에 남길 수 있습니다. 또한, 특별히 뉴스 같은 어떤 것들의 빠른 업데이트를 받기 위해 트위터를 사용합니다. 프로젝트를 위한 연구를 할 때는 주로 구글을 사용합니다. 구글은 제가 신뢰하는 가장 훌륭한 검색 엔진입니다. 이것은 기사들이나 필요한 정보를 포함한 다른 웹 사이트들을 검색할 뿐만 아니라 이미지들도 찾을 수 있습니다. 그래서 웹을 사용할 때 저는 대부분의 시간을 페이스북이나 트위터, 구글 등에 씁니다.

keep in touch 연락하다   search engine 검색 엔진   article 기사

3 Tell me about the software or computer equipment that you use for surfing the Internet.

해석 인터넷 서핑을 위해 당신이 사용하는 소프트웨어나 컴퓨터 기기에 대해 말해주세요.

TIP 인터넷에 접속하기 위해 사용하는 기기에 대한 질문으로 본인이 쓰는 스마트폰을 설명하고 화면이 커서 보기가 편한 컴퓨터의 장점도 설명해 줍니다. 자주 쓰는 소프트웨어로는 보안을 위한 것이라는 프로그램을 사용한다고 답변하면 되었습니다.

IM3 Model Answer

I often surf the Internet on my smartphone while I am commuting back and forth to work. Using the touch pen, it is very easy to choose the options I want and scroll through the pages. However, I also surf the Internet on my desktop computer because the screen is easy to see. The bigger screen is great for surfing shopping websites and looking at the items I want to buy. In addition, the mouse makes it easy to click accurately on the items I want. I usually browse using Internet Explorer because it is compatible with most websites. Internet Explorer does have security risks, so I use a good antivirus program for safer surfing. I also use password protection software so that my private account information is kept safe. [H 추가답변] I use many of the software and equipment options available for surfing the Internet these days. Because of the many options available, I can enjoy surfing the Internet almost anywhere and at any time.

해석 저는 출퇴근하는 동안 스마트폰으로 주로 인터넷 검색을 합니다. 터치펜을 사용하면 옵션들을 선택하거나 페이지들을 넘기는 것이 쉽습니다. 하지만 스크린을 보기가 쉽기 때문에 데스크톱 컴퓨터로도 인터넷 검색을 합니다. 더 큰 화면은 쇼핑 사이트들을 검색하고 제가 사고 싶은 물건들을 살펴보기에 아주 좋습니다. 추가로 마우스는 제가 원하는 아이템들을 정확히 클릭하는 것을 더 쉽게 해 줍니다. 대부분의 사이트들과 호환이 되기 때문에 인터넷 익스플로러를 사용합니다. 인터넷 익스플로러는 보안 위험이 있기 때문에 저는 더 안전한 검색을 위해 좋은 안티바이러스 프로그램을 사용합니다. 또한, 저의 개인 계정 정보가 안전하게 지켜지도록 비밀번호 보호 소프트웨어도 사용하고 있습니다. 요즘 인터넷 검색을 위한 기능이 많은 소프트웨어와 설치 옵션들을 사용하고 있습니다. 많은 옵션들이 기능들이 있기 때문에 거의 어디서나 언제나 인터넷 서핑을 즐길 수 있습니다.

commute back and forth 출퇴근하다   accurately 정확하게   compatible 호환이 되는

4 I'd like to talk about one of your memorable experiences while surfing the Internet. What things did you do and why was the experience so memorable?

해석 인터넷 서핑을 하는 동안 기억에 남는 경험 중 하나에 대해 말하고 싶습니다. 무엇을 했으며 왜 그 경험이 그렇게 기억에 남습니까?

TIP 3단 문화로 마지막으로 출제되는 경험 문제로 이번에는 인터넷 사용과 관련된 경험입니다. 관련 에피소드로 동물 보호 센터를 홍보하는 사이트에 들어갔다가 유기견의 사연을 알고 것이지를 입양한 이야기를 만들어 봅시다. 이 답변 보듯이 취미나 관심사 중 <애완동물 기르기>를 선택했을 때 나눌수 있는 전체 본인의 애완동물을 만나게 된 계기로도 쓰일 수 있습니다.

I really enjoy surfing the Internet when I have free time, and I find many interesting things. Last year, while I was surfing the Internet, I found a website that was advertising for an animal protection center. The picture on the front page was of a very cute puppy, and it won my heart. I could not resist checking out the site, and I discovered that the puppy was free for adoption. I contacted the center through the website and made an appointment to see the puppy. The website talked about how many dogs have no homes, and I felt so sad. I went to see the puppy and realized there were so many dogs there too. The puppy looked exactly like the one I had seen on the website, and I couldn't leave without it. **IH 추가답변** I have had many special moments with my new puppy, and I am thinking about getting another one. I will visit that website again in the future when I am ready to have another puppy in my home.

해석 저는 시간이 있을 때 인터넷 서핑을 정말 즐기고 많은 흥미로운 것들을 발견합니다. 작년에 인터넷 서핑을 하는 동안 저는 동물 보호 센터를 홍보하는 웹 사이트를 발견했습니다. 메인 사진은 아주 예쁜 강아지였고 그것은 제 마음에 꼭 들었습니다. 저는 그 사이트를 실펴볼 수밖에 없었고 그 강아지가 무료 분양이라는 것을 알게 되었습니다. 저는 사이트를 통해서 센터로 연락을 취했고 그 강아지를 보기 위해 예약을 했습니다. 그 사이트는 얼마나 많은 강아지들이 머물 곳이 없는지 말해 주고 있었는데 그래서 저는 매우 슬퍼졌습니다. 강아지는 웹 사이트에서 본 것과 똑같이 보여 저는 그들을 놓고 떠날 수 없었습니다. 저는 새로 온 강아지와 많은 특별한 순간을 나누고 있어서 또 다른 한 마리를 데려올까도 생각하고 있습니다. 또 한 마리의 강아지를 분양받을 준비가 되면 저는 그 사이트를 나중에 또 다시 방문할 것입니다.

animal protection center 동물 보호 센터 win one's heart ~의 마음을 얻다

설문 – 여가 활동 | 집안일 거들기 3단 콤보

5 You said that you do house chores. What kinds of housework do you do at your house?

해석 당신은 집안일을 한다고 했습니다. 집에서 어떤 종류의 집안일을 합니까?

TIP 〈집안일 거들기〉 콤보의 첫 번째는 당신이 집안의 종류를 설명하는 문제일 것입니다. 흔히 할 수 있는 설거지와 빨래하기, 청소에 대해 설명하고 위 답변과 연관시켜 강아지를 기르기 때문에 매일 할 수 없더라도 자주 청소기를 돌린다는 답변도 추가해 봅시다.

IM3 Model Answer

IH 추가답변 During my school years, I didn't have to do many chores because my mom wanted me to focus on studying. But now I am finished school, so if I have to do chores, mom just tells me what to do. I do the dishes every day. Because I usually have just one meal at home and most of our family members are out of the house all day, there are not many dishes to do. I also do the laundry every weekend to help my mom. Another thing I do often is vacuum. Even if I do not have time to vacuum my house every day, I try to do it at least three times a week. We live with a dog, so there is a lot of hair on the floor if I do not vacuum often enough. I do not like doing the house chores that much, but I try to do my best because I believe they are important.

해석 학교에 다닐 때 엄마는 제가 공부에만 집중하기를 원하셔서 저는 그렇게 많은 집안일을 하지 않았습니다. 그러나 지금 저는 학교를 마쳤고, 그래서 만약 제가 집안일을 해야 하면 엄마는 그냥 저에게 무엇을 해야 하는지 말하십니다. 저는 매일 설거지를 합니다. 저는 집에서 주로 하루에 한 끼 정도 식사를 하고 대부분의 식구들은 하루 종일 집 밖에 있기 때문에 그렇게 많은 설거지가 있지는 않습니다. 저는 또한 엄마를 돕기 위해 주말마다 빨래도 합니다. 제가 또 자주하는 집안일은 청소기를 돌리는 겁니다. 비록 매일 청소기를 돌릴 시간은 없지만 적어도 일주일에 세 번은 하려고 합니다. 저희는 개를 기르기 때문에 만약 제가 이렇게 자주 청소기를 돌리지 않으면 바닥 위에 아주 많은 털들이 있을 겁니다. 저는 집안일을 하는 것을 그렇게 좋아하지는 않지만 중요한 일이라고 믿기 때문에 최선을 다하려고 노력합니다.

6 When you were young, what responsibilities did you have at home? How did you do them?

해석 당신이 어렸을 때 집안일로 어떤 책임을 맡았습니까? 어떻게 그 일을 했습니까?

TIP 어릴 때 귀찮아 하던 집안일로 식사 후에 자신의 그릇을 설거지 했던 것을 많이 할 수 있겠습니다. 그 외로는 바쁜 부모님을 도와 세탁기를 돌리고 빨래를 널었던 일을 묻는 일이라 현재로 빨래를 말하고 있다고 말하면 됩니다.

IM3 Model Answer

I did not have many responsibilities when I was young, but my parents told me to just do the dishes after eating. My younger sister usually helped me when I did the dishes. I also volunteered to do the laundry. I chose to do the laundry because both of my parents worked during the week. IH 추가 답변 Doing the laundry didn't take much skill – just putting the dirty clothes in the washer, putting in detergent, and pressing some buttons. So, I decided to help my busy parents with little chores like laundry. After the washing was done, I would then hang the wet laundry outside for it to dry. After one or two days, my mom would bring the laundry back inside the house, fold it, and put it in our closets. IH 추가 답변 Because I have been doing laundry from a young age, it has naturally become my chore to do at home, even now.

해석 저는 어릴 적에 그릇을 닦게 책임을 지고 있지만 평소 부모님께서는 먹은 후에 설거지만도 하라고 말씀하셨습니다. 어렸을때 제가 설거지할 때 주로 도와주곤 했습니다. 저는 자발적으로 했던 또 다른 집안일은 빨래를 하는 겁니다. 저의 두 부모님께서 주중에 일을 하셨기 때문에 저는 빨래를 맡기로 했습니다. 빨래를 하는 것은 많은 기술이 필요하지 않으며 단지 더러운 옷을 세탁기에 넣고 세제를 넣고 몇 개의 버튼을 누르면 되는 것입니다. 그래서 저는 빨래 같은 작은 일로 바쁜 부모님을 도와드리기로 결심했습니다. 세탁기가 돌아가고 나면 저는 젖은 빨래를 바깥에 말리기 위해 밖에다 걸어 놓았습니다. 하루나 이틀 후에 엄마는 집안으로 빨래를 가져와서 접어서 옷장에 넣으곤 하셨습니다. 그리고 제가 어린 시절부터 빨래를 해 오고 있었기 때문에 지금까지 이것은 자연스럽게 제가 해야 할 집안일이 된 것 같습니다.

7 When was the last time you did house chores to keep your house clean and comfortable? Were there any differences before and after? Please give me a description in detail.

해석 당신의 집을 깨끗하고 편안하게 만들기 위해 마지막으로 한 집안일이 무엇입니까? 그 전과 후가 어떻게 달랐습니까? 자세하게 말해 주세요.

TIP 너무도 4 출제 경향으로 나오는 마지막으로 했던 집안일을 설명하는 문제입니다. 최근 경험을 말하는 문제이므로 하는 날 하루 중인 집을 청소했던 경험을 자세하게 묘사합니다. 방이랑 거실, 부엌과 욕실까지 전부 청소했으므로 청소 후에 훨씬 상쾌해짐을 느꼈다는 압운 후기를 말하면 됩니다.

IM3 Model Answer

Now, I have part-time jobs six days a week, including Saturdays. For this reason, I usually do all the chores that require a lot of time on Sundays, or during holidays. Last Monday was a national holiday, so I did not have to go to work. I decided to do all the house chores I hadn't been able to do because of my busy schedule. I cleaned the whole house, including my bedroom, the living room, the kitchen, and the bathroom. It took several hours to finish cleaning. I did not think my house was dirty when I first started to clean. I just thought it needed to be a little more tidy. However, when I started to clean, I noticed all the hair and clothes that were lying on the floor. After cleaning the house, I felt so much more refreshed. IH 추가 답변 My parents were so pleased when they saw everything I had done, so they even gave me some pocket money. Although it took a lot of time and effort, it became a better place to relax after a long day at work.

해석 저는 지금 토요일을 포함해 6일 동안 아르바이트를 하고 있습니다. 그래서 제가 시간이 많이 걸리는 집안일을 주로 일요일이나 휴일에 몰아서 합니다. 지난 월요일은 국경일이어서 출근할 필요가 없었습니다. 그래서 저는 제가 바쁜 스케줄 때문에 하지 못했던 모든 집안일을 하기로 결심했습니다. 저는 제 방, 부엌과 화장실까지 포함해서 전체 집을 청소를 했습니다. 그것을 마치는 데 몇 시간이 걸렸습니다. 저는 처음 청소를 시작할 때 집이 지저분하다고 생각하지 않았습니다. 그것을 단지 조금 정리할 필요가 있다고 생각했습니다. 그러나 제가 청소를 시작했을 때, 저는 머리카락과 바닥에 널려있는 옷가지들을 봤습니다. 그래서 청소를 마치고 나서 저는 훨씬 더 상쾌함을 느꼈습니다. 부모님께서는 제가 한 모든 것이 매우 기뻐해서 심지어 용돈까지 주셨습니다. 비록 많은 시간과 노력이 들었지만 일터에서의 긴 하루 후에 쉴 수 있는 좀 더 나은 장소가 되었습니다.

national holiday 국경일 lie 눕다, 놓여 있다 pocket money 용돈

설문-운동 | 운동 수업 수강하기 3단 콤보

8 You said that you are taking an exercising class. What kind of exercising class do you take nowadays? What do you like about the class? Tell me in detail.

해석 당신은 운동 수업을 듣는다고 했습니다. 요새 어떤 종류의 운동 수업을 듣습니까? 그 수업에 대해 어떤 점을 좋아합니까? 자세히 말해 주세요.

TIP 〈운동 수업 수강하기〉는 설문 주제 선택에서 본인이 수강하는 운동 종목과 답변시 함께 알아갈 수 있는 유형의 항목으로 여기서는 〈요가〉와 함께 답변할 기회가 있습니다. 유연성을 기르기 위해 요가 수업을 시작하게 된 것과 수업을 꾸준히 한 후에 몸에 좋은 변화가 생겨서 계속 다니는 점을 상세히 설명하면 됩니다.

IM3 Model Answer

I am currently enrolled in a yoga class. I wanted to exercise, but I do not

9. Tell me, in as much detail as possible, about the first few times that you took a fitness class. When was it, who were you with, how did you do during the class? Tell me about it.

해석 운동 수업을 들었을 때 초반 몇 번의 수업에 대해 자세하게 말해 주십시오. 언제였으며 누구와 함께였으며 수업 중에 무엇을 했습니까? 그에 대해 말해 주세요.

TIP 요가 수업을 들었던 초반에 경험을 설명해 봅니다. 처음에는 유연하지 못했던 몸 때문에 무척 힘들었던 모습을 설명하고 포기하고 싶었던 처음의 마음을 표현해 봅시다. 이후에 포기하지 않고 끌까지 해내고 나서 달라진 모습을 결론으로 말하면 더욱 좋습니다.

IM3 Model Answer

I decided to take yoga classes because I'm not very flexible. IH 추가답변 Even stretching before playing sports in PE classes in high school was quite difficult for me, so I wanted to make my body more flexible by taking yoga classes. On the first day of class, I was so shocked at how the instructor was able to move her body in such amazing ways. It was a class in which we had to imitate the instructor, but during the first few classes, I had no idea how to move my body the way the teacher moved. Some of the moves required my legs to be in a higher position than my arms, and they were almost impossible for me to follow. During the first few lessons, I was so embarrassed at the fact that I couldn't follow the moves. Thankfully, I was taking the class by myself because none of my friends wanted to join me. However, I did not give up and continued to practice even when I was not in class. Eventually, I became much more flexible than before, and the instructor started to compliment me a lot during classes.

해석 저는 매우 유연하지 않아서 요가 수업을 듣기로 결심했습니다. 고등학교 체육 시간에 운동하기 전에 스트레칭하는 것조차 상당히 어려웠던 저이기에 요가 수업을 통해서 몸을 좀 더 유연하게 만들고 싶었습니다. 수업 첫날에 저는 어떻게 강사가 그렇게 놀라운 방식으로 움직일 수 있는지에 너무 충격을 받았습니다. 그것은 강사를 그대로 따라하는 수업이었습니다. 그러나 처음 몇 번의 수업에서 저는 강사의 동작대로 어떻게 제 몸을 움직여야 할지도 몰랐습니다. 어떤 동작들은 제 팔보다 다리가 더 높은 위치에 있어야 했으며 제가 따라하기 거의 불가능했습니다. 초반 몇 번의 수업 중에 동작을 따라하지 못하는 사실에 너무 부끄러웠습니다. 다행히도 제 친구 중 아무도 수업을 듣고 싶지 않아 했기에 저는 수업을 혼자 듣고 있었습니다. 그러나 저는 포기하지 않았으며 수업 중이 아닐 때에도 연습을 계속 했습니다. 결과적으로 저는 지금 이전보다 훨씬 유연해졌고 강사님 또한 이런 저를 수업 중에 많이 칭찬해 줍니다.

flexible 유연한   instructor 강사   imitate 모방하다   compliment 칭찬하다

10. Talk about a memorable experience or instructor that you have had during your exercising class. What happened? What made this experience so memorable for you? Tell me the full story.

해석 수업 중에 기억에 남는 특별한 강사이나 특별한 관계가 되는 것도 좋지 않은 경험일 것입니다. 무슨 일이 있었습니까? 왜 그 경험이 당신에게 그렇게 기억에 남습니까? 전체 스토리를 말해 주세요.

TIP 운동 수업을 들으며 강사와 특별히 친해졌거나 된 이야기를 답변을 만들어 봅시다. 위에서 언급했던 요가 수업의 연장선까지 강사님 말하고 지금도 유연하고 친한 관계를 유지하고 있을 정도로 특별한 인연임을 말할 수 있겠습니다.

IM3 Model Answer

I decided to give yoga a try. IH 추가답변 I was determined to try yoga because I am not flexible at all, and wanted to make my body more flexible. When I first started to do yoga, it was so painful for me because I have never stretched my body in so many ways. I also felt very uncomfortable sitting in a room with other people stretching in ways I never had before. I wanted to quit many times, but I had no choice but to continue because I had signed up for a few months. However, as I continued, I was surprised that my body was becoming more flexible than before and I could do more of the yoga moves the instructor showed us. IH 추가답변 My body shape has also changed for the better, so I made up my mind to continue taking the yoga class for as long as I had planned.

해석 저는 현재 요가 수업을 듣고 있습니다. 저는 운동을 하고 싶었지만 어떻게 헬스장에 있는 기구들을 사용해야 하는지 몰랐습니다. 그래서 요가를 시도해 보기로 했습니다. 저는 또한 전혀 유연하지 못하며 제 몸을 좀 더 유연하게 만들고 싶어서 요가를 하기로 결심했습니다. 처음 요가를 시작했을 때 저는 전에 그렇게 많은 방식으로 몸을 스트레칭을 해 본 적이 전혀 없었어서 굉장히 고통스러웠습니다. 저는 또한 그런 방식으로 몸을 뻗는 다른 사람들과 함께 방 안에 앉아 있는 것도 정말 불편했습니다. 저는 여러 번 그만두고 싶었지만 몇 달 동록했기 때문에 어쩔 수 없이 계속해야 했습니다. 그런데 계속 하면서 저는 제 몸이 전보다 더욱 유연해지고 강사가 저희에게 보여주는 더 많은 요가 동작들을 제가 할 수 있다는 것에 깜짝 놀랐습니다. 제 몸매도 더 좋게 변하고 있어서 저는 제가 계획한 기간 동안 요가 수업을 계속 듣기로 마음먹었습니다.

IM3 Model Answer

Once, I attended a yoga class with the same teacher for six months. After a couple of months into one session, my classmates and the instructor become close friends. One Saturday, we decided to go for brunch after class. It was very awkward at first, but we found some common interests and our conversation got intense and interesting. I sat next to my instructor, and we found out that we both like to go to concerts on weekends. After we found out we had something in common, we started meeting outside of classes to go to concerts together. I am not currently enrolled in her class, but I still stay in contact with her. Because she is a yoga instructor, she gives me very helpful tips for exercising and gives me a variety of news related to music because she knows more about it than I do. **IH 추가답변** I have taken other exercise classes before, but have never been so close to an instructor. For this reason, it has become a special memory for me.

해설 저는 이전에 같은 강사의 요가 수업에 6개월 동안 들은 적이 있습니다. 한 수업에 참석한 지 몇 달이 지나고 저희 반 친구들과 강사는 친한 친구가 되었습니다. 어느 토요일 저희는 수업 후에 브런치를 함께 먹으러 가기로 결정했습니다. 처음에는 약간 어색했지만 저희는 사이에서 공통 관심사를 발견했고 대화도 좀 더 진지해지고 흥미로워졌습니다. 저는 강사 옆에 앉았고 우리는 둘 다 주말에 콘서트에 가는 것 즐긴다는 걸 알게 되었습니다. 그래서 저희가 공통 관심사가 있다는 것을 알게 된 후 저희는 콘서트를 함께 가기 위해 밖에서 만나기 시작했습니다. 저는 현재 그녀의 수업을 듣고 있지 않지만 여전히 그녀와 가깝게 지내고 있습니다. 그녀는 요가 강사이기 때문에 유용한 운동 팁도 많이 주고 저보다 더 잘 알기 때문에 음악에 대한 다양한 소식도 알려줍니다. 저는 이전에도 여러 운동 수업을 들었지만 한 번도 강사와 이렇게 이웃진 적이 없었습니다. 그런 이유로 이것은 저에게 특별한 기억이 되었습니다.

설문-주가지 관련 | 지역 페스티벌 롤플레이 3단 콤보

11 A friend of yours called to ask you to attend a festival event in his community. Ask your friend three or four questions to find out more about this event.

해설 친구가 동네에서 하는 축제 이벤트에 참석하도록 당신에게 전화를 했습니다. 이 행사에 대해 알기 위해 친구에게 서너 가지 질문을 하세요.

TIP 친구가 자신의 지역 페스티벌 이벤트에 참석하기 위해 전화를 한 상황으로 실제 대화하듯이 초반부에 친구의 페스티벌 초대에 감사하는 말로 시작하는 좋겠습니다. 행사에 대한 정보로 행사 날짜, 시간, 장소, 성격 등을 물어보고 마지막에는 행사에 대한 기대감을 표현하면서 마무리합니다.

IH Model Answer

Hello. This is Min-Ji Jung. I am glad you invited me to this festival, and I hope we can have a great time together. Before attending this event, I have to check out a few things, so I'd like to ask you about them. **질문1** I know the festival is this weekend, but is it both Saturday and Sunday or just one day? **질문2** What is the exact start time? **질문3** When will the main event begin? **IH 추가답변 & 추가질문** I have one other question. I remember that they had a really famous singer for the festival last year. Are there any special guests for this year? Are you familiar with any of them? I really appreciate your invitation and really look forward to seeing you. Thanks. I am really excited about going. Bye!

해설 안녕, 정민지야. 나를 이 페스티벌에 초대해 줘서 무척 기뻐. 그리고 같이 좋은 시간을 보냈으면 좋겠어. 이 행사에 참석하기 전에 몇 가지를 확인해야 할 것 같아서 몇 가지만 물어볼게. 페스티벌이 이번 주말인 건 아는데 토요일과 일요일 양일인가 아니면 단 하루만 열리는 거야? 정확한 시작 시간이 언제지? 메인 행사가 시작될 때가 언제야? 또 하나 다른 질문이 있어. 작년에 페스티벌에 아주 유명한 가수가 왔었던 걸 기억해. 올해 어떤 특별 게스트가 있을까? 너는 그들 중 누구라도 알고 있어? 너의 초대에 정말 고마워하고 있어. 그리고 널 만날 것이 무척 기대돼. 고마워. 가는 것이 정말 기대된다. 안녕!

appreciate 고마워하다 look forward to -ing ~을 기대하다

12 On the day of the festival, you suddenly learn you will have to work that day because of an emergency situation at your part-time job. Call your friend, explain the situation and propose some alternative plans for getting together another time.

해설 축제날에 당신이 시간제로 일하는 곳에서 급한 일이 생겨서 급히 일을 하게 되었습니다. 친구에게 전화하여 상황을 설명하고 다음에 함께하기가 쉬운 몇 가지 대안을 제시해 보세요.

TIP 앞 문제에서 언급했던 친구의 페스티벌 초대를 조대를 지키지 못하게 된 상황으로 친구에게 전화해서 이 상황을 알리고 대안을 제시하도록 합니다. 일반 조건에서 직장에서 일이 생겨서 가게 된 경우를 지어서 이야기한 주면 더욱 좋습니다. 다른 약속으로 다음에 만나거나 다른 친구에게 전화를 해 친구를 제안을 하면 무난한 답변이 되었도록.

42

IH Model Answer

Hi, I know we had plans to meet at the festival this weekend, but something has come up at my part-time job. I am so sorry to tell you, but I will not be able to make it on Saturday. AL 추가답변 My boss called me, and asked me if I can work a shift for another worker who is sick. I couldn't say no, because they have no one to fill the position. I know we both wanted to spend time together, and I feel really bad now. I am wondering if you have time next Saturday evening. Otherwise, you could call Kim to join you instead. I am sure he is free today. I would really like to buy you dinner later to apologize. I feel terrible, and I really want to make it up to you. Thanks for understanding. Bye!

해석 안녕, 우리가 이번 주말 축제에서 만날 계획이 있었는데 갈 일이 생겼어. 이번 말에서 정말 미안한데 이번 토요일에 그 약속을 지킬 수 없을 것 같아. 사장님이 전화해서는 아픈 다른 직원을 대신해서 일할 수 있는지 물어보셨어. 그 자리를 채울 사람이 아무도 없어서 거절할 수가 없었어. 우리 둘이 함께 시간을 보내고 싶었던 걸 알기 때문에 정말 미안한 마음이 든. 다음 주 토요일 저녁에 네가 시간이 있는지 궁금해. 그렇지 않으면 대신 Kim이랑 함께 가자고 전화를 해 줄 수 있을 거야. 나는 그가 오늘 시간이 있다는 걸 분명히 알고 있어. 나중에 사과의 의미로 내게 저녁을 사고 싶어. 마음이 너무 안 좋아서 만회가 되도록 보상하고 싶어. 이해해 줘서 고마워. 안녕!

shift 교대 근무 make it up 보상하다

13 Have you ever had an interesting or unusual experience related to an event in your community? Tell me in detail about one memorable experience you had while attending a community festival.

해석 당신이 사는 지역에서 열린 행사와 관련된 흥미롭거나 흔치 않은 경험이 있습니까? 지역 축제에 참여하는 동안 있었던 기억할 만한 경험에 대해 자세히 말해 주세요.

TIP 행사 후에 사람들 사이에 유명 연예인을 만났다는 경험으로 답변을 만들어 봅시다. 연예인을 봤을 때의 감정과 기분, 사인을 받고 사진을 찍은 행동들을 이야기하고 마지막으로 직접 본 유명 연예인에 대한 개인적 감상을 덧붙이면 되겠습니다. 같자기 자는 옆자리 테이블에 함께 앉아있는 유명인 여러 상황에 따라 답변을 응용할 수도 있습니다. 행사 후에 레스토랑에서 가서 유명인을 만났으므로 레스토랑에서 주는 일로 가능하며 지역 행사이므로 자신의 거주지에서 있었던 일로도 사용할 수 있으니 여러모로 유용한 답변이라고 하겠습니다.

IM3 Model Answer

Last year, I attended the community festival with my friends, and we took part in many of the events. After several events, my friends and I went to our favorite restaurant to have dinner. We sat down at the table, ordered some food, and had a small chat. Suddenly, I noticed a very beautiful woman sitting at the next table with some of the crew. I couldn't believe my eyes! She was one of the most famous singers in Korea. I almost screamed! I had to find the courage to ask for an autograph because I couldn't miss the opportunity. I finally approached her, and she happily gave me her autograph and let me take a picture with her. She was having a good time with her friends, but she gave me a smile and didn't seem bothered at all. IH 추가답변 Actually, without her makeup, she looked even more beautiful than when I saw her on TV. It was like a dream come true, and the memories are still very fresh in my mind.

해석 작년에 저는 친구와 지역 페스티벌에 참석했고 우리는 많은 행사에 참여했습니다. 몇 개의 행사 후에 저와 제 친구들은 저녁 식사를 하기 위해 좋아하는 식당에 갔습니다. 저희는 테이블에 앉아 음식을 주문하고 가벼운 대화를 나눴습니다. 갑자기 저는 옆자리 테이블에 함께 앉아있는 무척이나 아름다운 여성을 알아보았습니다. 저는 제 눈을 의심했습니다. 그녀는 한국에서 가장 유명한 가수 중 한 명이었습니다. 저는 거의 소리 지를 뻔 했습니다. 저는 기회를 놓칠 수가 없어서 함께 사진을 찍게 해 달라고 용기를 내서 요청했습니다. 그녀는 친구들과 좋은 시간을 보내고 있었음에도 저에게 사인을 해주고 같이 사진도 찍게 해줬습니다. 사실 그녀는 화장 없이도 TV에서 봤을 때보다 더욱 아름다워 보였습니다. 그것은 마치 꿈이 이루어진 듯했고 그 기억이 아직도 마음속에서 무척 생생합니다.

last 계속하다 crew 팀, 무리 autograph 사인 approach 접근하다 bother 괴롭히다

설문 – 취미나 관심사 | 악기 연주하기 2단 콤보

14 You said you play a musical instrument. What kind of an instrument do you play? Describe your musical instrument as much as possible.

해석 당신은 악기를 연주한다고 했습니다. 어떤 종류의 악기를 연주합니까? 당신의 악기에 대해 최대한 당신이 답변을 설명해 주세요.

TIP 현재 연주하는 악기를 설명하는 문제입니다. 많이 알려진 피아노를 설명하는 답변으로 만들 수 있겠습니다.

you don't mind, I would like to ask you some questions about your musical instrument. 질문1 What type of instrument do you know how to play? 질문2 How long have you played it? 질문3 When do you usually play this instrument? 질문4 How is it played? [IH 추가 질문 & 추가 답변] What type of music do you play on the instrument? I hope you don't mind answering these questions.

해석 저는 당신이 악기를 연주한다고 들었습니다. 저는 악기 연주를 즐깁니다. 어떤 종류의 악기를 연주할 줄 압니까? 얼마나 오래 연주를 해 오셨나요? 언제 이 악기를 주로 연주합니까? 어떻게 연주하는 겁니까? 그 악기로 어떤 종류의 음악을 연주합니까? 질문에 답변하는 것이 괜찮기를 바랍니다.

IM3 Model Answer

I have been playing the piano since I was little. Practicing the piano was stressful for me when I was younger, but it became a great hobby for me as I grew up. I have a black, upright piano sitting in the living room. It is a little shorter than me, but it is very wide. It is a little wider than the size of most desks. It is played sitting down, usually on a bench that is a little longer than a chair, but shorter than a bench you would find at a park. The piano has a cover, and when you open the cover, there are 88 black and white keys. Pianos are played by directly pressing on the keys, and the keys make sounds by hitting strings inside the instrument. It can make soft and loud sounds, and can play low to high notes. [IH 추가 답변] I have been playing this piano since I was young, so it has become a special instrument to me. When I have a family and children, I want to give my piano to them.

해석 저는 어릴 때부터 피아노를 연주해 왔습니다. 어렸을 때는 피아노 연습을 하는 것이 스트레스였지만 자라면서 이것은 저에게 훌륭한 취미가 되었습니다. 거실에 검은색 업라이트 피아노가 자리 잡고 있습니다. 그것은 저보다 약간 작지만 매우 넓습니다. 그것은 대부분의 책상 사이즈보다 약간 더 넓습니다. 앉아서는 연주하는데, 의자보다는 약간 더 길지만 공원에서 볼 수 있는 벤치보다는 더 짧은 벤치 위에 앉아서 연주하게 되어 있습니다. 우정을 가지고 있으며 뚜껑을 열면 88개의 검은색과 흰색의 건반들을 볼 수 있습니다. 피아노는 직접 건반을 누르면서 연주가 되고 건반은 소리를 내기 위해 악기 안쪽에 있는 줄을 치게 되어 있습니다. 이것은 부드럽고 큰 소리를 만들 수 있으며 낮은 음부터 높은 음까지 연주할 수 있습니다. 저는 이 피아노를 어릴 때부터 연주했고 그래서 이것은 저에게 특별한 악기가 되었습니다. 제게 가족, 아이들이 생긴다고 아이들에게도 피아노를 물려주고 싶습니다.

15 I also enjoy playing a musical instrument sometimes. Ask me three or four questions to find out about my instrument.

해석 저 역시 악기 연주를 가끔 즐깁니다. 제 악기에 대해 서너 가지 질문을 해 보세요.

TIP 질문자에게 역으로 현재 사용하는 악기에 대한 질문을 하는 것으로 악기의 종류, 언제 주로 연주를 하는지, 어떤 방식으로 하는지 등을 물으면 적절한 답변이 됩니다.

IM3 Model Answer

I heard you enjoy playing a musical instrument. I enjoy playing piano, so if

Actual Test 7

Background Survey

〈직업 관련〉
1 일 경험 없음
2 학생입니까? 네
  (연관 질문) 강의를 듣는 목적 – 학위 취득

〈주거지 관련〉
3 거주지 형태 – 가족과 함께 개인 주택이나 아파트에 거주

〈필수 선택 항목 12개〉
4 여가 활동 – 영화 보기, 공연 보기, 콘서트 보기, 공원 가기
5 취미나 관심사 – 음악 감상하기, 혼자 노래 부르거나 합창하기, 여행 잡지나 책자 읽기
6 운동 – 자전거, 걷기, 헬스, 수영
7 휴가나 출장 – 국내 여행

1 Let's start the interview. Can you tell me about yourself?

해석 인터뷰를 시작합시다. 자기 자신에 대해 말해 주시겠습니까?

TIP 미리 준비한 자기소개로 응답하세요.

돌발 | 전화 통화 3단 콤보

2 You may chat on the phone every day. Can you tell me when and where you talk on the phone? Do you usually use your cell phone or a home phone to chat on the phone? Tell me about it.

해석 당신은 아마 매일 전화 통화를 할 것입니다. 언제 어디서 전화 통화를 하는지 말해 주시겠습니까? 당신은 전화 통화를 위해 주로 휴대폰을 쓰십니까 아니면 집 전화를 쓰십니까? 그에 대해 답해 주세요.

TIP 전화 통화는 현대인들이 누구나 일상생활 중에 하나로 고난도 오픈 시험에서 자주 등장하는 돌발 문제입니다. 주로 휴대폰을 이용해서 전화를 걸게 되며 등으로 전체 답변 양이 많아진 것을 볼 수 있다는 점에 고득점에 노려 볼 수 있는 돌발 문제이기도 합니다. 난이도 5부터는 AL 만점 답변을 만들기 위해 전체 답변 양이 많아진 것을 볼 수 있다는 점에 고득점에 노려 볼 수 있는 돌발 문제이기도 합니다. 답변은 이미 준비해 했다고 생각해도 후반부에 후반부나 자신의 의견이 고득점에

IH Model Answer

I mostly use my cell phone to chat on the phone. Because it's an easy and comfortable way to communicate with someone, I prefer to use my cell phone when I need to make a phone call. I chat by phone between classes, during lunch breaks, and also while riding the subway or the bus. I usually call my friends or my family members while I am going to and from school every day. It takes 50 minutes to get to school, so I have lots of time to chat. When I have spare time, I always call my best friend so we can hang out together. However, since I live with my parents, I don't really like to call from home if it's too late. In addition, since I got my new smart phone, I have more chances to contact friends through Internet messenger or SNS than before. In fact, because of these smart phones, people can now communicate with anyone in any place without having to make a phone call. AL 추가 답변 A smart phone basically has a really fast Internet access program and is rapidly advancing in many ways. It keeps me connected with people and is very useful for everyday living. I can't imagine what it would be like if I didn't have a smart phone now. Because of these and many other reasons, a cell phone is one of the most important parts of my life both now and for the future.

해석 저는 주로 전화 통화를 위해 휴대폰을 씁니다. 이것은 누군가와 소통하기에 쉽고 편한 방법이기 때문에 전화 통화를 해야 할 때 휴대폰을 사용하는 걸 선호합니다. 저는 쉬는 시간, 점심시간, 지하철 혹은 버스를 타고 가는 도중에도 전화로 이야기를 나눕니다. 저는 주로 매일 학교로 오가는 중에 친구들이나 가족 멤버들에게 전화를 합니다. 학교로 가는 데 50분 정도가 걸리기 때문에 통화할 시간이 넉넉합니다. 여유 시간이 있을 때 꼭 저는 언제나 단짝 친구에게 함께 어울리자는 전화를 합니다. 그러나 제가 새 스마트폰을 갖게 된 이후로 인터넷 메신저나 SNS를 통해서 친구들에게 연락할 기회가 전보다 더욱 많아졌습니다. 사실상 이 스마트폰 때문에 사람들은 전화를 걸지 않고도 어디에 있는 누구와도 의사소통을 할 수가 있습니다. 스마트폰은 기본적으로 아주 빠른 인터넷 접속 프로그램을 가지고 있어 여러 방식으로 빠르게 진보하고 있습니다. 이것은 언제나 사람들과 저를 연결시켜 주고 매일의 삶에 아주 유용합니다. 저는 만약 스마트폰이 없었다면 어땠을지 상상조차 할 수 없습니다. 여러 가지 이유로 휴대폰은 지금이나 나중이나 제 인생의 가장 중요한 부분 중 하나일 것입니다.

hang out 어울리다 SNS 소셜 네트워크 서비스 Internet access program 인터넷 접속 프로그램

3 What things do you talk about when you chat on the phone? Who do you usually talk to and why do you like talking on the phone with that person?

해석 통화할 때 무엇에 대해 이야기합니까? 주로 누구와 이야기하고 왜 그 사람과 통화하는 것을 즐깁니까?

TIP 자주 통화하는 대상으로 단짝 친구(best friend)를 이야기하고 시시콜콜한 것부터 고민까지 대화를 나눈다고 답합니다. 친구가 경청자일 뿐 아니라 조언도 해 주고 힘이 들 때는 우도도 해 주는 존재이기 때문에 항상 통화를 한다고 이야기하면 되겠습니다. 후반부에 휴대폰으로 연락을 하는 것이 주는 특별한 의미를 덧붙여 마무리합니다.

IH Model Answer

I usually talk with my best friend on the phone because we always have many things to talk about. While talking on the phone, we usually talk about what happened during the day and how we are feeling at that moment. We share personal things and any problems we have. Sometimes we talk about political issues or social events, but mostly we just talk about daily life. My friend and I often make plans for the weekend while we are chatting on the phone. If I am not feeling well, my friend often tells me funny stories to cheer me up. I really like to talk with him because he is not only a good listener, but also a very wise adviser. It is easy to spend hours talking with him on the phone. After talking to him, I always feel that my stress is gone because I shared it with someone. AL 추가 답변 Without my cell phone it would be hard to keep in touch with him because our schedules are so busy. I think everyone needs to share things with their friends, and cell phones are one of the handy ways to keep in contact every day.

해석 저는 주로 단짝 친구와 전화 통화를 합니다. 우리는 이야기할 것들이 항상 많기 때문입니다. 통화를 하는 동안 저희는 주로 그날 하루에 일어난 일에 대해서나 그 순간 어떤 감정을 느끼는지에 대해 이야기합니다. 저희는 개인적인 일과 현재 우리가 가지고 있지만 어떠한 문제들에 대해서도 이야기를 나눕니다. 가끔은 때로 정치적인 이슈이나 사회적인 일에 대해 말하지만 대부분은 단지 매일의 생활에 대해 이야기를 합니다. 만약 제가 기분이 안 좋으면 친구는 제 기분을 북돋아 주기 위해 재미있는 이야기를 들려주기도 합니다. 저는 정말 그와 이야기하는 걸 좋아합니다. 왜냐하면 그는 단지 좋은 경청자일뿐만 아니라 저에게는 아주 현명한 조언자이기 때문입니다. 전화로 그와 이야기하면서 시간을 보내는 것은 아주 쉽습니다. 저희의 일정도 아주 바빠서 한 애기를 한 후에는 누군가와 그것을 공유했기 때문에 언제나 스트레스가 해소되는 것 같은 느낌입니다. 제 생각엔 우리 모두는 친구들과 어떤 것을 공유하는 것이 필요하며 휴대폰은 매일 연락을 취할 수 있는 아주 편리한 방법 중의 하나입니다.

cheer up 기운을 북돋아주다 wise 현명한 handy way 편리한 방법

4 Talking on the phone today is much different than before. How are the phones different from old ones? Do you think there are different customs related to chatting on the phone? Tell me everything you think.

해석 전화 통화는 이전과 달라졌습니다. 전화 통화에 대해 지금과 이전 기기에 대해 말해 주세요. 전화하는 어떻게 달라졌습니까? 전화 통화에 대해 지금과 다른 관습 같은 것들이 있을까요? 당신이 기억하는 것을 말해 주세요.

TIP 년에도 5의 출처로 채택되는 질문이도 최근까지 전화 사용과 관련된 과거와 현대의 답러진 문화들에 대해 답변하기 전에 집 전화나 공중전화를 사용했던 문화를 설명하고 이후 휴대폰의 발명이 더 나아가 스마트폰의 진보까지 기능까지 전체적인 발전 과정을 설명합니다. 이제 답변처럼 완벽한 답을 시험 상황에서 그대로 말하는 것이 쉽지 않을 수 있기 때문에 이러한 문제 유형은 전체적인 답변의 흐름을 이해하고 요점을 모아 정리해서 기억하는 것도 좋습니다.

IH Model Answer

Chatting on the phone has changed a lot and is quite different than it once was. When I was younger, people could only call someone when they were at home or at work. It was more inconvenient because people had to only use a public phone to make a phone call when they were out. You had to keep coins on hand to use a public phone and sometimes wait in a long line just to make one call. In addition, you had to memorize all of your friends' and relatives' phone numbers. People would carry small notebooks to write down phone numbers so they wouldn't forget. However, with the invention of the cell phone, all the customs related to chatting on the phone have totally changed. Now, we can see people making a phone call anywhere and anytime with their cell phones. You don't even have to memorize all the numbers or carry a personal phonebook because cell phones offer a natural

Actual Test 7 45

설문-주거지 관련 | 사는 집 관련 3단 콤보

5 Let's talk about where you live. Please describe your home to me. What does your house look like? How many rooms are there in your house? Give me a detailed description.

해석 당신이 사는 곳에 대해 얘기해 봅시다. 당신의 집을 묘사해 주세요. 당신의 집은 어떤 모습입니까? 집에는 몇 개의 방이 있습니까? 자세히 묘사해 주세요.

TIP 집 묘사는 Actual Test 1의 5번 문제에도 출제되었습니다. 다양한 답변을 위해 아래 묘사된 집에 대해서도 학습하고 응시자 자신에게 맞는 최적의 답변을 만들어 보세요. 또한, 답변 끝에 자신이 애착을 표현하는 문장을 넣어주면 더욱 좋습니다.

IH Model Answer

I have lived in a 10-story apartment complex in the city since I was a young child. My home is on the 7th floor of one of the buildings, and it overlooks the park outside. My home is very bright because it has a wide living room window and front balcony. There are three bedrooms in my home, and one of the bedrooms has a small bathroom. The main bathroom has a nice bathtub and the smaller one has a walk-in shower. The wallpaper is pretty new because my parents remodeled all the rooms a few months ago. My mom likes to do interior decorating, so she selected all the pictures and wall decorations for our house. The living room is my favorite room in the whole apartment because it is spacious and the sofa is so comfortable. AL 추가 답변 I have lived in this apartment for such a long time, but I still love its warm atmosphere. Some people think our apartment is a little old, but it is actually the perfect place for our family, and I love it!

해석 저는 어릴 적부터 도시의 10층짜리 아파트 단지에서 살았습니다. 저희 집은 이 빌딩들 중 하나로 7층에 있으며 밖의 공원을 내려다보고 있습니다. 저희 집은 넓은 거실 창과 앞 베란다가 있어서 매우 밝습니다. 집에는 세 개의 방이 있으며 그중 하나의 방에는 작은 화장실이 딸려 있습니다. 주 욕실은 좋은 욕조를 가지고 있고 작은 욕실에는 샤워 부스가 있습니다. 벽지는 저희 부모님께서 몇 달 전에 모든 방을 새로 하셔서 꽤 새것입니다. 저희 어머니께서는 집 꾸미는 걸 좋아하셔서 집을 위한 모든 사진이나 벽면의 장식을 고르셨습니다. 넓고 소파가 무척 편안하기 때문에 거실은 집에서 제가 제일 좋아하는 곳입니다. 저는 이 아파트에서 아주 오랜 시간 살았지만 아직 그 따뜻한 분위기를 여전히 좋아합니다. 어떤 사람들은 저희 아파트가 약간 낡았다고 말하지만 사실 이곳은 저희 가족을 위한 완벽한 장소이며 저는 이곳을 사랑합니다!

overlook 내려다보다 walk-in shower 샤워 부스 spacious 공간이 넓은

6 There are always problems that happen in any house. There can be broken things, family problems, or house problems. Tell me about some problems or issues that have been happening in your house recently.

해석 어떤 집에서도 언제나 문제가 생길 수 있습니다. 물건이 부서지거나 가족 문제이거나 집 문제일 수 있습니다. 최근 집에서 발생한 어떤 문제나 이슈에 대해 얘기해 주세요.

TIP 집 관련이든 최근 문제에 대한 답변을 만들어야 하므로 방 창문이 너무 낡아서 새로 갈아야 했던 사건 이야기로 집에서 일어났던 최근 경험으로 대답했던 사례, 집안 물건 수리 과정을 순서대로 자세히 서술하는 데 초점을 맞추도록 합니다.

IH Model Answer

Last winter, I noticed that my room felt colder than usual, even with the heater turned up high. My father checked and noticed that the window in my room was not keeping the wind out. The window was very old, so the room became cold and uncomfortable. My father decided that in order to fix this problem, he had to replace the window. Replacing the window was not cheap, but he knew it was cheaper than spending too much money on heating costs. I was glad he decided to replace it with a more modern window. He called a nearby housing company, and asked for their advice. They gave a good price on replacing the window in my room. Once we made a decision, they came quickly and finished the work in just a day because it was the middle of the winter. I was so thankful the problem was fixed, and my room became warmer than before. AL 추가 답변 My parents were pleased as well because the heating costs would go down. Most houses have problems, and I think I was very fortunate that my problem was not very serious.

해석 저는 지난 겨울 제 방이 난방을 높이 올렸는데도 불구하고 다른 때보다 더 춥게 느껴진다는 걸 알게 되었습니다. 이 아버지께서 살펴보셨고 제 방 창문이 바람을 막아주지 못한다는 걸 알게 되셨습니다. 그 창문은 아주 낡아서 방은 점차 춥어지고 불편해졌습니다. 아버지께서는 이 문제를 해결하기 위해서 창문을 바꾸기로 결심하셨습니다. 창문을 바꾸는 것이 저렴하지는 않았지만 그는 난방비로 아주 많은 돈을 지출하는 것보다 저렴한 걸 알았습니다. 저는 아버지께서 좀 더 현대적인 창문으로 이것을 바꾸기로 해서 기뻤습니다. 아버지는 집 근처의 주택 회사에 전화해서 그들의 조언을 구하셨습니다. 그들은 제 방의 창문을 갈기 위해 좋은 가격을 제시했습니다. 저희가 결정을 했을 때, 한가울이있기 때문에 그들은 빠르게 와서 하루 만에 일을 끝냈습니다. 저는 이 문제가 고쳐지고 제 방이 전보다 더 따뜻해진 것에 정말 감사했습니다. 부모님께서도 난방비가 내려갈 수 있어서 역시 기뻐하셨습니다. 대부분의 집들은 문제들을 가지고 있지만 그렇게 심각한 것이 아니어서 저는 운이 매우 좋았던 것 같습니다.

turn up 켜다 heating cost 난방 비용

7 Please tell me about one home improvement project that you have done before. What kind of work did you do and why did you start that project? How was your home before and how did it differ after you did that project? Tell me about it from start to finish.

해석 당신이 이전에 했던 주거 개선 프로젝트에 대해 말해 주세요. 어떤 종류의 일을 했고 왜 그 프로젝트를 시작했습니까? 당신의 그 프로젝트를 하기 이전의 집은 어땠으며 그 프로젝트를 한 이후에는 어떤 것이 달라졌습니까? 그에 대해 처음부터 끝까지 말해 주세요.

TIP 집에 관련된 경향으로 집을 수리했던 것이 나오는 문제 전과 후를 비교하는 난이도 5의 출제 경향 문제입니다. 대학 시절 학교 근처 아파트로 혼자 이사하는 과정에서 작은 방을 창고로 만들었던 경험을 답으로 만들어 봅니다. 방 안의 가구를 치우고 벽지를 새로 바르고 선반을 많이 수납 공간을 만들었던 변화 과정을 자세히 말하면 됩니다.

IH Model Answer

I am now living with my family, but once, I moved into a new apartment near the university I was attending. The apartment had two bedrooms, but there was no space for storage. I decided to do some home improvements and change the other room into a storage room. At first, the room had some old furniture, and the wallpaper was really worn out. I started by taking out all the old furniture and removing the old wallpaper from the walls. After that, I chose simply colored wallpaper and repapered all the walls. When the wallpaper was dry, I purchased shelving kits from the local hardware store and got started assembling. I installed different types of shelves so I could store everything from books to tiny ornaments. The room was totally changed, and I knew it was really worth all my efforts. Now the shelving and wallpaper match perfectly, and it looks like a new room. AL 추가 답변 This home improvement project gave me extra storage space, and it also gave me so much satisfaction. I know that it is much easier to appreciate something when you have worked hard to do it yourself.

해석 저는 현재 가족과 살고 있지만 한 번 제가 다니고 있던 대학교 근처의 새 아파트로 이사를 했던 적이 있습니다. 그 아파트는 방 두 개가 있었지만 수납 공간이 없었습니다. 저는 주거 환경을 개선하기로 결정하고 다른 방을 창고 방으로 바꾸기로 했습니다. 처음에 그 방은 몇 개의 오래된 가구들이 있었고 벽지도 많이 낡아 있었습니다. 저는 모든 낡은 가구를 꺼내는 것부터 시작했고 벽에서 낡은 벽지를 제거했습니다. 그 다음 단순한 색의 벽지를 골라서 모든 벽을 새로 도배했습니다. 벽지가 말랐을 때 저는 지역 철물점에서 선반 키트를 사서 조립을 시작했습니다. 각기 다른 종류의 선반들을 설치해서 책에서부터 작은 장식품까지 모두 수납할 수 있었습니다. 그 방은 완전히 달라졌고, 저의 모든 노력이 가치가 있었다는 것을 알았습니다. 이제 선반과 벽지는 완벽하게 짝이 맞아 방이 새 것처럼 보입니다. 집을 개조했던 이 일은 저에게 여분의 수납공간을 마련해 주었고 아주 큰 만족감도 주었습니다. 저는 스스로 하기 위해 열심히 노력했을 때 더욱 많이 감사하게 된다고 생각합니다.

storage 저장 repaper 새로 도배하다 shelving 선반 (재료) hardware store 철물점 assemble 조립하다 ornament 장식품

난이도 재조정 ▶ 비슷한 질문

설문—취미나 관심사 | 여행 관련 잡지나 블로그 읽기 3단 콤보

8 Tell me about one travel magazine or blog you enjoy reading. What is it about? What do you find interesting?

해석 당신이 즐겨 읽는 여행 잡지나 블로그에 대해 말해 주세요. 무엇에 대한 겁니까? 무엇이 흥미롭습니까?

TIP 여행 관련 정보를 얻기 위해 여행 잡지보다 지역 현지 주민이 운영하는 여행 블로그를 더 자주 방문한다고 답변합니다. 그 이유를 여행 잡지에 나온 정보는 관광 서적에 들어 있지 않은 더욱 자세하고 실제적인 정보이기 때문에 더욱 유용하다고 답하면 되겠습니다.

IH Model Answer

I enjoy reading a blog written by a local resident from the city I want to visit. It is not so much a traveler's guide, but it gives me a chance to really explore that city from a local's point of view. I am more interested in finding out about the real culture and atmosphere of a city, rather than sightseeing. So, when I read this type of blog, I learn more than what the best dishes are in a famous restaurant. Rather, I learn about a city's history and what made it famous. It gives more insightful details about the cities. It also provides information about spots that travel guides do not include, but are worth the visit. <u>AL 추가 답변</u> They may not be the most fancy or well-known places, but they are spots local residents like to visit during their free time or during their vacation. When I visit that particular city, I visit these little-known places and enjoy hearing stories from the locals there.

해석 저는 제가 방문하고자 하는 도시에 사는 지역 주민이 작성한 블로그를 읽는 걸 좋아합니다. 그것은 그렇게까지 여행자 가이드는 아니지만 제에게 실제 현지 사람의 시선으로 그 도시를 어떻게든 탐색해 볼 수 있는 기회를 줍니다. 저는 관광보다 그 도시의 실제 문화와 분위기에 대해 찾는 것에 더욱 시선이 있습니다. 그래서 제가 이런 종류의 블로그를 읽을 때 저는 거기서 제 시간을 어떻게 쓸지 사세한 계획을 만듭니다. 여행 가이드와 잡지뿐만 아니라 다양한 블로그들을 얻기 위해 선택 사항들을 얻기 위해 이것은 도시들에 대해 더욱 유용하는 것 같지 않습니다. 이것은 또한 여행 가이드에 포함되어 있지 않지만 제가 즐기는 장소들에 대해 다른 세부 내용들을 알려 줍니다. 이것은 또한 여행 가이드에 포함되어 있지 않지만 방문할 가치가 있는 사실들 등에 한정된 시

local resident 지역 주민 insightful details 총체적인 세부 사항들 be worth 가치가 있는

9 When, where, and how often do you read travel magazines or blogs?

해석 언제 어디서 당신은 여행 잡지나 블로그를 읽습니까?

TIP 인터넷 서핑을 할 시간이 날 때마다 여행 블로그를 방문한다고 답하고 특히 여행 전에 가야 할 지역에 대한 블로그를 방문해서 그곳의 세부적인 정보를 얻는다고 답변하면 됩니다.

IH Model Answer

I enjoy visiting travel blogs when I have enough time to surf the Internet. I mostly use my smartphone to surf the Internet, so I can visit sites with famous travel blogs anytime and anywhere. Of course, I read travel blogs more carefully before I leave for a trip. When I make a travel plan, before receiving my itinerary for the flight and hotel, I make a detailed plan of how I will spend my time there. Along with travel guides and magazines, I also visit various blogs to receive different opinions about the same place I am going to. I think about factors such as: Will it be really worth my time to visit a certain place? Will it be worth my money to visit this restaurant? <u>AL 추가 답변</u> When I visit a new area, I really hate wasting my limited time and money on places and things I do not enjoy. So, I started to do careful planning after learning not to believe in travel magazines. Even when I do not plan on traveling, I receive e-mails about updated travel blogs. When I receive notifications, I visit the blog and make a note of where I would like to travel next.

해석 저는 인터넷 서핑을 할 수 있는 시간이 있을 때 여행 블로그를 방문하는 걸 좋아합니다. 인터넷 서핑을 위해 주로 제 스마트폰을 이용하므로 언제 어디서도 사이트의 유명한 여행 블로그들을 방문할 수 있습니다. 물론 여행을 떠나기 전에는 더욱 신중하게 여행 블로그를 읽습니다. 여행 계획을 세울 때 일정표 받기 전에 저는 거기서 제 시간을 어떻게 쓸지 사세한 계획을 만듭니다. 여행 가이드와 잡지뿐만 아니라 제가 가는 같은 장소에 대한 다양한 선택 사항들을 얻기 위해 다양한 블로그들을 방문합니다. 저는 이것을 만한 가치가 있는 것인가? 이 식당을 가는 것이 내 도움을 만한 가치가 있는가? 등의 사실들에 대해 생각합니다. 저는 새로운 지역을 방문할 때 제가 즐기지 않는 장소들이나 사물 등에 한정된 시

itinerary 여행 일정

10 Describe in detail one travel magazine or blog that you have enjoyed reading for some time. How is it different from others you have read?

해석 여러 번 읽었던 여행 잡지나 블로그 하나에 대해 자세히 묘사해 주세요. 당신이 읽었던 다른 것들과 어떻게 다릅니까?

TIP 난이도 5의 두 번째 출제 경향으로 잡혔던 두 가지 사항을 비교해서 답변해야 하는 문제로 여기서는 본인이 즐겨 보는 여행 잡지나 블로그를 비교하면서 답변하면 되겠습니다. 둘 사이의 차이점이 무엇인지를 본인이 선호하는 것이 좋으며 본인이 선호하는 쪽이 어떤 것인지 그 장점이 무엇인지를 답변하도록 합시다. 답변은 여행 블로그를 더 선호한다고 말하고 이유를 현지인들이 운영하는 블로그에서 얻는 좀 더 통찰적인 정보를 선호하기 때문이라고 설명하면 됩니다.

IH Model Answer

I prefer travel blogs to magazines when I am planning to go on a trip as they offer the best travel stories regularly throughout the year. I especially like to read travel blogs written by the locals who actually live there. When I read travel guides, I feel as if I need to visit every place listed in the book. And, more often, I have been disappointed by the places the guides have introduced me to. Also, because it is a published, physical book, it cannot provide the most updated information. For instance, when I visited a place that had an entrance fee, I made my budget for that day, including the fee that the guide informed me of. However, when I actually visited the place in person, I often found out the fees had been raised, or sometimes the places or restaurants have been closed for good. For me, it is most important to receive updated news from blogs that can be edited at any time before traveling. AL 추가답변 Also, I believe that blogs give more insightful information than travel guides because the blogger takes time to take the pictures and write a whole post about them. It gives me more information, sometimes more than I really need. Whether I am on the road or staying home, I am thrilled to get to know the place better through the blogs and dream I can go there someday.

해석 저는 사실 저 실제로 그것에 사는 사람들에 의해 쓰여진 여행 블로그들을 읽는 것을 좋아합니다. 책자들을 읽을 때면 저는 그 책에 쓰여 있는 모든 장소를 방문해야할 것 같은 느낌이 듭니다. 그리고 더욱 자주는 그 가이드들이 저에게 소개했던 장소들에 대해 실망감을 느낍니다. 이것은 출판된 종이 책이기 때문에 가장 최근에 업데이트된 정보를 제공할 수가 없는 것입니다. 예를 들어, 입장료가 있는 장소를 방문했을 때 가이드가 제게 알려 준 그 비용을 포함해서 그날의 예산을 잡았었습니다. 그러나 직접 그 현장을 방문했을 때 저는 자주 입장료가 오르거나 아니면 어떤 장소나 식당들이 아주 문을 닫은 것을 발견하곤 했었습니다. 그래서 여행 전에 블로그에서 언제라도 업데이트가 되고 수정할 수 있는 가장 최신의 뉴스를 받는 것이 저에게는 가장 중요한 일입니다. 또한, 저는 블로그가 여행 가이드보다 더 많은 통찰력 있는 정보를 준다고 믿습니다. 블로그들은 찍고 그 내용에 대한 전체적인 포스트를 쓰는 데 시간을 쓰기 때문에 더욱 많은 정보를 주는 대조로는 제가 필요한 이상 습니다. 제가 여행 중이든 아니면 집에 있는 것이든 블로그를 통해서 그 장소들을 더 알게 된 것에 박차오르고 언젠가 그곳에 가게 될 것을 꿈꿉니다.

physical book 종이 책 insightful 통찰력 있는 budget 예산 for good 영원히 on the road 여행 중 be thrilled 감격에 차다

설문 - 운동 | 수영 관련 롤플레이 3단 콤보

11 This is a role play question. You want to go swimming at a pool with your friends. Call the swimming pool office and ask three or four questions about the pool you like to go to.

해석 이것은 롤플레이 문제입니다. 당신은 친구들과 수영장에 가고 싶습니다. 수영장 사무실에 전화하셔서 당신이 가고 싶은 수영장에 대해서 서너 가지 질문을 하세요.

TIP 운동 중 수영을 선택했을 때 나오는 생활형 수영장 기기 위해 사전에 수영장에 전화해서 몇 가지 정보를 물어보는 문제입니다. 앞에서 물었던 다른 롤플레이 문제와 크게 다르지 않게 질문에서 요구한 질문을 만드는 데 중점을 두면 됩니다. 수영장 운영 시간과 입장료, 안전 요원이 있는지 등을 묻고 추가로 분비지 않은 시간대를 물어보면 됩니다.

IH Model Answer

Hi, I am calling to ask a few questions about the pool and swimming schedule. My friends and I are planning to go swimming this coming weekend. 질문1 What are your operation hours for weekends? 질문2 What's the entrance fee for adults? 질문3 Do you also have hot showers or a spa area available for after swimming? **AL 추가 답변 & 추가 질문** We are not strong swimmers. Does your pool have lifeguards on duty in case of an accident? One last question. Is the pool usually really busy during the weekends? If so, when is the least busy time? I look forward to enjoying time at your pool this weekend. Bye!

해석 안녕하세요. 저는 수영장과 수영 시간표에 대해 몇 가지 질문을 하고 싶습니다. 제 친구들과 저는 이번 주 말에 수영을 가려고 합니다. 주말 운영 시간이 어떻게 되나요? 성인용 수영가 있나요? 수영 후에 이용할 수 있는 또 다른 시설이나 스파가 있나요? 저희는 그렇게 강한 수영을 찾지 못해서, 수영장에 사고가 나는 경우에 대비해 안전 근무 중인 안전 요원이 있는지 궁금합니다. 마지막 질문입니다. 주말에 수영장이 항상 많이 붐비는 편인가요? 그렇다면 언제가 가장 덜 붐비는 시간인가요? 이번 주말에 수영장에서 즐길 수 있기를 기대합니다. 안녕히 계세요!

coming weekend 다가오는 주말   operation hours 운영 시간   strong swimmer 수영에 능한 사람   in case of ~인 경우에   the least busy time 가장 덜 붐빈 시간

12 Well, you are at the pool when you notice some children running around the swimming pool, and you think it's too dangerous. Go to a lifeguard and explain the situation, then offer two or three suggestions to solve this problem.

해석 당신은 수영장에 있고 물 근처에 뛰어다는 몇몇 아이들을 보았으며, 이것이 너무 위험하다고 생각합니다. 안전 요원에게 가서 이 상황을 설명하고 문제를 해결할 수 있는 두세 개의 제안을 해 보세요.

TIP 물플레이어 2번째 문제로 물제로 악한 문제에 대한 해결책을 요구하는 문제이다. 중요한 답변 포인트는 문제에서 제시한 아이들이 위험하게 뛰는 수 상황을 안전 요원에게 자세히 설명하는 것이다. 이것과 더불어 몇 가지 답변을 추가해주세요 말할 수 있는 응용력을 보여주면 더욱 좋은 답변이 될 수 있습니다.

IH Model Answer

Excuse me. I just wanted to inform you of a dangerous situation before something happens. I was swimming in the deep end when I noticed several kids running near the pool. **AL 추가 답변** They are only six or seven years old, and I worry that they will slip or stumble into the deep end. In addition, the signs around the pool state that children should be supervised by an adult, but these children are playing alone. I think you should warn them of the danger and make sure they return to their parents quickly. They are right over there, so maybe you could speak to them and remind them of the pool

rules. Maybe you can also find out where their parents are and tell them that it is dangerous for such young children to be here alone. I hope the problem can be resolved safely and promptly.

해석 안녕하세요. 저는 수영장 어떤 일이 벌어지기 전에 이 위험한 상황에 대해 당신에게 알려 주고 싶습니다. 저는 깊은 수심에서 수영하고 있었고 여러 명의 아이들이 수영장 근처에서 뛰어 다니는 것을 알게 되었습니다. 그들은 여섯 살 또는 일곱 살 정도로 보이고 저는 그들이 미끄러지거나 넘어져서 깊은 근처에 빠질 걱정이 있습니다. 게다가 수영장 근처에 사인들은 아이들은 어른이 지도를 받아야 된다고 쓰여 있는데 이 아이들은 혼자 자기들끼리 놓고 있습니다. 저는 당신이 그들에게 위험에 대해 경고하고 그들이 빨리 부모에게 돌아가도록 해야 한다고 생각합니다. 애들이 바로 저기 있으니 당신이 찾아가 수영장 규칙에 대해 그들에게 알려 주는 것은 어떠할까요? 또한 그들의 부모가 어디 있는지 찾아서 이런 어린아이들을 혼자 두는 것은 위험하다고 얘기 해주십시오. 문제가 안전하고 즉시 해결될 부빌을 바랍니다.

deep end 깊은 수심   slip 미끄러지다   stumble 넘어지다   promptly 즉시

13 Have you ever had a scary experience at the swimming pool? What was it? Tell me the full story of what happened.

해석 당신은 수영장에서 무서웠던 경험을 한 적이 있습니까? 어떤 일이었습니까? 무슨 일이 일어났는지 전체 스토리를 말해 주세요.

TIP 상편국의 마지막 문제은 수영장에서 무서운 사고에 대해 답하는 문제입니다. 수영장에서 일어날 수 있는 일로 이야기 안전 요원이 위험하게 물에 빠졌지만 다행히 안전 요원이 구조했던 상황을 자신의 경험담으로 말하면 되겠습니다.

IH Model Answer

A couple of months ago, I was at the pool when a large group of elementary school students arrived. The pool became very crowded, so I sat on the edge for a while and just decided to get out. Some of the students swam very well, but many of them just ran and chased each other around the pool. The floor near the pool is quite slippery, and the lifeguard didn't seem to notice everything that was happening. Suddenly, I saw one small boy slip and fall into the deep end before anyone could catch him, and he went under the water. Somebody screamed for help, and the lifeguard quickly dove into the pool and pulled the boy from the water. The boy looked really scared, but fortunately he was breathing well and told us he was okay. After this incident, the lifeguard moved the group of students away from the deep end and let them play in a safer area. AL 추가 답변 I was so surprised that I now watch more carefully to make sure children are playing safely when I am at the pool. I will never forget that situation, nor will I forget that swimming pools are both fun and dangerous places.

해석 몇 달 전에 저는 수영장에 있었고 조용하고 무라가 큰 학생들이 도착했습니다. 수영은 이 점차 너무 붐비서 가장자리에 얼마간 양이 있다가 막 나가려고 결심했을 때였습니다. 어떤 학생들은 매우 수영을 잘했지만 당연 아이들은 단지 수영장 근처에서 뛰고 서로 잡으려고 하고 있었습니다. 물 근처 바닥은 생각이 미끄러웠고 안전 요원도 모두 자리 다 보는 것 같지 않았습니다. 갑자기 한 소년이 미끄러져 아주도 붙잡기 전에 갑이 물로 빠지는 그 소년을 밖으로 끌어 올렸습니다. 누군가가 크게 도움을 요청했고 안전 요원은 다행하게도 숨도 잘 쉬고 지하게도 괜찮다고 언행습니다. 이 시고가 나고 나서 안전 요원은 모든 수영 숙에서 안전히 다행하게도 숨도 잘 쉬도록 했습니다. 저는 너무 놀라서 지금은 양지 수가 있으며 수영장이 재미있기도 하지만 또한 위험한 장소라는 걸 절대 잊지 않을 겁니다.

on the edge 가장자리에   chase 쫓다   slippery 미끄러운

설문 – 직업 관련 | 학교 관련 2단 콤보

14 You said that you are a student. What kinds of technology and equipment are used at your school? Tell me about it in detail.

해석 당신은 학생이라고 했습니다. 어떤 종류의 기술이나 장비가 학교에서 사용되고 있습니까? 이에 대해 자세히 말해 주세요.

TIP 학생 관련 문제에서 캠퍼스 묘사만큼이나 자주 나오는 질문이 바로 학교에서 사용하는 장비에 대한 설명입니다. 흔하게 볼 수 있는 컴퓨터, 노트북뿐만 아니라 파워포인트를 사용하는 빔프로젝트 등의 장비를 응용하도 고득점 답변 발성으로 관련 학교가 신설되고 신종 직업이 생기는 것을 잡아주면 더욱 좋겠습니다.

IH Model Answer

The most commonly technological equipment used in school, of course, is computers. Not only are they used by students, but also by teachers as well. They are used for students to do many things, such as writing reports, creating PowerPoint presentations for projects, and searching the Internet. Teachers use them for lectures. Professors usually create PowerPoint presentations and use a beam projector to guide their lectures. This gives students a clear direction to follow along with what the teacher says. It saves time for the professors because if it were not for the PowerPoint and the beam projector, they would have to write everything on the board. Also, students bring their laptops to class to take notes because, for some, typing is faster than handwriting. Computers also help us do little things we take for granted these days—sending e-mails and checking assignments on the school website. AL 추가 답변 Computers also provide opportunities for new majors and jobs for students. Nowadays, computer programming and computer graphics are very popular majors and are needed by society.

해석 학교에서 가장 흔한 장비는 물론 컴퓨터입니다. 이것은 학생들에게 사용될 뿐만 아니라 또한 선생님들에게도 사용됩니다. 이것은 학생들이 리포트를 쓰거나 프로젝트를 위해 파워포인트를 작성하거나 인터넷에서 자료를 찾을 때처럼 많은 것을 할 때 사용됩니다. 교수님들 또한 사용합니다. 이것은 또한 선생님이 무엇을 이야기하는지를 따라가기 위해 학생들에게 얼마나 빔프로젝트를 사용합니다. 이것은 또한 선생님이 무엇을 이야기하는지를 따라가기 위해 학생들에게 얼마나 방향을 제시해 줍니다. 만약 파워포인트와 빔프로젝트가 아니었다면 칠판에 모든 것을 써야 하기 때문에 이것은 교수님들의 시간을 절약해 줍니다. 또한 학생들은 노트를 하기 위해 그들이 노트북을 수업에 가지고 옵니다. 왜냐하면 어떤 이들에게 타이핑은 수기보다 빠르기 때문입니다. 컴퓨터는 또한 자주가 요새 당연히 하고 있는 이메일을 보내고 학교 사이트에서 과제를 확인하는 것 같은 작은 것들을 할 수 있게 도와줍니다. 컴퓨터는 또한 학생들의 직업과 새로운 전공에 대해서도 기회를 제공하고 있습니다. 요새 컴퓨터 프로그래밍과 컴퓨터 그래픽은 매우 인기 있는 전공들이며 사회에서 마지막으로 요구되고 있는 것들입니다.

lecture 강의   on the board 칠판 위에   handwriting 수기   take for granted 당연시하다

15 You indicated that you are a student. Think about the campus you now attend and compare it to another campus you have visited. Tell me what you can see, and how each campus differs from the other.

해석 당신은 학생이라고 했습니다. 지금 다니고 있는 캠퍼스를 생각해 보고 전에 방문했던 다른 캠퍼스와 비교해 주세요. 무엇을 볼 수 있고, 각 캠퍼스가 어떻게 서로와 다른지 말해 주세요.

TIP 역시 두 가지를 비교하는 문제입니다. 둘 사이의 큰 차이점으로 설정된 지 오래된 지금 학교와 시설과 친구가 다니는 신설 학교에 하도록 합니다. 둘 사이의 큰 차이점으로 설정된 지 오래된 지금 학교와 시설과 친구가 다니는 신설 학교에 설치된 최신식 시설을 비교하여 접근하면 뒷받침에 마지막으로 최신식 교육 혹신이 혁신이 학생에 도움이 될 수 있다는 의견으로 답변을 마무리하면 좋습니다.

IH Model Answer

I'm a student at Hankook University, and last month I visited a new university in our city, which my friend is attending now. The university I attend is the

Actual Test 8

→ 문제지 P84

Background Survey

〈직업 관련〉
1 현재 어느 분야에 종사하고 있습니까? 사업/회사
2 현재 직업이 있습니까? 네
 (연관 질문) 근무 기간은 – 첫 직장 아님 – 경력 많음
 (연관 질문) 부하 직원을 관리하는 관리직입니까? 네

〈주거지 관련〉
3 거주지 형태 – 독신자로서 개인 주택이나 아파트에 거주

〈필수 선택 항목 (12개)〉
4 여가 활동 – 영화 보기, 공연 보기, 클럽/나이트클럽 가기
5 취미나 관심사 – 음악 감상하기, 혼자 노래 부르거나 합창하기, 요리하기
6 운동 – 걷기, 수영, 헬스
7 휴가나 여행 – 국내 출장, 해외 출장

---

1 Let's start the interview. Can you tell me about yourself?

해석 인터뷰를 시작합시다. 자기 자신에 대해 말해 주시겠습니까?

TIP 미리 준비한 자기소개로 응답하세요.

돌발 | 대중교통 3단 콤보

2 In your country, what kinds of public transportation are most used among people? Tell me about the public transportation system in your country in as much detail as possible.

해석 당신의 나라에서는 어떤 종류의 대중교통을 사람들이 가장 많이 이용합니까? 당신의 나라의 대중교통 시스템에 대해 한 자세히 말해 주세요.

TIP 한국의 대중교통의 장점으로 다른 나라에 비해 저렴한 요금과 교통 체증 해소, 환경 보호를 설명하고 마지막으로 이러한 대중교통의 편리함에 대해 자신의 의견을 덧붙이도록 합니다.

---

first university to ever open in our city, so it is very old. The campus grounds are nice with several old trees, but the building itself needs some repairs. In the winter, the wind blows in around the windows, and the heaters don't work well. I feel attached to my university because I have been a student there for such a long time, and I really like the professors. However, the new university my friend attends is amazing, and it has all the latest technology. The campus grounds have a beautiful fountain, and the flowers are really beautiful. All the classrooms have smart boards and touchscreen computers for the students. Their student union building has really nice cafeterias and a student lounge with computers that are free to use. When I visited, I took some time to visit the library and check out the new electronic filing and computerized index system. I spend most of my time in our old library, so I was a little envious of my friend in the newly built library with its latest technology. AL 추가답변 Old places definitely have a lot of value and traditional beauty, but I think universities need to be modern and have advanced technology for advanced study.

해석 저는 한국 대학교의 학생이고 지난달 저는 친구가 다니고 있는 우리 도시의 신설 대학교를 방문했습니다. 제가 다니는 대학교는 우리 시에서 개교한 첫 번째 대학교이기 때문에 무척 오래되었습니다. 캠퍼스 운동장은 여러 그루의 오래된 나무들로 근사하지만 건물 자체는 보수가 좀 필요합니다. 겨울에는 창문 사이로 바람이 들어오고, 난방기는 잘 작동되지도 않습니다. 저는 이곳을 오랫동안 다녔고 교수님들도 좋아하기 때문에 제 학교에 애착이 갑니다. 그러나 제 친구가 다니고 있는 신설 대학교는 정말 환상적이고 최신 기술을 갖췄습니다. 캠퍼스 운동장에는 아름다운 분수와 꽃들이 있는데 정말이지 너무도 놀랍습니다. 모든 교실도 스마트 보드와 학생들을 위한 터치 스크린 컴퓨터를 갖추고 있습니다. 학생회관 건물에는 아주 멋진 카페테리아들이 있고 무료로 사용할 수 있는 컴퓨터가 있는 학생 라운지가 있습니다. 그곳을 방문한 동안 저는 시간을 내어 도서관을 방문해서 새로운 전자 파일링과 전산화된 인덱스 시스템을 실제로 보았습니다. 오래된 장서들로 풍부한 가치와 전통미가 있지만 저는 대학교들이 현대화가 되고 진보적인 학문을 위해 발전된 기술을 갖추어야 한다고 생각합니다.

attached 애착이 있는 computerized 컴퓨터화된

IH Model Answer

When people move around in my country, they usually use the subway, buses, taxis, and trains. Many people use public transit in Korea because it is very convenient and much faster than driving. In addition, Korea's public transportation is less expensive than in other countries. Buses and subways can take people any place they want to visit around the city. It helps people travel from place to place easily and economically. The area I live in is very busy, so there are many bus stops and subway stations in this area. Subways and buses run almost all day, so I can be on time for work and other appointments. I prefer to take the subway because there are many traffic jams in my city. No one likes to be stuck in traffic and that's the reason many people use the subway to go to work. Also, public transit is very important for helping to decrease pollution in the environment. **AL 추가답변** In my opinion, modern buses and subway systems allow people to participate in solving environmental problems. Even though subways and buses can be a little crowded and cause discomfort, people choose to ride them on a daily basis for many reasons.

해석 우리나라에서 사람들은 이동 시에 주로 지하철과 버스, 택시와 기차를 이용합니다. 운전하는 것보다 훨씬 더 편리하고 빠르기 때문에 한국에서는 많은 사람들이 대중교통을 이용합니다. 한국의 대중교통은 다른 나라들과 비교했을 때 비싸지 않습니다. 버스와 지하철은 편히 사람들을 시내에서 가고 싶은 곳이든 어디든지 데려다 줍니다. 이것은 사람들이 이곳저곳을 쉽고 경제적으로 여행할 수 있도록 돕습니다. 제가 사는 지역은 매우 분주해서 이 지역에서 직장과 약속 장소에 제시간에 도착할 수 있게 합니다. 이 도시에서는 교통 체증이 많기 때문에 저는 지하철을 타는 것을 더 선호합니다. 누구도 교통 체증에 갇히기 싫어하기 때문에 그런 이유로 많은 사람들은 출근을 위해 지하철을 이용합니다. 또한 대중교통은 환경적인 문제를 해결해 오염을 줄이는 데 무척 중요합니다. 제 생각에는 현대의 버스와 지하철 시스템은 사람들이 환경문제에 참여할 수 있도록 해 줍니다. 지하철과 버스는 조금 붐비고 불편함을 야기할 수 있지만 사람들은 여러 가지 이유로 매일 대중교통 타기를 선택합니다.

public transit 대중교통 **traffic jam** 교통 체증 **lower pollution** 오염을 낮추다 **cause discomfort** 불편함을 초래하다

3 What means of transportation do you use every day? How do you use it and where do you usually go?

해석 매일 당신은 어떤 교통수단을 이용합니까? 어떻게 이용하며 주로 어디를 갑니까?

TIP 직장에 다니는 걸로 설정한 답변으로 대부분 출퇴근 시간에 이용하는 대중교통에 대해 얘기하면 되겠습니다. 직장에 가기까지의 지하철이 멀리 주말에는 자세한 설명이 흔히 그 근처에 이용하거나 스마트폰으로 결제하는 시스템 주중이나 멀리 주말에는 사용이 흔히 그 근처에 이용하는 버스를 이용하는 것까지 얘기하며 버스 정류장에서 도착 시간을 볼 수 있는 편리한 컴퓨터 스크린에 대해서도 언급합니다.

IH Model Answer

Every day, I ride the subway and a bus to go to work. The subway station is located near my home, and it only takes five minutes to get to the station. I get on the subway, but after several stops I have to transfer to a different line. Transferring on the subway is not difficult because the stations have signs everywhere. I get off the subway near my company, and then I walk for another five minutes. I use my prepaid cards to pay the bus or subway fare. I prefer riding subways and buses when I commute because I can use my smart phone or read a book on my way. **AL 추가답변** However, on weekends, I take a bus to go shopping or watch a movie. Because the bus stops in front of all popular shopping areas and movie theaters, it is very convenient for me to move around during the weekends. These days, even bus stops have computer screens to help me know when the bus will come, so I don't have to wait for a long time to take a bus. In any case, subways and buses are very beneficial in getting me where I need to go safely.

해석 저는 출근길 이용을 위해 매일 지하철과 버스를 탑니다. 지하철역은 집 근처에 위치해 있어서 역까지 가는 데 겨우 5분밖에 걸리지 않습니다. 지하철을 타고, 몇 정거장 후에는 다른 노선으로 갈아타야 합니다. 역 어디에나 표지들이 있기 때문에 지하철을 갈아타는 것은 어렵지 않습니다. 저는 회사 근처에 있는 지하철역에서 내리고 나서 5분 동안 걷습니다. 버스 혹은 지하철 요금을 내기 위해 저는 선불 카드를 사용합니다. 저는 출퇴근할 때 지하철을 타는 것을 더 선호합니다. 왜냐하면 가는 길에 스마트폰을 사용하거나 책을 읽을 수 있기 때문입니다. 그러나 주말에는 쇼핑을 가거나 영화를 볼 때 버스를 탑니다. 버스는 사람들이 많이 찾는 쇼핑 장소와 영화관 앞에 정차하므로 주말 동안 제가 여기저기 다니기에 더욱 편리합니다. 요즘에는 정류장에 버스를 타기 위해 오래 기다릴 필요가 없습니다. 어떤 경우에도 지하철과 버스는 제가 가야 할 곳을 안전하게 데려다 주기 위해 아주 도움이 됩니다.

transfer 환승하다 **get on** 타다 **get off** 내리다 **prepaid card** 선불 카드 **fare** 요금 **in any case** 어떤 경우에도 **be beneficial** 도움이 되다

4. When you were young, what types of transportation were there and how have they changed over time? Tell me about the early types of transportation in your country. How were they different from now? Describe in detail as much as possible.

해설 당신이 어렸을 때에는 어떤 종류의 대중교통이 있었고 그것들은 어떻게 바뀌었습니까? 당신의 나라의 초기 대중교통의 유형에 대해 말해 주세요. 현재와 어떻게 달라졌습니까? 최대한 자세히 묘사해 주세요.

TIP 난이도 5 출제 경향으로 나온 대중교통의 과거와 현재 사이의 변화를 이야기하는 문제입니다. 이런 문제에 답을 할 때는 두 가지 중 한쪽의 특성을 정확히 설명하고, 이어서 다른 한쪽이 교통 사항이 좋아 다른지에 집중적으로 말하고 그로 인해 나아진 점을 부각시키면 좋겠습니다.

IH Model Answer

When I was young, there were not many buses or subway lines around the city. It would take such a long time to travel or visit other places. However, bus stops and subway stations are at all the important locations nowadays. Many new subway lines have been built during the past 10 years to help people move around the city quickly. Also, as time passed, the demand for better types of transportation increased. Automobiles became more powerful and dependable, and they are even eco-friendly these days. Buses are bigger, subways are faster, and even airplanes have developed a lot since I was young. With many subway stations and buses on every main street, moving from place to place is much safer and easier than ever before. In addition, people now use their smartphones or prepaid cards to pay the bus or subway fare. It is very convenient now that people don't have to carry cash to travel all the time. AL 추가 답변 Nowadays, more and more people have their own cars, but most people in Korea still use the subway or buses to move around the city. In my opinion, if transportation continues to advance there will be no actual reason to own a car in the future.

해설 제가 어렸을 때는, 도심에 버스 혹은 지하철 노선이 그다지 많지 않았습니다. 그리고 여행을 하거나 다른 곳을 방문할 때 시간이 오래 걸렸습니다. 그러나 요즘에는 버스 정류장과 지하철 역들이 중요한 지역에 모두 위치합니다. 사람들이 빨리 이동할 수 있도록 지난 10년간 많은 새 지하철 노선들이 지어졌습니다. 또한, 시간이 흐르면서, 더 나은 교통수단에 대한 요구가 늘어났습니다. 자동차는 더욱 강해지고 믿을 만하며 요즘은 환경친화적이기까지 합니다. 버스들은 더욱 커지고 지하철은 더욱 빨라졌으며 비행기조차 제가 어릴 때보다 더 많이 발전되었습니다. 모든 중심가에 있는 많은 지하철역과 버스로 이곳저곳 이동하는 것은 그 어느 때보다 안전하고 쉽습니다. 또한 사람들은 버스 혹은 지하철 요금을 지불하기 위해 그들의 스마트폰이나 선불 카드를 이용합니다. 사람들이 이동할 때 항상 현금을 들고 다닐 필요가 없어서 매우 편리합니다. 요즘에는 더 많은 사람들이 자가용을 소유하긴 하지만, 한국에 사는 대부분의 사람들은 도심을 이동하기 위해서 아직도 지하철이나 버스를 이용합니다. 제 생각에 교통수단이 계속 발전한다면, 미래에는 자가용을 소유할 실제 이유가 없어질 것입니다.

demand 수요, 요구   dependable 믿을 수 있는   eco-friendly 환경친화적인

설문 – 여가 활동 | 클럽/나이트 클럽 3단 콤보

5. You indicated in the survey that you go to clubs. I'd like to know about your favorite club. What does it look like? Describe it for me in as much detail as possible.

해설 당신은 클럽에 간다고 했습니다. 당신이 선호하는 클럽에 대해서 알고 싶습니다. 어떤 모습입니까? 최대한 자세하게 묘사해 주세요.

TIP 클럽이나 나이트 클럽에 대한 첫 번째 문제로 클럽을 설명하는 문제가 나옵니다. 클럽이 위치한 곳과 클럽 내부의 간단한 주제를 설명하고 시끄러운 음악이나 어두운 조명, 사람들의 흥겨운 분위기 등을 추가 설명하면 되겠습니다.

IH Model Answer

I am quite busy during the weeks, but I like to go to the clubs on Friday and Saturday nights with my friends. My favorite club is located on Hong-dae Street which is well known as the hottest place for young people in my city. It is easy to locate because of its neon signs and the many advertisements along the street. The club is very spacious, with a stage for dancing and standing lounge for just mingling and drinking. There are several different table styles suited for small or large groups, but I usually take the small round tables with plush armchairs. Even though it is a little dingy, it's nice for having fun without feeling that everybody is watching you so closely. The lights are turned down low, and there is a constant clinking of glasses along with the loud chatter and music. The bartenders are really sociable and they even sit with the customers when their shifts are finished. Friday nights, there is a buy-one-get-one-free special on drinks and I often take advantage of it. AL 추가 답변 I am not a heavy drinker, but I really like to dance and mingle with people in this atmosphere after a stressful week. I have gone to many clubs in my city, and this place is by far my favorite.

해석 저는 주중에 성실하고 바쁘지만 금요일이나 토요일 저녁에 친구들과 클럽에 가는 걸 좋아합니다. 제가 가장 좋아하는 클럽은 저희 도시의 젊은이들에게 유명한 장소로 유명한 홍대 거리에 있습니다. 네온 사인과 거리에 있는 스탠드 광고로 때문에 찾아가는 것이 쉽습니다. 클럽 춤추는 무대와 단지 사람들과 어울리거나 술을 마실 수 있는 스탠딩 라운지가 있는 매우 넓은 공간입니다. 거기에는 직장나 큰 무리를 위해 맞춰진 테이블들이 있지만 저는 주로 북적한 팔걸이 의자와 함께 있는 라운드 테이블에 앉습니다. 비록 이곳은 조금 어두워서 모두가 서로를 건드리지 않는다는 느낌으로 즐겁게 놀기 위해서 이곳은 아주 즐겁습니다. 조명은 낮게 깔리고 시끄러운 대화 소리와 음악이 함께 계속해서 부딪치는 소리가 있습니다. 바텐더들은 아주 숙련되어서 그 아무가 끝나면 손님들과 함께 앉아 술을 마시기도 합니다. 금요일 저녁에는 1+1 행사가 있어서 저는 자주 그 것을 이용합니다. 저는 그렇게 술을 많이 마시는 사람은 아니지만 스트레스가 많은 한 주가 지나고 이 분위기에서 사람들과 어울리고 춤추는 것을 정말 정말 좋아합니다. 저는 도시의 많은 클럽을 갔었지만 이곳은 단연코 제가 가장 좋아하는 곳입니다.

well-known for ~로 유명한   push 고급스런   dingy 어두운   heavy drinker 술을 많이 마시는 사람 clink glasses 잔을 부딪치다   sociable 친목적인   by far 활씬   단연코

6 Tell me about the first time you went to a club. When was it and who did you go with? Why did you decide to go there? Tell me all about that first time of visiting the club.

해석 당신이 클럽에 갔던 처음에 대해 말해 주십시오, 언제였으며 누구와 함께 있었습니까? 왜 그곳에 가기로 결정했습니까? 그 클럽을 방문했던 처음에 대해 말해 주십시오.

TIP 처음 클럽을 방문한 경험을 지사히 설명하는 문제로 앞에서 여러 번 다루었던 첫 경험에 대한 답변하는 검 모든 것이 신기하고 어색했던 감정을 중심으로 설명하면 좋겠습니다. 처음엔 어색했지만 시간이 지나면서 분위기에 어울리게 되고 결과적으로 즐기게 되었다는 흐름으로 진행하면 됩니다.

IH Model Answer

I can remember the very first time my friend took me to a club after we had finished our finals. It was the last day of the semester, and we really needed a good place to just chill out. It was a small club a few blocks away from my school and many friends recommended it as an attractive place to visit. The signs and posters on the front were quite appealing, but I was a little nervous to go in. When I first entered the club, I was stunned because the inside of club was so crowded and noisy. As we walked in, a worker who looked very busy showed us to a quieter table away from the main crowd. However, the lights were dim and no one seemed to care about each other; we did feel a little more comfortable soon after. After finishing a couple bottles of beer, I became very relaxed and started to dance with other people. AL 추가 답변 I danced for several hours on the dance floor and met several new friends and drank with them until dawn. I have been to many different clubs since then, but the night I visited a club for the first time was very special for me.

해석 저는 제 친구가 기말고사가 끝난 후 저를 생전 처음 클럽에 데리고 간 그때를 기억합니다. 그것은 학기의 마지막 날이었고 저희는 단지 기분 전환하는 진짜 좋은 방문을 위한 장소가 정말 필요했습니다. 그것은 저희 학교에서 몇 구역 떨어진 곳이었고 많은 친구들이 이곳을 방문할 만한 매력적인 장소라고 추천했습니다. 사인과 현관 앞에 포스터들은 상당히 매력이 있었지만 그렇지만 저는 안으로 들어가기가 약간 긴장이 되었습니다. 제가 처음 클럽에 들어갔을 때 저는 너무 붐비고 시끄러워서 얼어붙었습니다. 저희가 들어갈 때 매우 바빠 보이던 직원이 사람들이 주로 몰려있는 곳에서 떨어진 조금 조용한 테이블을 보여줬습니다. 그러나 조명은 희미하고 아무도 서로 신경 쓰는 것 같지 않고 그래서 저희는 이내 곧 아주 많이 편안함을 느꼈습니다. 몇 병의 맥주를 마시고 나서 저는 더욱 편해졌고 다른 사람들과 어울리기 시작했습니다. 결과적으로 저는 댄스 플로어 위에서 몇 시간이나 춤을 추었고 여러 명의 새 친구들을 만나서 새벽까지 술을 마셨습니다. 저는 그 이후에 많은 다른 클럽들을 대해왔지만 처음으로 클럽을 방문했던 그 밤은 저에게 아주 특별했습니다.

chill out 긴장을 풀다, 기분 전환하다   be stunned 얼어붙다

7 Tell me about a time that you went to a club and had something interesting or unexpected happen. I'd like to know all about that experience. Tell me what happened that day and why this experience is so memorable for you.

해석 당신이 클럽에 있을 때 무언가 흥미롭거나 예상치도 못했던 일이 벌어진 경험으로 답변을 해 봅시다. 그날 무슨 일이 일어났었고 왜 그 일이 당신에게 그렇게 기억에 남는지를 경험에 대해 모두 알고 싶습니다. 그날 무슨 일이 일어났었고 왜 그 일이 당신에게 그렇게 기억에 남는지를 경험에 대해 말해 주세요.

TIP 클럽에서 있었던 특별한 경험을 설명하는 문제로 자기가 오래 전 친했던 친구를 우연히 만나서 신기하면서도 재미있었다고 답변합니다. 이후에 너무 반가워서 이후까지 지난 이야기를 술집에서 나누었다는 후로도 붙여 봅니다.

IH Model Answer

I often go to the club with my friends for a casual drink on Saturdays. One night, a couple of months ago, we arrived at the club and found a nice table near the bar. There was a crowd at the club as usual, and I didn't really recognize anyone since the lights inside were so dim. My friends and I ordered some drinks and just chatted as we waited for the bartender to make them. Suddenly, I thought I heard my name, but when I turned around to figure out where the voice was coming from, I couldn't see anyone. I assumed that with the loud music and constant chatter, I had been mistaken. But, once more, I heard my name and could vaguely see a young man waving at me from the corner of the club. My friend thought the man was a little drunk, but then he came over and put his hand on my shoulder. Looking at him up close, I realized he was one of my closest friends from elementary and middle school. He had moved to another city when we were in our senior year, and it was very hard to keep in touch because of the distance. AL 추가 답변 We were so surprised and amused to meet each other in a dance club after such a long time. I asked him to go to a less crowded pub. We talked there for several hours as we caught up on what was happening in our lives. At first, it was a just typical Saturday night at a club, but later, it became a very special night as I was reconnected with an old friend from my early days.

이야기를 나눴습니다. 처음에는 클럽에서 평범한 토요일 저녁이었지만 나중에 어린 시절의 오랜 친구와 다시 연결된 아주 특별한 밤이 되었습니다.

vaguely 희미하게 long distance 장거리

난이도 재조정 ▶ 비슷한 질문

8 You indicated that you go to a health club. Describe the health club that you often go to. Where is it located, and what does it look like? Tell me about all you can see at the gym in as much detail as possible.

해석 당신은 헬스클럽에 간다고 했습니다. 당신이 자주 가는 헬스클럽에 대해 묘사해 보세요. 어디에 위치해 있으며, 어떻게 생겼습니까? 헬스장에서 당신이 볼 수 있는 것에 대해 가능한 한 자세히 이야기해 보세요.

TIP 자주 가는 헬스클럽으로 집 근처에 최근 오픈한 곳으로 설명을 해 봅시다. 헬스클럽의 분위기와 운동 기구, 트레이너들에 대해 설명하고 사우나이나 샤워, 음료 제공을 하는 작은 카페가 있다고 설명합니다. 마지막으로 운동을 위해 좋은 헬스클럽을 찾는 것이 도움이 된다는 의견을 덧붙여봅니다.

설문 - 운동 | 헬스 3단 콤보

IH Model Answer

The fitness center I go to every day is located just a ten minute walk from my apartment. Lots of people go there to work out because it is a newly built gym in our neighborhood. It is a 24-hour fitness center that opened just a few months ago, and it has the most modern equipment for working out. There are a lot of windows that provide natural lighting, and it has a good air-conditioning system. The treadmills are positioned near the windows so people can see the view outside. There is lots of space for the weight-lifting equipment, and there is also space to relax or do stretching exercises. One of the best things about this gym is the energetic and bright atmosphere created by the music. There are many qualified trainers, and to encourage new customers, they offer special prices for joining a personal training program. After an intense workout, it is very refreshing to hit the showers and relax in the sauna right inside the health club. However, my favorite spot in this club is a small café that serves healthy juices and coffee for members. AL 추가 답변 For anyone who wants to start exercising, the fitness center in my neighborhood would be the perfect choice. It is always difficult to start an exercise routine, but if you find a gym you really like, it helps.

해석 제가 매일 가는 헬스클럽은 제가 사는 아파트에서 걸어서 10분 거리에 위치해 있습니다. 그것은 제가 사는 동네에서 가장 최신 헬스클럽이기 때문에 많은 사람들이 운동을 하러 그곳에 갑니다. 이곳은 작년에 개장을 한 24시간 헬스클럽이어서, 운동을 하기 최신 기구를 갖추고 있습니다. 그곳에는 자연광을 위한 많은 창문이 있고 좋은 에어컨 시스템을 갖추고 있습니다. 러닝머신, 역도를 위한 많은 근육에 있어서 휴식을 취하거나 다른 스트레칭 운동을 할 수 있는 공간도 있습니다. 이 헬스클럽의 가장 좋은 점 중 하나는 운동 이후에 내는 에너지나 고객을 고무시키기 위해서 남지고 받은 트레이닝 프로그램입니다. 헬스클럽은 자격을 갖춘 트레이너들을 많이 있습니다. 강도 높은 운동 후에 헬스클럽 안에 있는 사우나에서 샤워를 하고 쉬야하는데 특별 가격을 제시하고 있습니다. 그러나 제가 이곳에서 가장 좋아하는 곳은 클럽 안에 있는 건강한 음료와 커피를 제공하는 작은 카페입니다. 운동을 시작하고 싶은 사람들에게 저희 동네에 있는 헬스클럽은 완벽한 선택일 것입니다. 운동을 시작하는 것은 언제나 어렵지만 만약 당신이 정말 좋아하는 헬스클럽을 찾으면 도움이 됩니다.

natural lighting 자연 채광   qualified 자격이 있는   intense 강렬한   hit the shower 샤워를 하다

9 Why did you start working out at the gym? And what has changed physically and mentally over the years? Tell me about yours before and after working out at the gym.

해석 왜 헬스장에서 운동을 시작했습니까? 그리고 시간이 지나면서 육체적으로, 정신적으로 어떤 변화가 있었습니까? 헬스장에서 운동을 한 이전과 후의 당신의 모든 변화에 대해 말해주세요.

TIP 출제자 헬스장에서 운동을 시작한 이유와 헬스장에서 운동을 시작한 후의 몸과 마음에 대해 말하는 문제입니다. 헬스장에서 운동을 시작했을 때 여러 가지로 많이 힘들었지만 운동을 시작한 후로 몸과 마음이 많이 건강해지고 좋아졌다는 식으로 답변을 할 수 있습니다.

IH Model Answer

When the new fitness center opened in our neighborhood, I dropped in to check it out. I was really impressed by all the new equipment, friendly trainers, and bright atmosphere. I had gained weight because I didn't have time to exercise due to my busy schedule. I really wanted to be healthier, so I decided to sign up. The first day I went to the health club was extremely hard because I hadn't worked out for a long time. I felt disappointed in myself because most of the people in the center were in great shape while I was far behind. The trainers told me it would get better if I continued, and to not give up. That was good advice. As I continued working out for a couple of weeks, I felt much more energetic. Also, I noticed I was losing weight, and my body was gaining more muscle. My shape was starting to change, so I started working out every day. AL 추가 답변 I think, after exercising regularly, my body as well as my mind are much stronger than before. Starting regular exercise is one of the best decisions I have ever made for my health. I even recommended that my friend find a good health club and get started on a workout routine just as I did.

해석 저희 동네에 헬스클럽이 개장했을 때, 저는 그곳을 돌아보기 위해 잠깐 들렸습니다. 모든 새로운 기구들과 친절한 트레이너들, 그리고 밝은 분위기가 무척 인상적이었습니다. 저는 바쁜 일정 때문에 운동을 할 시간이 없기 때문에 체중이 늘었습니다. 저는 정말로 더 건강해지고 싶었기 때문에 회원 등록을 하기로 결심했습니다. 오랫동안 운동을 하지 않았기 때문에 헬스클럽에 처음으로 간 날은 정말 힘들었습니다. 저는 아직 멀었는데 헬스장 안에 대부분의 사람들이 몸매가 무척 좋아서 처음 며칠 동안은 저 자신에게 많은 실망을 했습니다. 트레이너들은 제가 만약 운동을 계속하고 포기하지 않는다면 나아질 것이라고 말해 주었습니다. 운동을 계속 그로부터 몇 주 후에 몸에 힘이 생기는 걸 느꼈기에 그의 조언은 옳았습니다. 또한 살이 빠지고 제 몸에 더 많은 근육이 생긴 것을 알게 되었습니다. 체 몸매는 변하기 시작했고 정신도 이전보다 훨씬 강해진 것 같습니다. 제 생각에 규칙적인 운동을 한 이후에 제 몸뿐만 아니라 제 정신도 이전보다 훨씬 강해진 것 같습니다. 규칙적인 운동을 시작한 것은 제 건강에 제가 한 최고의 결정 중 하나였습니다. 저는 심지어 제 친구들에게 괜찮은 헬스장을 찾아서 제가 한 것처럼 운동을 시작하라고 추천합니다.

shape 몸매   be far behind 한참 뒤떨어지다, 많이 뒤떨어지다

10 Things can happen while working out at the gym. Do you have any interesting experiences while working out at the gym? Tell me about an experience that is unforgettable for you.

해석 체육관에서 운동하는 중에 여러 가지 일들이 일어날 수 있습니다. 체육관에서 운동하는 도중에 흥미로운 경험이 있었습니까? 잊을 수 없는 경험에 대해서 이야기해 보세요.

TIP 헬스장에서 짧은 기간에 바른 일로 운동 기구가 오작동되어 다쳤었던 경험을 답변으로 준비해도 좋습니다. 트레이너의 도움으로 부상을 피했고, 그 후 운동 기구를 이용할 때 조심하게 되었다는 내용으로 마무리하면 됩니다.

Actual Test 8 57

IH Model Answer

I joined the health club about six months ago because I had gained weight. Most of my experiences at the fitness club have been routine, but there is one experience that is really unforgettable. After going there for several months, my trainer suggested I change my working out routine. I had stopped losing weight, and it was time to try something different to help me reach my goal weight. One evening, I decided to run on the treadmill for 30 minutes and suddenly something went wrong. At first, the treadmill was working fine, but after five minutes I could not control the speed at all. I was feeling very tired, but the machine did not slow down, and I could not get off. Thankfully, the trainer quickly came and stopped the machine, and I was able to get off safely. The manager of the health club apologized, but I was quite upset because it could have been a really dangerous situation. However, they gave me one free month at the fitness center, and I knew the staff had helped me quickly, so I decided to continue with my workout at the gym. AL 추가 답변 Since then, I have always been very careful on the treadmill, and fortunately, such a problem hasn't happened again. I will never forget that experience, and I learned that even the best equipment can have problems sometimes.

해석 최근 저는 살이 쪄서 6개월 전에 헬스클럽에 등록했습니다. 헬스클럽에서의 대부분의 경험은 일상적이었지만 정말 잊을 수 없는 한 가지 경험이 있습니다. 그곳을 다닌 지 몇 개월 후 제 트레이너는 제 운동 식을 바꿔보라고 제안했습니다. 체중 감량이 멈췄었고 목표 체중에 도달할 수 있도록 무언가 다른 걸 시도해 봐야야 할 때였습니다. 어느 저녁, 저는 준비운동으로 15분간 러닝머신 위를 뛰었는데 갑자기 문제가 잘못되었습니다. 그 러닝머신은 사장할 때 정상적으로 작동했지만, 5분 후 저는 속도를 전혀 조절할 수가 없었 습니다. 저는 무척 지쳤지만 그 기계는 속도가 줄지 않았기에 저는 그곳에서 나올 수가 없었습니다. 다행히, 트레이너가 와서 기계를 멈춰 주었고, 저는 안전하게 나올 수 있었습니다. 헬스클럽 매니저는 저에게 사과했지만 그것은 무척 위험한 상황으로 변할 수 있었기 때문에 저는 꽤 화가 났습니다. 그러나 그들은 저에게 헬스 클럽 1개월 무료 무료를 주었고, 저는 직원이 빨리 도와줬다는 것을 알고 있었기에 그 체육관에서 운동을 계속 하기로 결정했습니다. 그때 이후로 저는 러닝머신 위에서 무척 조심하고 다행하도 그와 같은 문제는 다시 일어나지 않았습니다. 저는 그 경험을 절대 잊지 못할 것이며 아무리 최고의 기구라도 가끔은 문제가 있을 수 있다는 것을 배웠습니다.

run on the treadmill 러닝머신 위를 뛰다   get off 내려오다

설문 - 휴가나 출장 | 국내 출장 관련 롤플레이 3단 콤보

11 I'd like to give you a situation and ask you to act it out. You are going to visit a new city on a business trip. Call your business partner in the city and ask three or four questions to help you plan a successful trip.

해석 당신에게 상황을 주고 해결하라고 요청하겠습니다. 당신은 출장으로 새로운 도시를 방문하게 되었습니다. 그 도시의 사업 파트너에게 전화를 해서 성공적인 여행을 계획할 수 있도록 서너 가지 질문을 해 보세요.

TIP 국내 출장에서 출제되는 상황에서는 출장을 가기 전에 그곳의 정보를 사업 파트너에게 물어보는 문제입니다. 상황에 맞게 그 지역에 유명 식당을 물어본다거나, 호텔을 물어본거나, 가져가야 할 사항에 대해 질문하면 되고 마지막으로 조금 응용력을 발휘해서 신제품을 가져가려고 하는데 얼마나 가져가야 하는지 적절한 답변이 되었습니다.

IH Model Answer

Hello? Is this John? I am scheduled to have a meeting with you at your office tomorrow afternoon. I can't wait to meet you and talk about our new project. I'd also like to visit some restaurants after all the meetings are finished. I heard your city is famous for seafood. 질문1 Which seafood restaurants are most famous? 질문2 Also, can you recommend a business hotel that provides free Internet and a nice breakfast? 질문3 Is there anything you want me to bring for this visit other than our newest products to you and your staff. AL 추가 답변 Lastly, I want to bring some of our newest products to you and your staff. Can you please tell me how many I should bring? I do not want to be short. I look forward to seeing you soon. Thank you. Bye.

해석 안녕하세요, 존이죠? 저는 내일 오후에 저는 당신의 사무실에서 당신과 함께 미팅을 하는 스케줄이 있습니다. 저는 내일 당신을 만나서 저희의 새로운 프로젝트에 대한 이야기를 나누기를 고대합니다. 그러나 저는 모든 미팅이 끝났을 때 몇 군데 식당을 방문하기를 바랍니다. 당신의 도시가 해산물을 운영하는 비즈니스 호텔을 추천해 주실 수 있을까요? 마지막으로 저는 당신과 그곳 직원들을 위해 저희의 신제품을 가져가고 싶습니다. 몇 개나 가져가야 하는지 말해 줄 수 있나요? 모자라게 가져가고 싶지 않습니다. 곧 만나기를 고대합니다. 감사합니다. 안녕히 계세요.

newest product 신제품   be short 모자라다

12 I am sorry. There is a problem which I need you to resolve. You have arrived in a city, but are going to be late for the scheduled meeting with your business partner. Call him and explain what happened and suggest two or three options to resolve the situation.

해설 미안하지만 당신이 해결해야 할 문제가 있습니다. 당신은 도시에 도착했는데 예정된 미팅에 늦게 도착하게 되었습니다. 그에게 전화해서 무슨 일이 일어났는지 설명하고 이 문제를 해결하기 위해 서너 가지 제안을 해 보세요.

TIP 앞에서 연급된 상황으로 유사 출장 지역에 도착했는데 사정이 생겨 미팅에 늦게 되 약속된 상황을 대처하는 문제입니다. 주택할 것은 질문에서 늦게 된 이유가 나오지 않고 응시자가 순발력 있게 관련 사정을 만들어야 하는 것입니다. 아래 답변에서 아름답 좋은 답변이 됩니다. 대안으로 응용력 있는 생각과 어울려 좋은 답변이 될 것입니다. 대안으로 이메일로 자료를 미리 보내거나 화상회의를 제언할 수 있겠습니다.

IH Model Answer

Hi, John. I am so sorry. AL 추가답변 Our marketing team and I just arrived at the airport, but I am afraid we will not make it to the meeting on time. For technical reasons, the plane left later than we expected. So, instead of having you wait for us, would it be okay for me to send you the marketing plan right now via e-mail? Then, you and your staff can look at it in advance and get a feel for what we will be discussing today. Otherwise, should we start our meeting via video conferencing? We are planning to take a cab, and it will be very quiet inside. Please discuss it with your staff and let me know how you want to do it. Thank you.

해설 안녕하세요, 존. 너무 미안합니다. 저와 저희 팀은 방금 공항에 도착했지만 회의 장소에 제 시간에 참석할 수 없을 것 같아 걱정이 됩니다. 기술적인 문제로 비행기가 예상한 것보다 늦게 출발했습니다. 그래서 당신이 저희를 기다리게 하는 것 대신에 지금 마케팅 계획표를 이메일로 보내도 될까요? 그러면 당신과 회사의 직원들이 먼저 살펴보고 오늘 상의하게 될 것에 대해 감을 잡을 수 있을 것 같습니다. 그렇지 않으면 화상 회의로 미팅을 시작할까요? 저희는 택시를 잡을 것이고 그 안은 매우 조용할 것입니다. 직원들과 상의해 보고 어떻게 하실 건지 알려 주십시오. 감사합니다. 기술적인 문제가 via 통화여 in advance 사전에 get a feel 대충 느낌을 알다

13 That's the end of the situation. Have you ever been late for a meeting, event, or planned departure? Could you describe the situation? What happened? What made you late? When did this happen? I'd like to hear the details of your experience.

해설 이것으로 상황은 끝났습니다. 당신은 전에 미팅이나 이벤트, 또는 계획된 출발에 늦어본 적이 있습니까? 그 상황을 설명해 주시겠습니까? 무슨 일이 일어났습니까? 무엇이 당신을 늦게 만들었습니까? 언제 이 일이 일어났습니까? 당신의 경험에 대해 자세히 듣고 싶습니다.

TIP 출발이 지연된 과거 경험으로 실제 국내 해외 출장을 기다리다 취소됐던 상황을 예로 답해 봅시다. 가보 싶었던 국내 도시에서 열렸던 세미나에 참여하기로 했는데 날씨 때문에 취소가 되었고 그곳에 원래 그곳에서 몇 주간 휴가를 머물려던 자신의 계획도 모두 영양이 되어버린 상황을 자세하게 설명합니다. 이러한 상황은 응시자가 여행이나 출장에 관련된 기억에 남는 경험으로 다양하게 적용하여 사용할 수 있으므로 여러모로 유용한 답변이 될 수 있습니다.

IH Model Answer

Last summer, I was originally scheduled to go to a seminar related to the field I work in. It was about a two-hour flight to the seminar, and I went to the airport early enough. I was excited and eager for this seminar and the city I was going to visit because it was my first time there. However, the flight was delayed for two hours and ultimately couldn't depart because of weather conditions. The weather where I was departing was not bad, but the city where the seminar was being held was suffering from a bad rainstorm. I was going to find another way to get there, but heard that others who were planning to go to the seminar from different areas also had problems getting there on time. The seminar was actually delayed a week, and they were expecting the sky to clear up by that time. AL 추가답변 Actually, I was planning to stay two extra days in that city after the seminar for my paid vacation, but all my plans were changed because of these sudden conditions. The worst thing was that I had a new project starting the following week, and couldn't find anyone to fill in for me. I had to go back to work and my boss sent someone else for the seminar. Even now, it brings up a bad memory when I think about that day.

해설 작년에 저는 원래 제 분야와 관련된 세미나에 가기로 예정되어 있었습니다. 세미나까지 두 시간 비행이어서 저는 공항에 아주 일찍 갔습니다. 그 도시를 방문하는 것은 처음이었으므로 저는 이 세미나와 제가 가 야 하는 도시에 대해 아주 흥분도 되고 기대에 부풀어 있었습니다. 그런데 날씨 상황 때문에 비행이나 두 시간이 지연되다 결국에는 출발하지 못했습니다. 제가 출발하는 곳의 날씨는 나쁘지 않았지만 세미나가 열리는 곳의 상황은 폭풍 때문에 문제를 갖고 있었습니다. 저는 그곳에 가기 위해 다른 방법을 찾으려고 했지만 저는 다른 지역에서

설문 – 취미나 관심사 | 요리하기 2단 콤보

14 You indicated that you like cooking. Describe your favorite types of food to make. What kinds of foods do you like cooking and why do you like cooking these dishes? Please tell me as much as you can.

해석 당신은 요리하는 것을 좋아한다고 했습니다. 당신이 가장 만들기 좋아하는 음식의 종류를 설명해 보세요. 어떤 종류의 음식을 좋아하고 왜 그 음식을 요리하는 것을 좋아합니까? 가능한 한 많이 이야기해 주세요.

TIP 즐겨 하는 요리에 대해 설명하는 문제로 김치 볶음밥과 김치찌개 등 김치와 관련된 요리를 즐겨 한다고 답변을 합니다. 김치로 만드는 요리는 쉽고 맛도 좋아서 친구들이나 가족들에게 언제든 요리해 줄 수 있음을 설명하고 마지막으로 요리에 대한 자신의 생각을 덧붙여서 마무리하면 되겠습니다.

IH Model Answer

I have really enjoyed cooking ever since I was a child at home. I especially enjoy making different types of Korean food because I watched my mom cook for many years. Many Korean dishes are made from kimchi, and I really enjoy the spicy flavor. Using kimchi, I can make kimchi fried rice, kimchi soup, kimchi stew, and many other kimchi dishes. After leaving home, I needed to find dishes that were easy to prepare, but were delicious as well. Kimchi dishes are both easy and delicious, so I often cook kimchi soup for lunch and kimchi fried rice for dinner. Sometimes, I add a few other vegetables for flavor, so my meal is always unique. In addition, I always have that main ingredient in my house to make my cooking easier. I am always looking for new recipes, but they don't turn out as delicious as the dishes I make routinely. Whether it is just me or a group of friends, I can easily cook enough food for everyone to enjoy. AL 추가 답변 My friends compliment my cooking and always ask where I learned to cook so well. I never get bored of cooking, and I always feel a sense of satisfaction when I finish cooking a meal.

해석 저는 어렸을 때부터 집에서 요리하는 것을 무척 좋아했습니다. 수년간 엄마가 요리하는 것을 보았기 때문에 특히 다양한 종류의 한식을 만드는 것을 좋아합니다. 많은 한국 요리들은 김치로 만들어집니다. 그리고 저는 매운 맛을 무척 좋아합니다. 김치를 사용해서 김치 볶음밥, 김치찌개로 다른 많은 김치 요리들을 만들 수 있습니다. 집을 떠나고 난 후에는 저는 준비하기 쉬우면서도 맛있는 음식을 찾아야 했습니다. 김치 요리들은 쉽고 맛있어서 보통 점심으로는 김치국을, 저녁으로는 김치볶음밥을 요리합니다. 때때로 저는 향을 위해 다른 몇몇 채소를 넣기도 해서 제 식사는 언제나 독특합니다. 또한 저는 언제나 집에서 요리를 쉽게 만들기 위해 언제나 집에 주요 양념을 가지고 있습니다. 저는 언제나 김치를 이용한 새로운 요리를 찾지만 평소처럼 맛있게 만들기가 쉽지 않습니다. 제가 혼자 있거나 혹은 친구들의 모임에도 저는 모두가 즐길 수 있는 충분한 음식을 쉽게 만들어 낼 수 있습니다. 제 친구들은 제 요리를 칭찬해 주고 언제나 어디서 이렇게 요리를 잘 배웠냐고 묻습니다. 저는 요리가 결코 싫증나지 않고 음식을 요리하고 나면 언제나 만족감을 느낍니다.

spicy 양념이 강한 flavor 풍미, 맛 compliment 칭찬하다

15 You said you like to cook. What kind of food do you usually cook? Compare the food from two different countries. What are the differences between them?

해석 요리를 좋아한다고 했는데 보통 어떤 요리를 합니까? 다른 나라 요리와 비교해 보세요. 두 나라의 차이점이 무엇입니까?

TIP 출제 경향으로 나온 한국 요리와 다른 나라 요리를 비교하는 문제입니다. 김치같이 매운맛이 매력인 한국 음식을 설명하고 그다지 맵지 않으면서 담백한 이탈리아 음식과 비교해서 답변이 되겠습니다. 마지막으로 음식이 중요한 문화 중 하나라는 의견을 나타내는 문장을 덧붙여서 마무리해 봅시다.

IH Model Answer

For an ordinary meal, Koreans usually have rice, soup and Kimchi with a couple of side dishes. Kimchi, a spicy pickled cabbage, is the national dish of Korea. In addition, Korean dishes are usually cooked using Korea's famous red chili paste. It makes Korean food spicy, but most Koreans cannot live without this spice. Doenjang is also considered one of the essential sauces of Korean cuisine. It is used in a popular stew called

Actual Test 9

Background Survey

〈직업 관련〉
1 일 경험 없음
2 학생입니까? 네
 (연관 질문) 강의를 듣는 목적 – 학위 취득

〈주거지 관련〉
3 거주지 형태 – 독신자로 개인 주택이나 아파트에 거주

〈필수 선택 항목 12개〉
4 여가 활동 – 영화 보기, 공연 보기
5 취미나 관심사 – 음악 감상하기, 악기 연주하기, 혼자 노래 부르거나 합창하기
6 운동 – 자전거, 걷기, 헬스
7 휴가나 출장 – 국내 여행, 해외여행, 집에서 보내는 휴가

1 Let's start the interview. Can you tell me about yourself?

해석 인터뷰를 시작합시다. 자기 자신에 대해 얘기해 주시겠습니까?
TIP 미리 준비한 자기소개로 응답하세요.

돌발 – 여가 활동 | 3단 콤보

2 Tell me about the people you like to see when you have free time. Who are these people? Tell me about them in detail.

해석 당신이 시간이 있을 때 눈에 즐겨 만나는 사람에 대해 얘기해 주세요. 〈여가 활동〉 어떤 사람들입니까? 자세히 얘기해 주세요.
TIP 최근 등장하는 돌발 주제 중에 눈에 띄는 주제로 〈여가 활동〉으로 분류해 보이지만 휴가 기간이 아닌 여유 시간에 하는 활동을 설명하는 문제로 〈집에서 보내는 휴가〉에 등장하는 문제와 비슷하게 보이지만 휴가 기간이 아닌 여유 시간에 하는 단기로 하는 활동을 중심으로 설명하면 됩니다. 친한 친구들을 만난다고 해야 왜 친한지, 만나면 무엇을 하는지, 어떤 이야기를 나누는지 등을 언급하면 되겠습니다.

doenjang jjigae, which usually includes tofu, and various vegetables, such as chile peppers, zucchini and mushrooms. I cook Korean food, such as kimchi soup or doenjan jjigae when I have a meal at home. I also cook some Italian dishes at home sometimes such as spaghettis and other pastas that are very tasty and easy to make. Italian food is not as spicy as Korean food because it is cooked using only vegetables, olive oil and just salt for seasoning. One of the famous sauces is basically made using tomatoes. So, if you do not really enjoy the taste of spicy food, Italian food, with its mild taste, would be better. AL 추가 답변 Korean food is definitely a part of the culture, and for some people it takes skill to make these foods well. Different countries have different cultures, and food is an important part of what makes each culture unique.

해석 보통 식사로 한국인들은 주로 찌개 국, 김치와 함께 몇 개의 반찬을 먹습니다. 김치는 쉽게 접해진 배추로 한국의 요리입니다. 게다가 한국에 반찬들은 주로 붉은 고추장으로 만든 고추장입니다. 이것이 한국 음식을 맵게 하지만 대부분의 한국인들은 이 매운맛 없이는 살 수 없습니다. 된장은 또한 한국 요리의 필수적인 소스 중의 하나로 고려됩니다. 이것은 주로 두부나 고추, 호박, 버섯 같은 다양한 채소를 넣은 된장찌개라고 불리는 인기 있는 스튜로 만들어집니다. 저는 집에서 김치국이나 된장찌개 같은 요리를 합니다. 저는 또한 때로 맛도 있고 만들기도 쉬운 스파게티나 올리브 오일로 만드는 파스타 같은 이탈리안 음식도 요리합니다. 이탈리안 음식은 한국 음식만큼 맵지는 않습니다. 이태리 요리의 중요한 소스 중 하나는 기본적으로 토마토를 사용해서 만들어집니다. 그래서 만약 당신이 매운맛을 즐기는 것이 아니라면 순한 맛의 이탈리안 요리가 더 낫습니다. 한국 음식은 분명히 한국 문화의 일부이고 어떤 사람들에게는 이 음식을 제대로 만들기 위해서 여전히 기술이 필요합니다. 각 나라들은 각기 다른 문화들을 가지고 있고 음식은 그 문화를 독특하게 만들어 주는 중요한 요소입니다.

pickled cabbage 절임 배추 red chili paste 고추장 essential sauce 필수적인 소스 tofu 두부 chili pepper 고추 zucchini 호박 mushroom 버섯

IH Model Answer

I don't have a lot of free time, but if I do have time, I hang out with my friends. My schedule is usually quite busy during the week, but weekends are a little freer. After a busy week, I usually meet my closest friends from high school. We met during orientation our freshman year, and we have stayed close ever since. We have so much in common and our interests and goals are quite similar. I never get bored when I am with them. We mostly talk about our experiences from the past week. I can talk to them about my accomplishments or my disappointments. That's why I look forward to spending free time with my friends when I've had a hard week. Sometimes, I also meet my family members or relatives and head to the mall to see a movie or eat out. AL 추가 답변 I always manage to find time to hang out with people I love because they understand me the most and always make me feel relaxed. I believe that no matter what happens, they will be on my side.

해석 저는 많은 여유 시간이 없지만 시간이 된다면 친구들과 어울립니다. 제 일정은 주로 주중에는 상당히 바쁘지만 주말에는 좀 더 자유롭습니다. 바쁜 한 주를 보낸 후에 저는 주로 고등학교 때 제일 친한 친구들을 만납니다. 저희는 신입생 오리엔테이션에서 만났으며 그 이후로 계속 가깝게 지내고 있습니다. 저희는 많은 공통점을 가지고 있으며 관심사와 목표도 상당히 비슷합니다. 저는 그들과 있을 때 절대 지루하지 않습니다. 저희는 주로 지난 일주일 동안의 경험에 대해 말합니다. 저는 그들에게 제가 성취한 것이나 실망한 것들에 대해 말할 수 있습니다. 그것이 제가 힘든 주를 지내면 친구들과 여가 시간을 함께 보내기를 고대하는 이유입니다. 때로는 저는 제 가족들이나 친척들을 만나서 영화를 보거나 외식을 하기 위해 쇼핑몰을 가기도 합니다. AL 추가 답변 저는 항상 저를 이해해주고 가장 잘 이해하고 우리가 함께했던 모든 순간들이 매우 특별했습니다. 저는 저희가 다시 보기까지 그렇게 오래 걸리지 않기를 바랄 뿐입니다.

hang out 어울리다   have in common 공통점을 갖다   get bored 지루해지다   accomplishments 성취한 일들   be on my side 내 편이 되다

3 When was the last time that you visited friends or family members? Who did you meet, and what things did you do with him or her? Tell me all about your last visit in as much detail as possible.

해석 마지막으로 친구나 가족을 만난 경험을 묻는 문제로 언제였는지, 누구를 만났으며 그 또는 그녀와 무엇을 했는지?, 최대한 자세하게 마지막 방문에 대해 말해 주세요.

TIP 마지막으로 지인을 만난 경험을 묻는 문제입니다. 부산에 직장을 구해 내려가게 된 친구를 만나게 된 경험을 이야기하고 도착했을 때부터 무엇을 했는지 순서대로 설명하면 됩니다.

IH Model Answer

Last summer, I visited my best friend who moved to Busan. He moved when he got a new job in Busan and we didn't get to see each other much after that. I booked my KTX ticket online in advance and let my friend know the arrival time. When I arrived at the station in Busan, my friend was waiting in his own car to take me to his home. He had prepared a full schedule of activities, including shopping and lots of sightseeing. However, there was so much to talk about because we hadn't seen each other for several months. The first night, we went to a local pub and drank a lot. The next morning, we ate delicious seafood at a famous restaurant near the beach. We decided to spend the rest of the day relaxing on the beach. We chatted some more while enjoying the refreshing ocean air. AL 추가 답변 It seemed like such a short visit, but every moment we spent together was very special. I hope it won't be too long before we see each other again.

해석 지난여름에 저는 부산으로 이사한 친한 친구를 방문했습니다. 그는 부산에 새 직장을 구했을 때 이사를 했고 그 이후로는 저희는 서로를 잘 볼 수 없었습니다. 저는 사전에 온라인으로 KTX 표를 예매하고 도착 시간을 친구에게 알려 주었습니다. 제가 부산에 도착했을 때 친구는 저를 집으로 데려가려고 그의 차에서 기다리고 있었습니다. 그는 쇼핑이나 여러 관광지를 보러 가는 것을 포함한 꽉 찬 스케줄을 준비했습니다. 그러나 우리는 몇 달 동안 못 만났기에 할 말이 아주 많았습니다. 첫째 날에 저희는 지역 술집에 가서 술을 많이 마셨습니다. 다음 날에 아침에 저희는 해변가 근처에 있는 유명한 식당에서 맛있는 해산물 요리를 먹었습니다. 저희는 그날 남은 시간을 해변가에서 휴식하기로 결정했습니다. 저희는 신선한 바다 공기를 즐기면서 좀 더 이야기를 했습니다. 이것은 아주 짧은 방문 같았지만 우리가 함께했던 모든 순간은 매우 특별했습니다. 저는 저희가 다시 보기까지 그렇게 오래 걸리지 않기를 바랄 뿐입니다.

arrival time 도착 시간   sightseeing 관광

4 Do you think people in your country enjoy their leisure time? If so, what do people usually do in their spare time? Please tell me what you think about leisure time in your country.

해석 당신 나라의 사람들은 여가 시간을 즐기고 있다고 생각합니까? 그렇다면 사람들은 여가 시간에 주로 무엇을 합니까? 당신 나라에서의 여가 활동에 대해 당신이 생각하는 것을 말해 주세요.

TIP 너무 6하 원칙 출제 유형으로 연령층이 아닌 사회적 이슈나 문제점에 대한 응시자의 의견을 말하는 문제입니다. 앞에서 나왔던 여가 활동과 이야기와 직장을 구해 내려가게 된 친구를 만나게 되는 질문으로 특별한 정답을 요구하는 것이 아닌 한국 사회의 여가 활동 모습과 그에 대한 응시자가 생각을 답하면 됩니다. 세계적으로 한국 사람들은 일을 많이 하는 것으로도 유명합니다.

IH Model Answer

Korean people do not have much spare time because they are busy working or studying. Koreans, like people in other countries, love to relax and get together with friends or family. However, the people in my country usually spend their free time studying, or for finishing work that needs to be done. Students of all ages spend their spare time at academies trying to improve their chances of attending a good university. I heard that Korean people have the longest working hours among OECD countries. One article says that Canadians have twice the leisure time that people in our country now have. This is because Koreans needed to work long, hard hours in order to overcome the difficulties and poverty of our country in the past. People needed to work as long as their bodies allowed, and they thought leisure time was merely luxurious behavior. This is still a strong part of Korea's culture, but with influence from other countries, it is rapidly changing. More and more, people can be seen taking part in leisure activities instead of just studying or working. AL 추가 답변 I think people now know that we need to have some free time to relax and be refreshed. These days, even the government and major companies of Korea recognize and agree with the idea that leisure time is essential in order to ensure quality life.

해석 한국 사람들은 일하거나 공부하느라 바빠서 여가 시간이 그렇게 많은 여가 시간이 없습니다. 한국 사람들도 다른 나라 사람들처럼 쉬는 것을 좋아하고 친구나 가족들과 함께하는 것을 좋아합니다. 그러나 우리나라 사람들은 주로 그들의 시간을 추가 공부나 꼭 마쳐야 할 일을 끝내기 위해 사용합니다. 모든 연령의 학생들이 좋은 대학에 들어갈 기회를 늘리기 위한 노력으로 그들의 여가 시간을 사설 학원에서 보냅니다. 저는 한국 사람들이 OECD 국가를 중에서 가장 긴 노동 시간을 갖고 있다고 들었습니다. 한 신문 기사는 캐나다 사람들이 우리나라 사람들이 지금 가진 것보다 두 배나 많은 여가 시간을 갖고 있다고 말했습니다. 이것은 과거에 나라에 어려움을 극복하기 위해 한국 사람들이 긴 시간을 일을 많이 하고 있었기 때문입니다. 사람들은 그들이 몸이 수용하는 만큼 길게 일을 해야 했고 그저 여가 시간은 단지 사치스러운 행동이라고만 생각했습니다. 이것은 여전히 한국 문화의 강한 부분이지만 다른 나라의 영향과 함께 빠르게 변하고 있습니다. 점점 더 많은 사람들이 공부나 일만 하는 대신 여가 활동에 참가하는 모습을 보이고 있습니다. 사람들은 휴식을 위해 조금의 여가 시간을 갖고 재충전할 필요가 있다는 것을 지금은 알고 있는 것 같습니다. 요새는 심지어 한국의 정부나 주요 기업들까지도 여가 시간이 구성원의 양질의 삶을 위해 꼭 필요한 것이라는 사실을 인식하고 동의하고 있습니다.

spare time 여유 시간 overcome 극복하다 poverty 가난 luxurious behavior 사치스러운 행동 rapidly 빠르게 major companies 주요 기업들 recognize 인지하다 ensure 확실히 하다

설문 - 휴가나 출장 | 해외여행 관련 호텔 3단 콤보

5 You have stated that you like to travel abroad. Please explain about the last hotel you stayed in. Where was it? What did you like, and what did you dislike about the hotel? Tell me as much as detail you can.

해석 당신은 해외여행을 좋아한다고 답했습니다. 당신이 묵었던 마지막 호텔에 대해서 설명해 주세요. 어디에 있었나요? 호텔에서 무엇이 마음에 들었고, 무엇이 마음에 들지 않았습니까? 가능한 한 자세히 말해 주세요.

TIP 자신이 머물렀던 호텔에 대한 설명으로 마치 호텔 문제처럼 해외여행을 선택한면 나오는 호텔 3단 콤보 문제입니다. 특이한 점은 3단 콤보의 1년 문제부터 과거 시제로 대답해야 하는 마지막 호텔이 출제되었다는 것이므로 다른 콤보 유형에서는 보이지 않는 호텔 관련 공부에만의 특이한 구성으로 볼 수 있습니다. 자신이 직접 머물렀던 호텔이 아니라도 호텔 모사에서 나올 수 있는 친절한 직원이나 방이 전망, 식당이나 다른 기타 호텔 시설에 대한 설명을 준비하고 질문에서 언급되지 않았던 경험도 한 가지 정도 언급하면 좋습니다.

IH Model Answer

Last summer, my best friend and I traveled to Japan and had a chance to visit one of the beautiful islands of Japan. Before going, we checked out several hotels located along the white sandy beach there, and I decided to stay in one of the most famous hotels on the island for a couple of nights. The hotel's name was "Fridays" and their prices were very reasonable. The staff members were very friendly as they helped guests enjoy their stay. However, this hotel was located on the beach, so it was rather far from the main shopping area. That was the only thing I didn't like about that hotel. Many rooms had a view of the sea, but our room had a nice view of the garden with many lovely flowers. The hotel dining room was on the main floor, and we could enjoy the ocean breeze as we ate a delicious meal. There

Actual Test 9

was live music every night during dinner, and it helped me relax after a long day. AL 추가답변 Now I know why this hotel is so well-known and recognized as one of the best on the island. From my experience, I would recommend this hotel to anyone looking for a marvelous and reasonably priced place to stay on that island.

해석 지난여름 제 단짝 친구와 저는 일본으로 여행했고 일본의 가장 이름다운 섬 하나를 방문할 기회가 있었습니다. 거기 가기 전에 저희는 그곳 박사장에 따라 위치해 있는 몇몇 호텔들을 알아보았고 그 섬의 가장 유명한 호텔 중 하나에서 머물릴 머물로 결정했습니다. 그곳이 이름은 프라이데이스였고 그 가격이 매우 합리적이었습니다. 직원들은 손님들이 즐겁게 머물 수 있도록 돕기 위해 무척 친절했습니다. 그런데 제가 이 호텔에 머물기 않았다 했던 유일한 것이 있었습니다. 많은 방들이 바다로 전망이 있었지만 저희 방은 이름다운 꽃들이 있는 정원이 보였습니다. 호텔의 식당은 저희가 맛있는 음식을 먹어 바닷바람을 즐길 수 있었던 메인부분 위에 위치해 있었습니다. 재녁식사 도중에 라이브 음악이 흘렀고 그것은 긴 하루 끝에 저희가 휴식을 취할 수 있도록 도와주었습니다. 저는 지금은 왜 이 호텔이 그렇게 유명하고 섬의 최고로 알려져 있는지 알 수 있습니다. 제 경험에 의해서 이 섬에서 머물 만한 아주 멋지고 합리적인 가격의 숙소를 찾는 누구에게라도 저는 이 호텔을 추천할 것입니다.

sandy beach 모래사장   breeze 미풍   dining room 식당   marvelous 멋진   reasonably priced 합리적으로 가격이 책정된

6 Can you describe the last hotel room you stayed in when you travelled abroad? What was the room like, and what could you see from the room? Tell me in detail.

해석 당신이 해외여행 중 가장 최근에 머물렀던 호텔방에 대해 묘사해 주시겠습니까? 그 방은 어땠으며 그 방에서 무엇을 볼 수 있었습니까? 자세히 말해 주세요.

TIP 이번에는 호텔 방을 설명하는 문제로 호텔 방에서 볼 수 있는 방의 구조와 전망, 기타 TV와 인터넷 같은 부대시설을 설명하면 됩니다. 일본에 갔을 때 머물렀던 5성급의 고급 호텔이라고 설명하고 호텔이라고 맞는 화려하고 편안한 시설들을 말하면 되겠습니다.

IH Model Answer

The last hotel I stayed in was the Grand Hotel in Osaka, Japan. My room was on the 20th floor and had an amazing view. The room had all the modern services, such as a hot tub, air conditioning, satellite TV, and free Internet access. The hot tub was the highlight of the room. It was near a glass wall, so guests could relax with a beautiful view of the city. The room was decorated luxuriously with modern art and beautiful furniture. There was also a queen-sized bed with plush white blankets and fluffy pillows. In addition, there was a vending machine in the hallway, and guests could buy many different snacks for a cheap price. Osaka is a very busy city with a large population and many vehicles, but the hotel room we stayed in was very quiet and peaceful. AL 추가답변 It was a little expensive because it was a five-star hotel, but with all the added services, it was worth it. If I ever visit Osaka again, I will definitely try to book the same room because it was very comfortable to stay in.

해석 제가 마지막으로 머물렀던 호텔은 일본 오사카에 있는 그랜드 호텔이었습니다. 제 방은 20층에 있었으며 멋진 전망을 가지고 있었습니다. 방은 온탕 욕조, 에어컨, 위성 TV와 무료 인터넷 같은 현대적인 서비스를 갖추고 있습니다. 온탕 욕조는 그 방의 하이라이트였습니다. 욕조가 유리 벽 옆에 있어서 투숙객들은 도시의 아름다운 전망을 보며 휴식을 취할 수 있습니다. 그 방은 현대 미술품들과 아름다운 가구들로 고급스럽게 장식되어 있습니다. 그곳에는 고급스런 흰색 이불과 푹신한 베개를 갖춘 킹 사이즈 침대도 있었습니다. 추가로 복도에는 자동판매기가 있어서 투숙객들도 싸게 다양한 스낵들을 구매할 수 있습니다. 오사카는 많은 인구와 자동차들로 무척이나 바쁜 도시이지만 저희가 머물렀던 호텔 방은 무척이나 조용하고 평화로웠습니다. 그곳은 별 다섯 개의 호텔이어서 가격은 조금 비쌌지만, 추가된 서비스들과 함께라면 충분히 가치가 있었습니다. 만약 제가 다시 오사카에 방문하게 된다면 무척 편안하게 묵었기 때문에 저는 분명하게 같은 방을 예약하려고 할 것입니다.

satellite 위성   Internet access 인터넷 접속   luxuriously 화려하게   fluffy 솜털이

7 What is the most memorable experience you have had in a hotel while traveling abroad? What country was it in, and why was it so memorable for you? Tell me everything you remember.

해석 해외여행 중 호텔에서 겪은 가장 기억에 남는 경험은 무엇입니까? 어느 나라에서였으며 왜 그것이 기억에 남습니까? 당신이 기억하는 모든 것을 말해 주세요.

TIP 위의 답변과 연관된 답변으로 일본 여행 중 마지막 날 호텔이 찾아오기 힘들었는데 호텔이 때마침 제공해 준 무료 스파 서비스 때문에 피로를 풀 수 있었던 경험으로 답하면 됩니다.

IH Model Answer

The most memorable experience I have ever had while traveling abroad was at the Grand Hotel in Osaka. My best friend and I traveled to Japan for our summer vacation last year, and that hotel was recommended by the

난이도 재조정 ▶ 비슷한 질문

설문 - 취미나 관심사 | 혼자 노래 부르거나 합창하기 3단 콤보

8   You indicated in the survey that you sing with a group. What kind of songs do you sing with a group? What do you like about those songs? Tell me as much detail as possible.

해석 당신은 그룹으로 노래를 부른다고 답했습니다. 어떤 종류의 노래를 그룹으로 부릅니까? 그 노래들의 어떤 점을 좋아합니까? 가능한 한 자세하게 말해 주세요.

TIP 오늘의 사전 설문지가 및 처레 바뀌면서 기존에 두 개였던 〈혼자 노래하기〉 항목이 〈그룹으로 노래하기〉와 함께 어느 한 쪽이 랜덤으로 출제되고 있습니다. 이 때문에 〈그룹으로 노래하기〉에 대한 문제가 〈혼자 노래하기〉보다 그래 적어 두고 설문지를 고르셨던 응시자도 〈그룹으로 노래하기〉가 출제될 수 있음을 감안해서 그에 맞는 답변을 준비해 가야 됩니다. 실제 출제되고 있는 문제들을 분석해 보면 〈그룹으로 노래하기〉와 관련된 문제를 〈그룹으로 노래하기〉의 문제들이 더 까다롭기 때문에 묻보 면 교재에서는 실제라도 본 교재에서는 〈그룹으로 노래하기〉 3단 콤보의 답변을 준비하도록 합니다. 만약 둘 중 〈혼자 노래하기〉가 나온다 하더라도 아래 샘플 답변에서 노래 부르는 활동을 언급했다고 해서 오답 처리가 되는 것은 아님을 참고하 세요.

IH Model Answer

Last year, I had some free time on the weekends, so I joined a singing group. The group is six years old, and its goal is to preserve traditional Korean music. We enjoy practicing a variety of different music genres such as jazz and classical, but we mainly perform Korean folk music. Folk songs or traditional songs teach people about different aspects of the culture. I thought I understood all about my culture, but I have learned many new things since joining this group. Twice a year, we perform at the art hall in our district, so we practice a lot every weekend. The songs we sing tell stories about Korea's hard times many years ago. Folk songs have interesting melodies, and sometimes it takes several practices to learn a new song well. However, I really enjoy the songs because I can feel what life was like a long time ago

---

travel agency as our last destination. I chose the Grand Hotel because it is very popular, and breakfast is free for those who stay there. However, my first impression was not good because the hotel is located far from Osaka's downtown area. When we checked into the room, we felt quite exhausted because it took much more time than expected to find the hotel. As we were relaxing in the room, I heard a knock on the door, and I wondered who it could be. It was one of the hotel workers with a free coupon for the hotel spa. I was amazed! It was exactly what we needed to relax after the long trip to get there. We thanked him and changed our clothes to go to the spa to spend the evening. The spa had many hot tubs and massage tables, so we decided to have a massage to relieve our tension. My body was completely relaxed, and I fell asleep immediately. After that, we went to the hotel café for a cup of coffee before going to bed. AL 추가 답변 We were so content and everything was perfect for us that night. It was a memorable experience for us, so sometimes we talk about that hotel and wish to visit again.

해석 해외여행 중 제가 가장 좋은 기억에 남는 경험은 오사카 시내에 있는 그랜드 호텔에서였습니다. 제 단짝 친구와 저는 작년 여름 일본으로 여름 휴가를 갔고 그 호텔은 저희의 마지막 목적지를 위해 여행사가 추천해 주었 었던 곳이었습니다. 저는 그랜드 호텔이 무척 인기 있고 숙박객들에게 조식이 무료였기 때문에 이 호텔을 골랐 습니다. 그러나 제 첫인상은 그다지 좋지 못했습니다. 왜냐하면 호텔이 오사카 시내에서 꽤 멀었기 때문입니다. 이 호텔을 찾느라고 예상한 시간보다 더 오랜 시간이 걸렸기 때문에 방에 체크인하는 시간에 누구인가 누군가가 들어왔을 때 저희는 꽤 지쳐 있었습니다. 저희는 방에서 쉬고 있었고 저는 방문을 두드리는 소리를 들었고 누구일까 궁금했습니다. 그 것은 호텔 스파 무료 이용권을 가지고 온 호텔 직원 중 한 사람이었습니다. 저는 놀랐습니다! 그것은 많은 시간 이 걸린 온 후에 휴식을 위해 정확하게 필요로 한 것이었습니다. 스파에는 많은 온탕 욕조들과 마사지 테이블 이 있어서 저희는 긴장을 풀기 위해 마사지를 받기로 결정했습니다. 제 몸은 안전히 편안해졌고 즉시 잠에 빠져 들었습니다. 그 후에는 저희는 잠자리에 들기 전 커피 한 잔을 마시기 위해 호텔 카페를 갔습니다. 저희는 매우 만족했고 그 날이 모든 것이 우리에게 완벽했습니다. 이것은 저희에게 기억을 만든 경험이었고 그래서 때때로 저 희는 그 호텔에 대해 이야기를 하며 다시 방문하기를 바라보 있습니다.

exhausted 기진맥진한 tension 긴장 (상태)

in my country. The songs teach me about my country, and give me a feeling of pride for my homeland. AL 추가 답변 Joining a singing group is a great way to meet the public and feel fellowship. Singing is an enjoyable way for me to express feelings, release stress, and learn new things all at the same time.

해석 저는 주말에 시간이 있어서 노래를 그룹에서 노래했습니다. 그룹에는 6년이 되었고 그룹이 목표는 전통 한국 음악을 보존하는 것이었습니다. 우리는 재즈나 클래식 같은 다른 장르의 다양한 음악을 연습하는 것도 즐기지만 주로 한국 민요를 공연합니다. 민요 혹은 전통 가요를 이해하고 생각했습니다. 이 그룹에 참여하면서 문화의 다양한 것들을 배웠습니다. 일년에 두 번, 우리는 지역에 있는 예술 회관에서 공연합니다. 그래서 우리는 주말마다 열심히 연습을 합니다. 우리가 부르는 노래들은 오래 전 한국이 어려웠던 시절에 대해 말해 줍니다. 민요들은 신기할 때로는 헬로디로 이루어져 있어서 때로는 새로운 노래를 제대로 배우기 위해 여러 번 연습을 합니다. 하지만 저는 오래 전 우리나라에서 일전의 삶이 어땠을지를 느낄 수 있기 때문에 옛날 노래들을 즐깁니다. 그 노래들은 우리나라에 대해서 기초적 주고, 고국에 대한 자부심을 줍니다. 노래 그룹에 가입하는 것은 커뮤니티를 만나고 유대감을 느낄 수 있는 훌륭한 방법입니다. 노래를 부르는 것은 감정을 표현하고, 스트레스를 해소하고, 또 새로운 것을 배우는 것가지 모든 것을 동시에 즐겁게 하는 방법입니다.

preserve 보존하다 traditional Korean music 전통 한국 가요, 민요 fellowship 유대감

9 When you practice singing with a group, what do you usually do first, second, and at the end of the practice? Tell me all about your typical singing group practice.

해석 당신이 그룹에서 노래를 연습할 때 처음과 다음, 마지막에 주로 무엇을 하십니까? 당신의 일상적인 노래 그룹 연습 과정에 대해 말해 주세요.

TIP 〈그룹으로 노래하기〉의 세부 사항으로 연습으로 처음과 다음, 마지막에 이루어지는 과정을 말해야 하는 질문입니다. 단계별로 이야기야 하므로 준비 과정에서 목을 풀기 위한 발성 연습과 악보를 준비하는 등의 활동을 묘사하고 연습 시간의 모습, 쉬는 시간, 마지막으로 하는 총정리까지 순서대로 자세히 답변합니다.

IH Model Answer

I joined a vocal group a year ago, and we practice every Saturday evening at 6 o'clock. All members are required to be on time because the group has a performance at the end of every month. At the beginning of a rehearsal, each member warms up with voice exercises. It sounds a little noisy, but warm-up is very important so that each voice is ready for practice. After a five-minute warm-up, the group leader passes out the musical score and gives instructions. Next, I arrange my papers and practice my breathing techniques before the songs start. Practice is very intense and lasts for a full hour with just a ten-minute resting period. During rest time, I usually drink warm water and listen to the music once more. When practice is almost finished, the leader gives the group members pointers to help them improve for next time. Even though practice is a little difficult, it is very rewarding when we perform. AL 추가 답변 Being part of a singing group has taught me the importance of paying attention to myself and others. Joining a music group is a great way to build confidence, feel satisfaction, and share joy with others.

해석 일 년 전 저는 보컬 그룹에 가입했고 우리는 매주 토요일 저녁 6시에 연습을 합니다. 그룹은 매달 말에 공연이 있기 때문에 모든 멤버들이 제시간에 와야 합니다. 리허설 초반에 모든 멤버들은 발성 연습으로 목을 풉니다. 조금 시끄럽게 들리지만, 목을 푸는 것이 무척 중요하고 그래서 모든 목소리가 연습가 되는 것입니다. 5분간의 목 풀기가 끝나면, 그룹의 지휘자는 노래를 나눠주고 설명을 합니다. 그 다음에 제 악보를 준비하고 노래가 시작하기 전 호흡법을 연습합니다. 10분간의 쉬는 시간이 있는 한 시간 내내 계속됩니다. 쉬는 시간에는 저는 주로 따뜻한 물을 마시고 다시 한 번 노래를 들어봅니다. 연습이 거의 끝나갈 때쯤 지휘자는 다음 시간에는 더 나아질 수 있도록 그룹 멤버들에게 몇 가지 해설을 주십니다. 연습이 조금 힘들지라도 우리가 공연을 할 때 그것은 모두 보상됩니다. 힘들면서도 일부가 되는 것은 내 자신과 다른 사람에게 집중하는 것의 중요성을 기초로 줍니다. 음악 그룹에 가입하는 것은 자신감을 기르고, 만족감을 느끼고 또 다른 사람들과 기쁨을 나누는 좋은 방법입니다.

on time 정시에   reward 보상하다   build confidence 자신감을 갖다   satisfaction 만족감

10 Describe how you first got interested in singing. Who taught you how to sing? Or did you learn on your own? Where did you get interested in singing? Tell me all about your initial interest in singing.

해석 당신이 처음 어떻게 노래 부르기에 관심을 갖게 되었는지 묘사해 보세요. 노래 부르는 법을 누가 가르쳐 주셨나요? 아니면 스스로 배웠나요? 어디서 노래 부르는 것에 관심을 갖게 되었나요? 초등학교 때는 노래 부르는 것에 대한 초기의 흥미에 관해 전부 다 말해 주세요.

TIP 어릴 적 다섯 교회 성가대를 보고 무척 감명 깊었던 기억이 있어서 초등학교 때는 노래 레슨을 받았고 현재에 진학해서도 노래 부르기 취미가 이어져 현재도 그룹에 속해 노래 부른다고 답변합니다.

IH Model Answer

Singing has been one of my main interests since I was just a child. When I was very young, my parents took me to church every Sunday, and I was amazed any time the choir sang. In elementary school, my music teacher noticed my interest in singing and asked me to take voice lessons on Saturdays. I never missed a lesson, and I would practice on my own whenever I had spare time. I will never forget the first time I sang in front of my classmates, and they all cheered loudly. I was very nervous and my hands were sweating, but everyone enjoyed it so much. At that time, I knew that singing was going to become a major enjoyment in my life. I continued singing even after going to university, and finally I was able to join a popular singing group in my area. I feel very fulfilled when I sing, so I never feel it is stressful or a waste of time. AL 추가답변 I think childhood dreams and interests are a very important part of adult life. I became happier and more satisfied with life because I had an opportunity to discover what I really enjoy doing.

해설 어릴 적부터 노래 부르는 것은 저의 가장 큰 관심사 중 하나였습니다. ...

main interests 주요 관심사   choir 성가대   nervous 긴장한   sweat 땀 흘리다   enjoyment 기쁨

돌발 – 분리수거 관련 | 롤플레이 3단 콤보

11 Let's assume that you have moved to a new building, and you want to know about their recycling work. Ask the building manager three or four questions about the recycling policy.

해설 당신이 새로운 빌딩으로 이사했으며 분리수거가 어떻게 진행되는지 알고 싶다고 가정해 봅시다. 빌딩 관리자에게 이 분리수거 정책이 분리수거에 대해서 서너 가지 질문을 해 보세요.

TIP 재활용품 분리수거 중 하나입니다. 분리수거에 관련된 질문으로 최근 오피텔에 등장하고 있으며 음식자들이 많이 어려움을 많이 느끼는 성황 중 하나입니다. 분리수거을 장소을 지정 몰라서 어디에 있는지, 시간은 언제 인지, 혹시 분리수거를 하지 않을 경우 범금이 있는지 등을 물어보면 좋습니다.

IH Model Answer

Hi. I just moved into your building, and I have some questions about the recycling policy here. 질문1 First, how can I start recycling? 질문2 Is there a designated time and area for recyclable trash? If so, when and where is it? 질문3 What if my recycling were to not be collected on the collection day, what would I have to do? AL 추가답변 Finally, at the last building I lived in, I had to pay a small fee for any glass or plastic recyclables placed in a regular trash bag. Do you have a similar system here? Is there a penalty for not separating recyclables properly, or for putting them with the regular trash? Thank you for taking time for me. I will do my best to follow the recycling policies here.

해설 안녕하세요. 저는 얼마 전 이 빌딩으로 이사 왔으며 이곳의 분리수거 정책에 대해 몇 가지 질문이 있습니다. ...

designated time 정해진 시간   recyclable 재활용이 가능한   penalty 벌금

12 You suddenly hear that the recyclables will not be picked up for a while. However, you are going to have a home party next week, and your neighbors will be unhappy about this situation. Call the building manager, explain the situation and ask for at least two solutions to resolve this situation.

해설 당신은 당분간 재활용품은 수거되지 않는다는 사실을 갑자기 듣게 되었습니다. 그러나 당신은 다음 주에 홈 파티를 하려고 했으며 당신의 이웃 주민들은 이런 상황에 불만스러울 것입니다. 빌딩 매니저에게 전화를 해서 상황을 설명하고 이 상황을 해결하기 위해 적어도 두 가지 해결책을 제시해 보세요.

TIP 분리수거와 연관된 악화된 상황을 이야기 해보는 상황이 나오게 되었는지 상황이 나오게 되면 좋은 상황이 많이 나오게 되었던 것으로 듣기가 이한 화생들은 지친 화생들이 바쁠 수 있는 부분입니다. 초반에 질문에서 나왔던 모든 상황을 받아 관리자에게 그대로 설명하고 재활용품을 다르게 버릴 수 있는 방법에 대해 제안을 해 보도록 합니다.

IH Model Answer

Hello, I am the tenant of apartment 101. I just learned the recyclables will not be picked up next week because of the holiday. AL 추가답변 However, I am planning to have a big party at my house next weekend, and because there will be a lot of recycling and trash, the bins will be very full. I am pretty sure my neighbors, as well as you, will be quite unhappy about that. I am calling to ask for suggestions for taking care of this situation. What do you think about placing the recycling in large garbage bags instead of the regular bins? If not, is there somewhere else I can put it for a couple of days? I was also wondering if I could put cardboard boxes in the basement until after the holiday. Any suggestions you can offer would be greatly appreciated. Please get back to me as soon as possible. I want to do what is best for you and my neighbors.

해석 안녕하세요. 저는 101호의 세입자입니다. 저는 방금 재활용품이 다음 주 공휴일 때문에 수거되지 않는다는 걸 알게 되었습니다. 그러나 저는 다음 주말에 집에서 큰 파티를 하려고 계획하고 있습니다. 그래서 그 때문에 많은 재활용품과 쓰레기들이 나올 것이고 재활용품 함이 매우 꽉 찰 것 같습니다. 저는 이웃 주민들이 당신이 그러한 만큼 이것에 대해 불만스러우리라는 것에 대해 확신하고 있습니다. 저는 이 상황을 해결할수 있는 몇 가지 제안을 요청하려고 전화를 했습니다. 재활용품 함 대신에 커다란 쓰레기 봉투에 넣는 것은 어떻게 생각합니까? 만약 안 된다면 제가 며칠 동안 넣을 수 있는 어디 다른 장소가 있을까요? 만약 제가 공휴일이 지날 때까지 종이 박스에 넣을 수 있을지 궁금합니다. 당신이 제공할 수 있는 어떤 대안 책이라도 아주 감사하게 느낄 것입니다. 최대한 빨리 저에게 답을 알려 주십시오. 저는 저와 제 이웃들에게 무엇이 최선인지 알고 싶습니다.

tenant 세입자   cardboard box 종이 상자

13 Do you remember the first time you ever did recycling? Tell me how old you were, and who told you about the process. Describe it in detail.

해석 당신은 처음으로 재활용을 했던 때를 기억합니까? 당신은 몇 살이었으며 그 과정에 대해 누가 얘기해 주었습니까? 자세하게 얘기 해주세요.

TIP 롤플레이의 마지막 문제는 대부분 관련 경험을 묻는 경우가 많으며 이 경우에도 앞에서 나온 재활용 사상과 관련하여 처음 재활용을 배우게 된 과정에 답하는 문제입니다. 답안을 돕기 위해 시작했던 경험으로 말하고 엄마에게서 재활용에 대한 교육을 받았다고 설명하면 도움이 되겠습니다.

IH Model Answer

When I was an elementary student, I first heard about recycling. At that time, my mother wanted me to help with some of the house chores, and she wanted me to do the recycling. She thought that I was old enough to understand the process, and gave me detailed directions. Plastics, papers, and glass were supposed to go in recycling bins rather than in garbage bags. At first, it was a little confusing trying to figure out what belonged in each bin, so my mom and I did it together. After a couple of months, I got the hang of it and was able to do it without any help from anyone. I was able to take all the recycling from our house and separate it properly in little or no time. I even taught my younger sister how to do the recycling, so she could help when I was too busy. AL 추가답변 My mother taught me that recycling is the first step to saving our earth and protecting our environment. Because of my childhood experience, I still try to recycle as much as possible. Even though recycling is just a small task, I feel a sense of satisfaction knowing I have helped the environment in some way.

해석 초등학생일 때 저는 처음 분리수거에 대해 들었습니다. 당시에 어머니께서는 제가 몇 가지 집안일 돕기를 원했고 제가 분리수거를 하길 원하셨습니다. 그녀는 제가 과정을 이해할 만큼 충분히 자랐다고 생각했으며 어떻게 분리수거를 해야 할지에 대한 자세한 지시 사항을 주셨습니다. 플라스틱, 종이, 유리들은 쓰레기봉투보다는 분리수거함으로 가야 합니다. 처음에는 저는 각 함에 어떤 게 속한 것인지 알아내는 게 약간 혼란스러웠고 그래서 어머니와 함께 그것을 했습니다. 몇 달 후에는 저는 그것에 익숙해졌고 어느 안간의 시간을 들여서 정확하게 분리할 수 있었습니다. 저는 심지어 제 어린 여동생에게 어떻게 저희 집의 분리수거하는지를 기초셨기 때문에 제가 너무 바쁠 때 단계로도 했습니다. AL 어머니 시절의 경험 때문에 저는 여전히 가능한 많이 분리수거를 하려고 노력합니다. 분리수거는 작은 일일지라도 제가 어떤 식으로도 환경을 돕고 있다는 데 만족감을 느끼게 됩니다.

old enough 충분히 나이가 들었다   be supposed to ~이 되어야 한다   protect 보호하다

설문 - 직업 관련 | 학생 관련 2단 콤보

14
You indicated that you have school experience. Can you compare your major to another one? How are the course requirements in your major different from or similar to another field? Tell me about it.

해석 당신은 학교 경험이 있다고 했습니다. 당신의 전공을 다른 것과 비교해 주시겠습니까? 당신 전공의 과정의 필수 요건들이 다른 분야와 어떻게 다르거나 유사합니까? 이에 대해 말해 보세요.

TIP 학교 관련에서 자신의 전공과 다른 전공을 비교하는 문제입니다. 영문학과 경영학을 비교하고 두 가지를 비교하기 위해 자신이 왜 영문학을 선택했는지, 영문학에서는 어떤 과정을 배우는지 등을 말하고 이와 대조적으로 왜 경영학을 선택하지 않았는지, 경영학에서 배우는 과목은 무엇인지 등을 말하면 되겠습니다. 전공이 다른 응시자는 영문학과 경영학에 해당하는 단어와 관련 과목만 자신의 것으로 바꾸어서 답변해도 좋습니다. 그러나 오직인 전공 여부 확인 과정이 아닌 답변 내용으로 만 점정이 되기에 정을 고려하면 따라 답변 만들기 어려운 경우 아래 샘플을 외워서 시험을 치르는 것도 도움이 됩니다.

IH Model Answer

I am presently enrolled as an English major, but when I first applied for university I considered a major in business. Because I had studied English from an early age, it seemed like the better choice at that time. In order to graduate, I am required to complete courses in English theory, **literature**, and even historical English languages. The requirements for literature include both British and American English courses. To obtain my English degree, I must complete courses in cultural studies and communications; I take pleasure in both of these areas of study. In comparison, the requirements for a business major include courses in economics, accounting, enterprise, marketing, and management. Furthermore, a degree in business requires the study of law and government, and even some political courses. AL 추가 답변 After checking these requirements, I knew without a doubt that English was the better career path for me. There are not many similarities between a major in English and one in business other than the number of credits to be completed.

해석 저는 현재 영문학 전공을 하고 있지만 처음 학교를 지원할 때 고려했던 것은 경영이었습니다. 저는 어린 시절부터 영어를 공부했기 때문에 당시에는 이것이 더 나은 선택 같았습니다. 졸업을 위해서 저는 영어 이론, 문

학, 심지어 역사적 영어까지의 코스들을 마쳐야 합니다. 문학을 위한 필요 과정은 영국 영어와 미국식 영어 코스 무 두를 포함하고 있습니다. 영문학 학위를 취득하기 위해서 저는 문화 연구 및 소통 과정을 마쳐야 하며 저는 이러한 영역의 공부를 모두 기꺼이 하고 있습니다. 비교하자면 경영을 하는 받과 정부, 심지어 다른 과목들은 경제학, 회계, 기업, 마케팅, 관리 이 코스들을 포함하는 필요 과정을 확인한 후에 저는 영문학이 저에게 더 나은 직업적 진로라고 확실이 알게 되었습니다. 영어 전공이나 경영학 전공 사이에는 학점의 취득해야 할 점을 이외에 그렇게 많은 유사점은 없습니다.

British 영국식 enterprise 기업 political 정치적인 without doubt 의심 없이

15
What issues are being discussed in your school? What concerns do students have? How are the concerns being discussed?

해석 당신의 학교에서 어떤 이슈가 다뤄지고 있습니까? 학생들은 어떤 걱정을 가지고 있습니까? 그 걱정들은 어떻게 논의되고 있습니까?

TIP 난이도 6의 출제로 나온 주변 관련 이슈나 문제점에 대해 의견을 제시하는 문제입니다.

IH Model Answer

I am presently in the last year of my degree program, and these days there are a lot of concerns being discussed on campus. On our campus, many students gather in the main lobby or lecture hall and discuss ways to ensure success. My university peers and I face a challenging future, and it has become the focus of nearly all conversations on campus. Most of my university peers are very concerned because graduation is getting close, and most of us have no promise of a job. The competition in the job market is intense, and new graduates have to be very diligent if they want to find work. Students have to obtain good university scores, as well as English scores such as TOEIC or OPIc. Only the best are able to succeed, so there is so much pressure placed on university students. Some students spend a lot of money to go abroad so they can study English and gain overseas experience. For many students, there is also the added stress of wanting to live up to their parents expectations. AL 추가 답변 Because of the pressure placed on students, it is hard for them to only focus on completing their degrees well. But in my opinion, students should focus on what they are presently studying. They must believe that if they do their best there will be

Actual Test 10

⇒ 문제지 P94

MP3비로 가기

Background Survey

〈직업 관련〉
1 현재 어느 분야에 종사하고 있습니까? 사업/회사
2 현재 직업이 있습니까? 네
(연관 질문) 근무 기간은 – 첫 직장 아님 – 경력 담은
(연관 질문) 부하 직원을 관리하는 관리직입니까? 네

〈주거지 관련〉
3 거주지 형태 – 가족과 함께 주택이나 아파트에 거주

〈필수 선택 항목 12개〉
4 여가 활동 – 영화 보기, 공연 보기, SNS(페이스북, 트위터, 싸이월드 등)에 글 올리기
5 취미나 관심사 – 음악 감상하기, 혼자 노래 부르거나 합창하기, 신문 읽기
6 운동 – 조깅, 걷기, 수영, 헬스
7 휴가나 출장 – 국내 출장, 해외 출장

1 Let's start the interview. Can you tell me about yourself?

해석 인터뷰를 시작합시다. 자기 자신에 대해 말해 주시겠습니까?
TIP 미리 준비한 자기소개로 응답하세요.

설문 – 여가 활동 | SNS에 글 올리기 3단 콤보

2 Tell me about a popular social networking site that you often visit. What does the site look like? What do you see on the screen?

해석 당신이 자주 방문하는 SNS에 대해 말해 주세요. 그 사이트는 어떤 모습입니까? 화면에서 어떤 것을 봅니까?
TIP 〈SNS에 글 올리기〉를 선택하면 대부분 1번 질문으로 자주 사용하는 SNS에 대해 설명하라는 문제가 나옵니다. 사용자들이 많이 사용하는 것을 트위터로 답변을 해도 됩니다. 세계적인 트위터가 가진 장점을 이야기하고 사용 방법을 설명하도록 합니다. 고득점 답변을 위해 최대한 자세하게 화면의 세부적인 모습까지 그려내면 되겠습니다.

---

a good outcome.

해석 저는 현재 학위 프로그램의 마지막 학기에 있으며 요새는 학교 캠퍼스에서 많은 걱정들이 높이고 있는 것입니다. 저희 캠퍼스에는 많은 학생들이 메인 로비에서나 강의실에 모여 성공을 보장할 수 있는 방법에 대해 토의하고 있습니다. 학교 동기들과 저는 도전해야 할 미래를 마주하고 있으며 그것은 캠퍼스에서나 거의 모든 대화에 초점이 되고 있습니다. 많은 동기들은 졸업 이후 제 학교 동기들을 졸업이 가까이 오고 저희 대부분이 직업에 대한 어떤 부정이 없기 때문에 매우 염려하고 있습니다. 학생들은 좋은 학교 점수를 얻기 위하여 오직 하고 있고 영어 점수를 땅야 합니다. 오로지 최고만 성공하기 때문에 대학생들에게 대하여생들에게 아주 많은 스트레스가 있습니다. 어떤 학생들은 영어를 공부하고 해외 경험을 얻는 외국 연수에 너무 많은 돈을 씁니다. 많은 학생들에게 또한 그들의 부모의 기대에 부응하지 못하는 다한 스트레스도 있습니다. 학생들에게 있는 이런 압박감 때문에 그들은 자신들의 하루를 마치는 데 집중하는 것이 힘듭니다. 그러나 제 생각에 학생들은 그들이 현재 공부하고 있는 것에 집중해야 합니다. 최선을 다하면 좋은 결과가 있다는 것을 믿어야 합니다.

peer 또래 expectation 기대

IH Model Answer

One of the social networking sites I use is Twitter – a global platform for public self-expression and conversation in real time. AL 추가답 It is a real-time platform, where any user can create a tweet and follow other users. Its users include millions of people from around the world, so viewers can see photos, videos, and conversations from any place in the wor d directly in tweets. When you visit the website, each user's profile picture is on the top left corner. Right below the picture is a number indicating how many posts the person has written and how many social networking friends he or she has. Most of the friends are not ones you would call typical friends. Most of the friends I have met through Twitter are people who I have never met in person. On the right side of the page, people can see the posts I have written. My posts are listed and mixed with the ones my friends have posted also. My posts and their posts are chronologically organized. I use Twitter most often because it is the easiest social networking site for me to use.

해석 제가 사용하는 SNS 중의 하나는 실시간으로 대중이 자기 표현하거나 대화를 나누는 글로벌 플랫폼인 트위터입니다. 이것은 실시간 플랫폼으로 어느 사용자라도 트위터를 만들 수 있고 다른 사용자들을 따를 수 있습니다. 이것을 사용하는 사람들은 전 세계의 수백만 사람들을 포함하고 있어서 보는 사람들은 사진, 비디오, 대화들을 세계 어느 곳에서 트위터를 통해 직접 볼 수 있습니다. 당신이 이 사이트를 방문했을 때 각 사용자의 프로필 사진이 왼쪽 위 코너에 있습니다. 그 사진 아래에는 얼마나 많은 포스트를 제가 썼는지와 얼마나 많은 사이트 친구들을 가지고 있는지를 나타내는 숫자가 있습니다. 대부분의 친구들은 보통 친구라고 부를만한 사람들은 아닙니다. 제가 트위터에서 만난 대부분의 친구들은 한 번 직접 만나 본 적이 없는 사람들입니다. 페이지의 오른쪽 사이트에서는 제가 쓴 포스트들이 나열되어 있습니다. 제 포스트들은 리스트화 되어 있고 또한 제 친구들의 포스트와 섞여 있습니다. 제 포스트와 그들의 포스트는 시간 순서로 정리가 되어 있습니다. 저는 이것을 가장 많이 사용합니다. 왜냐하면 제가 사용하기 가장 쉬운 SNS이기 때문입니다.

platform 플랫폼(네트워크 상의 주요 거점이라는 의미)   in real time 실시간으로   chronologically 시간 순으로

3 How did you first find out about your favorite social networking site? What made you start using it, and when did you start using it?

해석 당신이 선호하는 SNS를 처음 어떻게 알게 되었습니까? 무엇이 그것을 사용하게 했고 언제 사용을 시작했습니까?

TIP 처음 트위터를 시작하게 된 계기로 친구들과의 연락을 위한 좋은 방법이었기 때문이라고 대답합니다. 처음엔 친구들 때문에 시작했지만 나중에는 트위터가 가진 어느 것보다도 빠른 정보 능력을 알게 되어 더욱 많이 사용하게 되었음을 말하면 되겠습니다.

IH Model Answer

I first learned about my favorite social networking site, Twitter, through my friends. They told me it was a quick and easy way to keep in touch with friends. So, I started using Twitter as soon as I got my first smartphone years ago. Now, I can freely communicate with my friends and read updates of what happened to them throughout my whole day. Another factor that makes Twitter better than other social networking sites is that it is a good way to receive quick and up-to-date information on our society. AL 추가답 There are influential individuals and organizations, such as government officials, celebrities, journalists, and other media using Twitter, and they constantly post their updated news for users to read. I can see the latest reports updated through Twitter, and most of the time, it's even faster than cable news. Also, by using the search box, I can find all kinds of information about what I am searching for. Along with the story, pictures that give extra information can also be uploaded through Twitter. I started using Twitter because it was the best way to connect with my friends, but now, it is even more valuable as a means of finding a variety of information from individuals online.

해석 저는 처음 제가 좋아하는 SNS인 트위터에 대해 친구들을 통해 배웠습니다. 그들은 그게 저에게 이것은 친구들과 연락을 할 수 있는 빠르고 쉬운 방법이라고 말해 주었습니다. 그래서 저는 몇 년 전 첫 번째 스마트폰을 샀을 때부터 트위터 사용을 시작했습니다. 다른 SNS를 만들고 된 트위터를 믿게 된 또 다른 사람은 이것은 모든 것에 대해 빠르게 업데이트되는 정보를 받을 수 있는 좋은 방법이라는 것입니다. 트위터는 정부 관리들이나 유명 인들 기자들, 다른 미디어 등 소식을 올리고, 이런 영향력 있는 개인이나 기관들이 사용 중이며 그들이 주준하게 사용자들을 위해 그들의 업데이트된 소식을 올리고 있습니다. 저는 트위터를 통해 업데이트 최신 리포트들을 볼 수 있으며 대부분의 경우는 그것은 스토리와 더불어 추가 정보를 찾을 수 있는 사진도 트위터를 통해 업로드될 수 있습니다. 저는 트위터를 친구들과 연락할 수 있는 최고의 방법이어서 사용하기 시작했지만 그러나 지금은 온라인에서 각 개인으로부터 다양한 정보를 찾는 수단으로서 더욱 가치가 있습니다.

keep in touch 연락하다   influential 영향력 있는   individual 개인   celebrity 유명 인사   journalist 기자   cable news 공중파 뉴스   valuable 가치 있는   means 수단

4. Sometimes problems can occur when using social networking sites. Tell me about a memorable experience you had when using a social networking site. Tell me the whole story from beginning to end.

해석 SNS를 사용할 때 가끔 문제가 일어날 수 있습니다. 당신이 SNS를 사용했을 때 기억에 남는 경험을 말해주세요. 처음부터 끝까지 전체 이야기를 말해 주세요.

TIP SNS와 관련된 일화를 말해야 하는 문제로 이번에는 페이스북에서 잘못 보낸 메시지에 관한 경험으로 이야기해 봅니다. 친구에게 생일 축하 메시지를 남겼는데 이후에 그것이 동명이인이었던 직장 상사로 밝혀졌다는 별다른 내용은 없이 흔했었다는 식의 스토리로 답변하면 되겠습니다.

IH Model Answer

I mostly use Twitter, but another social networking site I like to use is Facebook. Facebook is also a very convenient way to keep in touch with friends, but it is more focused on my actual friends, not online friends. I have had many funny stories related to Facebook, but there is one story that I want to tell you now. One of my friends has the exact same name as my boss at my current job, and they are both Facebook users. Even their last names are spelled the same way, so it is often very confusing for me. One day, I wanted to send a birthday message to my friend, so I wrote a happy birthday message and said I missed him and we should catch up soon. However, the recipient replied to my post saying it was not his birthday. Embarrassingly enough, I had sent the birthday message to my boss with all funny characters. Neither of them have a profile picture of their faces, so I had mistaken one for the other. Fortunately, I didn't say anything bad, and my boss just thought it was funny. But what if I had? It probably would have been a disaster. AL 추가 답변 I learned from this mistake to be more careful when I post on someone's Facebook page. Now, every time I write on other people's Facebook pages, I make sure I am writing to the correct person and not sending the wrong message.

해석 저는 주로 트위터를 사용하지만 제가 사용하기 좋아하는 또 다른 SNS는 페이스북입니다. 페이스북은 역시 친구들과 연락하기 위한 아주 편리한 방법이지만 이것은 온라인상의 친구들보다 진짜 친구들에게 좀 더 집중되어 있습니다. 저는 페이스북과 연관된 많은 웃긴 이야기들이 있지만 지금 말해 주고 싶은 한 가지 이야기가 있습니다. 제 친구 중 한 명은 저의 현재 직장인 상사와 정확히 같은 이름을 가지고 있고 둘 다 페이스북을 사용하고 있었습니다. 그들은 심지어 성까지 철자가 같기 때문에 저에게 자주 혼동되었습니다. 그러던 어느 날 저는 이름의 제 친구에게 생일 축하 메시지를 남기고 싶어서 그에게 곧 만나자는 메시지를 적었습니다. 그러나 받은 이기 제 포스트에게 치기 생일이 아니라고 답글 답했습니다. 아주 창피하게도 저는 그 생일 축하 메시지를 제 상사에게 온갖 재미있는 캐릭터들을 붙여서 보냈던 것이었습니다. 두 사람 다 페이스북에 프로필 사진이 없었기 때문에 저는 한 사람을 다른 사람으로 오인한 것이었습니다. 다행하게도 저는 나쁜 말을 하지 않았고 상사도 재미있다고 생각했습니다. 하지만 만약 제가 그랬더라면 그것은 좀 더 심각했을까요? 분명 재앙이 되었을 것 같다. 저는 이 실수에서 누군가의 페이스북에 글을 남길 때는 더 신중해야 한다는 것을 배웠습니다. 지금 다른 사람의 페이스북 페이지에 글을 쓸 때마다 그 사람에게 쓰고 잘못된 메시지를 보내지 않도록 확실하게 확인합니다.

actual friends 실제 친구들 catch up 따라 잡다, 만나다 recipient 수신자 disaster 재앙

설문 – 직업 관련 | 직장 관련 3단 콤보

5. I'd like to now talk about your workplace. Can you describe your company to me? What does it look like? How many departments does it have? Tell me in detail.

해석 당신의 직장에 대해 말하고 싶습니다. 당신의 일터를 저에게 묘사해 줄 수 있습니까? 직장은 어떻게 생겼습니까? 몇 개의 부서가 있습니까? 자세히 말해 주세요.

TIP 직업 관련 문제로 자신이 다니는 회사의 모습을 설명하는 단순 사실 묘사의 문제입니다. 직장인 관련 문제는 Actual Test 30세도 출제되었는데 나오지 6에서는 다른 형태의 문제가 나올수 모든 응시자는 그 차이를 알고 각각의 문제와 답변을 준비하도록 합니다. 답변은 회사의 위치와 주변 환경, 부서가 몇 개가 되는지 전체적인 분위기를 설명하고 그 안에서 일하는 직장 내 환경에 대해서도 언급하면 됩니다.

IH Model Answer

I work as a business manager at one of a major company's many branch offices. It is a subsidiary branch that was established in the late 90s. It has a large customer base and is always quite busy. Like all of the other branch offices, the company I work for is fairly stable and has a lot of employees. Our branch has ten main departments with several smaller departments in each one. The head supervisor oversees all departments and keeps track of annual turnover. With a very successful shareholding program, workers in this company are content and keep their jobs for long periods of time. The company is located in the city's central business area and is quite accessible for customers. It is on the first three floors of a large office building. There are many other popular businesses in the nearby area. AL 추가답변 I feel very fortunate to work here with so many high-level employees and to be always provided with the latest technology and benefits.

해석 저는 대기업이 많은 지점들 중의 한 곳에서 주요 경영 관리자로 일하고 있습니다. 이곳은 90년대 후반에 세워진 지점입니다. 이곳은 많은 고객들을 기반으로 하고 있으며 많이 연세 지점들처럼 제가 일하는 회사는 상당히 안정적이며 많은 직원들이 장기간에 걸쳐 일하고 있습니다. 모든 지점들처럼 제가 일하는 부서가 있습니다. 최고 책임자는 이 부서를 감독하며 오랜 기간 자리를 지킵니다. 이곳은 도시의 중심 상업 지역에 있으며 고객들이 접근이 상당히 용이한 곳에 위치해 있습니다. 이곳은 큰 사무실 빌딩의 3층을 사용하고 있습니다. 근처 지역에는 많은 다른 인기 있는 사업체들이 있습니다. 저는 많은 높은 수준의 직원들과 함께 여기서 일할 수 있다는 점과 언제나 최신 기술과 혜택을 제공받고 있다는 점에서 매우 운이 좋다고 생각합니다.

established 설립된 stable 안정적인 supervisor 관리자, 감독관 oversee 감독하다 shareholding 주식 보유량 content 만족하는 accessible 접근이 용이한

6 What is your typical routine at work? What things do you usually do during business hours? Give me the details about your work routine.

해석 직장에서의 당신의 일상 패턴은 어떻게 됩니까? 업무 시간에 당신은 주로 무슨 일을 합니까? 당신의 업무 패턴에 대해 자세한 사항들을 알려 주세요.

TIP 직장 관련된 세부 사항 질문으로 직장에서 매일 하고 있는 자신의 업무를 설명하는 문제입니다. 샘플 답변은 경영이 많은 과장급 직장인으로 설정했기 때문에 단순 업무보다 전략적인 관리 쪽의 업무를 이야기하고 있습니다. 응시자는 본인의 실제 직장 업무와 다르더라도 아래 내용대로 답변할 수 있는 관리자의 업무 내용을 참조하여 자신만의 답변으로 변형하여 사용해도 좋습니다.

IH Model Answer

As a main business manager at this branch, I have several responsibilities within the company. Most days are routine, as I deal with the usual system glitches and provide directions to other employees. I arrive at my office around 8 a.m. every morning and can rarely take a break until I finish my work. I am busy developing many programs to ensure that employees can perform their work effectively. I also answer many telephone calls from other employees. However, for me, it is most important to create programs that

are relevant to each employee's or customer's need. Once a month, I also attend a general meeting with other managers. During the monthly meeting, I gather all information concerning any present issues. After returning from the meeting, I make a report containing the meeting notes. AL 추가답변 Some people think I have put all my eggs in one basket. However, I don't want to have any other career. I enjoy my job and I feel satisfied that I have helped my co-workers and customers.

해석 이 지점의 주요 경영 관리자로서 저는 회사 내에 여러 책임을 맡고 있습니다. 대부분의 일상은 회사 내 시스템 결함을 처리하고 직원들에게 방향을 제시하는 일을 합니다. 저는 매일 아침 8시쯤에 사무실에 도착합니다. 그리고 일을 마칠 때까지 거의 쉬지 않습니다. 저는 직원들이 효율적으로 일을 효과적으로 수행할 수 있도록 많은 프로그램을 만들며 함께 바쁩니다. 또한, 다른 직원들이 걸어오는 많은 전화에도 응답을 합니다. 하지만 저에게 가장 중요한 것은 각 직원이나 고객의 요구에 연관된 프로그램을 창조하는 것입니다. 저는 한 달에 한 번 다른 관리자들과 정부 미팅을 합니다. 월례 회의 동안 저는 현재 이슈에 관련된 모든 정보를 취합합니다. 회의에서 돌아와서 저는 회의 내용을 포함한 리포트를 만듭니다. 어떤 사람들은 제가 한 바구니에 모든 달걀을 넣었다고 생각합니다. 하지만 저는 다른 경력을 가지고 싶지 않습니다. 저는 제 일을 즐기며 다른 동료들과 고객들을 도와준다는 것에 만족을 느낍니다.

glitch 작은 문제, 결함 be relevant to ~와 연관된

7 You said that you have work experience. What are some issues related to your workplace? Describe some problems or issues that you have in your work place, and how you deal with these issues. Tell me what you think about it.

해석 당신은 일 경험이 있다고 했습니다. 당신의 직장과 관련된 어떤 이슈들이 있습니까? 당신의 직장에서 가지고 있는 어떤 문제점이나 이슈에 대해 말하고 당신은 그 이슈들에 어떻게 대처하는지 말해 주세요. 당신이 생각하는 것을 말해 주세요.

TIP 난이도 6의 출제 경향으로 나온 주변 관련 문제점이나 이슈에 대해 말하는 문제로 직장에서 설정한 돌발 주제로 직장과 관련된 이슈가 출제될 경우입니다. 직장 내에 있는 여러 문제점 중에서 직원들 간의 의사소통의 부재가 가져오는 문제점들을 설명하고 그와 관련한 자신의 의견과 해결책을 말하면 됩니다.

IH Model Answer

In general, communication between management and staff is very often considered one of the biggest issues in the workplace. As a business manager, I often see many newcomers struggling with small or big problems caused by lack of communication. It makes it harder for them to adopt the new rules of a new place when they have problems communicating with co-workers or supervisors. I strongly believe that management should do its best to reduce this problem by paying more attention to their new staff in order to minimize this communication problem from the start. If management is not open to listening to employees, it creates a tougher environment, which can be assumed to be cold-hearted or uncaring toward workers. AL 추가 답변 I am not saying everyone has to know what's going on at all levels of work, but we all have to understand that developing strong communication skills in the workplace is also very important for performing tasks successfully.

해석 일반적으로 관리자와 직원들 사이의 의사소통은 매우 자주 직장에서의 중요한 이슈 중 하나로 여겨지고 있습니다. 사업 관리자로서 저는 자주 많은 신입사원들이 의사소통의 부재 때문에 직장에 적응하거나 새로운 규정을 받아들이는 것을 더욱 힘들게 만듭니다. 저는 관리자들이 이 문제를 경감시키기 위해 최선을 다해야 하며 이 의사소통의 문제를 애초부터 최소화할 수 있도록 신입사원들에게 좀 더 관심을 가져야 한다고 믿습니다. 만약 관리자들이 직원들의 이야기를 듣기 위해 열려 있지 않으면 그것은 직원들에게 냉혹한 또는 무관심한 직장 분위기를 만들 수 있는 힘든 환경을 만들어 낼 것입니다. 저는 모든 곳에서 일어나는 일을 모두가 알아야 한다고 말하는 것이 아니지만 우리 모두는 자신의 일터에서 강력한 의사소통 능력을 개발하는 것이 업무를 수행하는 데에도 역시 아주 중요하다는 것을 이해해야 합니다.

in general 일반적으로   newcomer 신입사원   struggle with ~로 고생하다   cold-hearted 냉혹한
uncaring 무관심한   performance of tasks 업무 수행 능력

설문-운동 | 요가하기 3단 콤보

8 You indicated in the survey that you do yoga. What do you wear during yoga classes? Tell me all about the clothes you wear for yoga.

해석 당신은 설문지에서 요가를 한다고 했습니다. 요가 수업 중에 어떤 것을 입으십니까? 요가를 위해 입는 옷에 대해 모두 말해 주세요.

TIP 운동하기 중 요가를 설정했을 때 요가를 할 때 주로 첫 번째 문제에서는 입는 옷에 대한 질문이 나옵니다. 답변이 너무 단편적으로 끝날 수 있으므로 여러 종류의 옷을 이야기하고 각각의 특징을 잡아주셔야 합니다.

IH Model Answer

I enjoy yoga as a part of my daily exercise plan, so I have to wear the right clothes. Most of my clothes are made of light cotton because yoga clothes must be comfortable. I have several tank tops without low necklines that allow me to twist and bend without worrying. I also have several t-shirts I wear because they fit and stretch well when I move. My yoga pants are also made from a very light and stretchy material. They are full-length pants and just tight enough to not get in the way when I move. Sometimes I wear leggings or a pair of comfortable shorts, but I always choose comfort. I do yoga barefooted, so I don't have to worry about buying the right shoes or socks. It is important for me to wear cool clothes because the yoga room where I take classes is always pretty hot. AL 추가 답변 I have spent some amount of money on good yoga clothes, but it is worth it because I enjoy yoga very much.

해석 저는 매일 운동 계획의 한 부분으로 요가를 즐기기 때문에 가벼운 옷을 입어야 합니다. 요가복은 반드시 편안해야 하기 때문에 대부분의 제 옷들은 가벼운 면 재질로 만들어져 있습니다. 저는 걱정 없이 비틀거나 구부릴 수 있는 목이 낮지 않은 여러 개의 탱크톱을 가지고 있습니다. 또한 움직일 때 잘 맞고 잘 펴지기 때문에 입는 여러 개의 티셔츠도 있습니다. 제 요가 바지들 역시 매우 가볍고 잘 늘어나는 재질로 만들어져 있습니다. 그들은 긴 바지이며 제가 움직일 때 방해하지 않을 만큼 적당히 조여줍니다. 때때로 저는 레깅스나 편안한 반바지를 입는데 언제나 편안함을 선택하는 것입니다. 저는 맨발로 요가를 하기 때문에 적절한 신발이나 양말을 사는 것에 대해 걱정할 필요가 없습니다. 제가 수업을 듣는 요가 룸은 언제나 상당히 덥기 때문에 시원한 옷을 입는 것이 중요합니다. 저는 좋은 요가복을 사는 데에 정도의 돈을 썼지만 제가 요가를 아주 많이 즐기기 때문에 그것은 가치가 있습니다.

cotton 순면   necklines 목선   be made from ~로 만들어지다   full-length pants 긴 바지
barefooted 맨발로

9 Tell me about your yoga routine. How do you practice, and how do you prepare for yoga? Give me as many details as you can.

해석 당신의 요가 연습 패턴에 대해 말해 주세요. 어떻게 연습하며 요가를 준비합니까? 최대한 자세한 사항을 알려 주세요.

TIP 요가 패턴은 일주일에 몇 번 요가 수업을 듣는다고 답합니다. 그 외에 수업을 위해 챙기는 물품이나 수업 전에 준비하는 준비 운동, 아루 수업이 어떻게 진행되는지 등을 이야기하고 끝으로 요가 연습을 하면 오는 성취감과 만족감에 대해 언급하면 됩니다.

IH Model Answer

I attend a beginner yoga class four times a week, and it is pretty intense. After arriving home from work, I eat a light dinner before leaving for class. I put my yoga clothes in my backpack, and I prepare some water to take with me. It takes about ten minutes to walk to the yoga center, and just a few minutes to get changed. The yoga class is 40 minutes long with a 5 minute break in the middle of class. For the first five minutes, I stretch and do warm-ups so that my body is ready for the workout. The instructor takes the class through light stretching and into more difficult moves throughout the class. AL 추가 답변 I always sweat a lot, so I think the classes are very effective for me. I feel so exhausted when class is done, but I also feel a sense of accomplishment. After class, I shower and head home feeling very refreshed for the next day.

해석 저는 일주일에 네 번 초급자 요가 수업을 참석하고 그것은 상당히 강도가 높습니다. 일이 끝나고 집에 돌아오고 나서 저는 수업에 가기 전에 가볍게 저녁을 먹습니다. 저는 제 배낭에 요가 옷을 넣고, 함께 가져갈 어느 정도의 물을 준비합니다. 요가 센터까지 걸어서 약 10분 정도 걸리고 옷을 갈아입는 데는 몇 분 정도밖에 걸리지 않습니다. 요가 수업은 수업 중간에 5분 휴식 시간을 둔 40분짜리 수업입니다. 처음 5분 동안 저는 스트레칭을 하고 준비 운동을 해서 제 몸이 운동할 준비가 되게 합니다. 강사는 수업 시간에 가벼운 스트레칭부터 더욱 힘든 동작까지 이끌어 갑니다. 저는 언제나 땀을 많이 흘리고 그래서 이 수업이 저에게 매우 효과적이라고 생각합니다. 수업이 끝났을 때 너무 피곤함을 느끼지만 또한 성취감도 느낍니다. 수업이 끝나면 저는 샤워를 하고 다음 날을 위해 매우 재충전된 것을 느끼면서 집으로 향합니다.

beginner 초보 intense 강도가 높은 effective 효과적인 accomplishment 성취감

10 Please tell me the differences between yoga and another kind of sport. How are they different from each other? Which one do you think is better for your exercise?

해석 요가와 다른 종류의 운동의 차이점에 대해 말해 주세요. 각 운동은 서로 어떻게 다릅니까? 어느 쪽이 당신의 운동을 위해 더 낫다고 생각합니까?

TIP 나이도 5세부터 등장했던 비교의 문제로 요가와 다른 운동을 비교하여 답해야 하는 문제입니다. 둘 사이의 차이점 뿐만 아니라 가장 극명하게 비교될 수 있는 조깅을 예로 들어 답변을 만들도록 합니다. 요가 예는 한목을 선호하는 것을 어느 게 더 좋은지 자신의 의견을 말하는 것도 빠지지 않도록 합니다.

IH Model Answer

Yoga is one of the most commonly performed anaerobic exercises for making the body flexible, making use of the muscles we do not usually use, and helping with concentration. When doing yoga, I am often surprised at how difficult it is. People commonly think of yoga as a quiet exercise, but then they are surprised to see how much exercise and movement it requires. Yoga is usually done indoors and does not require any special equipment. A yoga mat and a quiet place is all you need. AL 추가 답변 Jogging is an aerobic exercise that uses more oxygen within the body than yoga. Because it uses a lot of oxygen, jogging is a great exercise for increasing lung capacity. Similar to yoga, jogging does not require any special equipment, other than nice shoes and suitable workout clothes. Jogging also uses a lot of the muscles throughout the body, but mostly the legs and calves, so it is a good workout for the lower body. Unlike yoga, which is an indoor sport, jogging is usually done outdoors. However, it can also be done indoors like on a treadmill in a gym. I do not prefer one or the other. Rather, I do both exercises. Two or three times a week, I jog at a park near my house or on a treadmill at the gym. On the other days of the week, I take yoga classes or practice yoga at home. I prefer to do yoga when I don't feel good because it is less risky on the body than jogging. I also like yoga more because I feel that yoga's mental training is helpful for me.

해석 요가는 몸을 유연하게 만들기 위해, 우리가 잘 안 쓰는 근육을 쓰기 위해, 집중력에 도움이 되기 위해 가장 흔하게 행해지는 무산소 운동 중 하나입니다. 요가를 할 때는 저는 이것이 얼마나 어려운지를 느끼면서 놀라곤 합니다. 사람들은 흔히 요가가 조용한 운동이라고 생각하지만 그들은 얼마나 많은 운동과 동작이 필요한지를 보고 놀랍니다. 요가는 주로 실내에서 하지만 어떤 특별 도구도 필요치 않습니다. 요가 매트와 조용한 장소가 당신이 필요한 전부입니다. 조깅은 몸에서 요가보다 더 많은 산소가 사용되는 유산소 운동입니다. 많은 산소를 사용하기 때문에 조깅은 폐활량을 위해 아주 훌륭한 운동입니다. 요가와 비슷하게 조깅은 좋은 신발과 적합한 운동복 말고 특별한 도구는 필요 없습니다. 조깅은 또한 몸 전체의 많은 근육을 사용하지만 다리와 종아리 근육이 가장 많이 사용되어서 하체를 위한 좋은 운동입니다. 실내에서 하는 요가와 다르게 조깅은 주로 실외에서 합니다. 하지만 헬스장의 러닝머신 위에서 뛰는 것처럼 실내에서도 할 수 있습니다. 저는 어느 한쪽을 선호하지는 않습니다. 다른 날에는 저는 집 근처 공원을 뛰거나 헬스장에서 러닝머신을 합니다. 그러나 저는 몸이 별로 안 좋으면 조깅보다 요가를 선호합니다. 이는 요가 수업을 듣거나 집에서 요가를 연습합니다. 일주일에 두세 번은 집 근처 공원을 뛰거나 헬스장에서 러닝머신을 합니다. 그러나 저는 몸이 별로 안 좋으면 조깅보다 요가를 선호합니다. 이는 요가가 조깅보다 몸에 덜 위험하기 때문입니다. 또한 요가의 정신 수양이 저에게 도움이 되기 때문에 저는 요가를 좋아합니다.

Actual **Test 10** 75

기 때문에 요가 하기를 더 좋아합니다. 저는 또한 요가의 정신 건강 운동이 저에게 도움이 될 거라고 느끼기 때문에 요가를 좋아합니다.

anaerobic exercise 무산소 운동   concentration 집중   aerobic exercise 유산소 운동   lung capacity 폐활량   treadmill 러닝머신   less risky 덜 위험한

돌발 – 은행 관련 | 롤플레이 3단 콤보

11 This is a role play question. Suppose that you have gone to the bank and you want to open an account. Ask the bank teller some questions about opening an account.

해석 이것은 롤플레이 문제입니다. 당신이 은행에 가서 계좌를 개설하고 싶어 한다고 가정하세요. 은행 직원에게 계좌 구성에 관해 몇 가지 질문을 하세요.

TIP 계좌 개설을 위해 은행을 방문하는 은행 관련 상황으로 특별히 어려운 질문을 할 필요는 없습니다. 답변 초반에 자신이 계좌 개설을 하고 싶음을 밝히고 계좌를 개설하기 위해 필요한 서류가 무엇인지, 계좌 종류는 어떤 것이 있는지, 추천하는 것은 무엇인지 등을 물을 수 있습니다.

IH Model Answer

Good day! How are you? I am here to open an account, but I would like to ask some questions first. 질문1 First of all, what documents or ID do I need to open an account? 질문2 And what types of accounts are there? What are the pros and cons of each kind? 질문3 Are there any special accounts that you would recommend for me? 질문4 Do I need a certain amount of money in order to open an account? AL 추가 답변 I have never had an account before at this bank. Do I need to know anything else to open an account here? Thank you. You have been very helpful. I will think about all the information and then come back to open my new account.

해석 좋은 하루입니다. 안녕하세요? 저는 계좌를 개설하려고 있습니다. 하지만 먼저 몇 가지 질문을 드리겠습니다. 먼저, 제좌를 개설하기 위해서 어떤 서류 혹은 신분증이 필요한가요? 그리고 어떤 종류의 계좌가 있나요? 각 종류마다 어떤 장단점이 있나요? 저에게 추천해 주실만한 주요 특별한 계좌를 개설하기 위해서 일정한 양의 금액이 필요한가요? 저는 전에 이 은행에서 한 번도 계좌를 개설한 적이 없습니다. 여기서 계좌 개설하기 위해 제가 또 알아야 하거나 또는 다른 것이 있습니까? 고맙습니다. 무척 도움이 되었습니다. 모든 정보에 대해서 생각해 보고 그 후에 돌아와 계좌를 개설하겠습니다.

pros and cons 장단점

12 You had a meal at a restaurant with a friend, but unfortunately you left your bank card there. Call the restaurant, explain your situation, and offer two or three alternatives to solve the problem.

해석 친구와 함께 식당에서 식사를 했는데 불행하게도 당신은 그곳에 은행 카드를 두고 왔습니다. 식당에 전화해서 당신의 상황을 설명하고 문제를 해결하기 위한 가지의 대안을 제시하세요.

TIP 앞에서 여러 번 언급했듯이 롤플레이의 두 번째 문제는 자신의 상태에는 사람이 누구인지를 정확히 파악하고 그에게 자신의 상황을 정확히 전달하는 것이 중요합니다. 이 문제의 경우 식당 책임자에게 자신이 이 은행 카드를 놓고 온 사실을 설명하는 것이 도움을 청하고 이후 문제 해결을 위해 은행 카드를 보내 줄 수 있는지, 만약 안 된다면 직접 찾으러 갈 때까지 잘 보관해 줄 수 있는 지 등을 물어보면 좋을 답변이 되겠습니다.

IH Model Answer

Hello, are you the person in charge of this restaurant? AL 추가 답변 I ate lunch at your restaurant around noon today, but unfortunately I had to leave in a hurry because I was late for work. After arriving at work, I realized I left my bank card on the counter near the cash register. Please check with the cashier to verify that my card is there, and then call me back as soon as possible. The card is a bank card with a purple star on the front and my signature on the back. I would like to return to pick up my card, but it is not possible because I can't leave work until late tonight. I was wondering if you can deliver it to my office or home, and I will cover the charges. If you cannot arrange for delivery, I can drop by your restaurant to pick it up tomorrow morning on my way to work. I worry that my card will get stolen, so please check on it quickly and put it in a safe place. I am sorry to bother you, but I am sure you understand my situation. If you have any other suggestions, I would be glad to hear them. Thank you for understanding my situation, and I will wait for you to return my call.

해석 안녕하세요, 식당의 책임자이신가요? 오늘 정오 즈음에 당신의 레스토랑에서 점심을 먹었습니다. 하지만 불행하도 일이 늦어져 급히 나와야 했습니다. 직장에 도착하고 나서 저는 제 은행 카드를 계산기 근처 카운터에 놓고 있었다는 것을 알게 되었습니다. 제 카드가 그곳에 있는지 계산대 직원에게 확인해 주시고 가능한 한 빨리 저에게 전화를 주세요. 그 카드는 앞면에 보라색 별이 하나 있고 뒷면에는 제 서명이 있는 은행 카드입니다. 카드를 찾으러 다시 돌아가고 싶지만, 오늘 늦은 밤까지 퇴근할 수 없어서 그럴 수가 없습니다. 제 사무실 혹은 집으로 가져다 주실 수 있는지 궁금한데, 그 카드는 제가 지불하도록 하겠습니다. 만약 배달이 가능하지 않다면, 내일 아침 출근 길에 제 카드를 찾으러 그곳에 잠시 들리도록 하겠습니다. 제 카드가 도난당할까 봐 걱정이 되오니 빨리 확인해 주시고 안전한 곳에 보관해 주시기 바랍니다. 귀찮게 해 드려 죄송하지만 제 상황을 이해해 주시리라 믿습니다. 만약 다른 안이 있다면 기꺼이 듣겠습니다. 제 상황을 이해해 주셔서 감사드리고 답변 전화를 기다리도록 하겠습니다.

해석 대학 생활을 시작하던 때 저는 은행 계좌를 개설하고 저만의 은행 카드를 사용하기 시작했습니다. 어느 날, 저는 교과서를 사기 위해 학교 근처의 서점에 갔습니다. 만약 배터리가 닳을 수 없다면, 제가 내일 아침 출근길에 그것을 입을 것이라고 레스토랑에 들를 수도 있습니다. 카드가 도난당할 것 같아 걱정했습니다. 그 은행 카드를 사용하려고 했습니다. 구입한 물건 후 곧 수업이 있기 때문에 저는 친구들과 점심을 먹기 위해 학생 식당에 갔을 때, 저는 성장 기준에서 제 카드를 들고 있다는 것을 금방 알았습니다. 저는 즉시 서점에 전화했고, 다행히도 계산원이 제 카드를 찾았습니다. 그 계산원 직원은 무척 친절했고 퇴근길에 그 사무실에 가서 그가 그것을 사무실에 돌려주기를 기다렸습니다. 그것이 제 잘못이라고 제안했습니다. 그는 카드를 가지고 사무실에 왔고, 저는 제 보상물을 돌려주는 것에 대해 진심으로 감사합니다. 그는 그래도 보상을 해 드리겠다고 제안했지만 그는 받기를 거절했습니다. 그 교체를 인계는 듣는 것이 그의 기쁨이라고 말했습니다. 그 당시 무척 인상적이었고 그래서 저는 가능한 한 자주 그 서점을 이용하려고 노력했습니다. 이제 저는 제 은행 카드를 무척 조심해서 다루고 있고, 항상 제 귀중품을 잘 간수하려 노력합니다.

rush 서두르다   valuable 귀중한

cash register 금전 등록기   verify 확인하다   signature 서명   cover (돈을) 대다

13 Have you had a similar experience with a bank card? Tell me about a time when you misplaced your bank card or had some difficulty using it. Describe it from the beginning to the end.

해석 은행 카드와 관련한 비슷한 경험을 해 본 적 있습니까? 당신의 은행 카드를 잘못 두었거나 그것을 사용하는 데 어려웠던 일에 대해 이야기해 보세요. 그 일에 대해 처음부터 끝까지 묘사해 보세요.

TIP 이전 문제와 연관된 경험으로 은행 카드와 관련된 경험을 묻는 질문입니다. 유사한 경험으로 실제 자신이 서점에 은행 카드를 두고 온 경험이 있으면 이후에 친절한 직원이 직접 카드를 가져다주어 고마운 마음에 들었다는 식으로 스토리를 만듭니다.

IH Model Answer

When I started university, I opened a bank account and started using my own bank card. One day, I went into the bookstore near my school to buy some textbooks. I found several books and decided to use my bank card to purchase them. After my purchase, I rushed to school because I had a class soon after. However, when I went to the cafeteria for lunch with my friends, I realized I had left my bank card on the bookstore counter. I immediately called the bookstore, and fortunately, the cashier had found my card. The cashier was very kind and offered to drop the card off at the university office on his way home. I knew it was my fault, so I personally went to the office and waited for him to arrive. He brought my card to the office, and I sincerely thanked him for returning it. I tried to give him a reward, but he refused to take it because he said it was his pleasure to help his customers any time. AL 추가 답변 I was so impressed and thankful to him at that time, so I have tried to use that store as much as possible since then. Now, I have become very careful with my bank card, and I try to take care of my valuable things all the time.

돌발 | 출퇴근 관련 2단 콤보

14 I think that living in large cities may cause many difficulties for people getting to and from work. Tell me about some of the difficulties related to this issue that you have observed in your city.

해석 제 생각에 큰 도시에 산다는 것은 출퇴근을 하는 사람들에게 많은 어려움을 주고 있습니다. 당신이 도시에서 당신이 지켜보았던 이 이슈에 관련된 어떤 어려움에 대해 얘기해 주세요.

TIP 출퇴근(commute) 관련 이슈를 묻는 질문이 2단으로 연결이 되는 경우로 첫 번째 이슈는 자신이 사는 도시에서의 통근 상황이 어려움을 말하는 문제입니다. 주변에서 볼 수 있는 현상, 즉 더욱 증가하는 인구 때문에 도로 교통 사정이 나빠지고 주차난이 생기고 있는 교통 상황에 대해 얘기하면 됩니다.

IH Model Answer

I have to commute to and from work every day, so I am familiar with the difficulties of commuting in the city. Nowadays, people have access to very reliable and fast methods of transit, but there are problems too. The growing population makes it harder than in the past, to commute effectively. If you choose to go by car, it is extremely difficult to get to work without getting stuck in heavy traffic. Subways are not affected by traffic, but because many people choose to use the subway, it is always crowded. Buses are

15 What are the main issues or problems related to commuting nowadays? What do you think about this topic?

해석 요즘 통근과 관련된 어떤 주요 이슈나 문제가 무엇입니까!? 그 주제에 대해 어떻게 생각합니까?

TIP 위 질문은 요에서 나왔던 통근 관련 문제를 유사해 보이지만 자세히 들여다보면 좀 더 넓은 의미의 증적인 관점에서의 출근길 문제점을 물어보고 있습니다. 사회의 이슈로 거론되는 문제점을 찾아서 대답을 답변은 장거리 출근 문제들이 가질 수 있는 육체적, 정신적 어려움에 대한 주체로 답하고 있습니다. 단순히 문제점을 나열하는 것이 아니라 그것을 극복하기 위한 전문가의 조언이나 경험으로 얻은 자신만의 해결책까지 제시해 주어서 만점짜리 답변을 만들 수 있습니다.

IH Model Answer

For more than a year, at one point in my life, I had a long commute. My family decided to live in the outlying area of the city so as to have a bigger apartment, and I agreed with it because there were many express buses running all day long. However, as a result, long commutes were terrible for me. It was tolerable at first, as I did a lot of sleeping on the bus, but as you may already know, a commuter bus isn't the best place to sleep unless you can sleep in any position. I developed back problems from sleeping on the bus and used to feel extremely tired throughout the day. On average, Koreans spend 53 minutes commuting every day and that time is directly related to many problems. A recent study showed that long-distance commuters are suffering from back pain, lack of energy, anxiety and so on. I know it all too well. In my opinion, commuters should be aware of this, and take steps to improve their commute-related health problems. Many experts say that music as well as audio books can relieve anxiety and pain while riding. Concentrating on something you like to do is better than just sleeping. I don't think my commuting time has to be so bad. In my case, I thought positively and devoted the time to my interests, like studying English, so it became more enjoyable.

해석 저는 제 인생 중 한 번 일 년 넘게 장거리 통근을 한 적이 있습니다. 제 가족은 더 큰 아파트를 위해서 외곽 지역에서 살기로 결정을 했고 저는 하루 종일 장거리를 직행적으로 운행하는 많은 직통버스들이 있어서 이에 동의했습니다. 그러나 결과적으로 장거리 통근은 저에게 아주 끔찍했습니다. 처음에는 버스에서 잠을 많이 자서 견딜 만했는데 당신이 이미 알 다시피 통근 버스는 당신이 어떤 자세로도 잠을 잘 수 있지 않으면 잠자기 최고의 장소는 아닙니다. 저는 버스에서 잤던 방식 때문에 허리 통증이 생겼고 하루 종일 장시간 피로감을 느끼곤 했습니다. 평균적으로 한국 사람들은 매일 53분을 출퇴근에 쓰고 그 시간은 많은 문제들과 직접적으로 연관이 있습니다. 최근 연구는 장거리 통근 자들은 허리 통증, 피로함, 불안감 등에 대해 인지하고 이것에 관련된 통근과 건강 문제들 향상시키기 위해 조치를 취해야 합니다. 제 생각에 통근자들은 이것에 대해 인지하고 오디오북 같이 있는 것만 아니라 다른 방법입니다. 제 경우에는 이를 긍정적으로 생각했고 그 시간을 영어 공부 같은 관심사에 사용하였더니 그 시간도 더 즐길 만한 시간이 되었습니다.

long commute 장거리 통근   outlying area 외곽 지역   all day long 하루 종일   be tolerable 참을 만하다   commuter bus 통근 버스   awful tiredness 끔찍한 피로   anxiety 불안감

quite overcrowded during the morning rush hour, so it's difficult to arrive at work on time if you don't leave your home early enough. Even though the methods of getting to work have improved, there is also the issue of not having a place to park once you arrive. AL 추가 답변 Public transit has advanced in many ways, but it is still very uncomfortable. Living in the city has many benefits; however, commuting back and forth to work can be quite a challenge.

해석 저는 매일 직장을 출퇴근에 하루도 도시의 출퇴근에 관한 어려움을 잘 알고 있습니다. 요새 사람들은 매우 많은 빠른 방식의 교통수단을 이용할 수 있지만 거의많은 문제도 있습니다. 증가하는 인구는 과거에 다 효율적으로 통근하는 것을 더욱 더 힘들게 만듭니다. 만약 당신이 자동차로 가기를 선택한다면 심한 교통 체증에 걸리지 않고 직장에 간다는 것은 아주 어렵습니다. 지하철은 교통 체증에 영향을 받지 않기 때문에 많은 사람들을 지하철 이용을 선택합니다. 버스는 아침 출근 시간에 너무 나기 때문에 만약 당신이 만약 일찍 나서지 않는다면 직장에 정시에 도착하는 것은 어려울 수 있습니다. 직장으로 가는 방법이 발전되었다고 하더라도 도착한 이후에는 역시 주차 문제도 있습니다. 대중교통은 여러 면에서 발전되었지만 이것은 여전히 매우 불편합니다. 도시에 사는 것은 많은 장점이 있습니다. 그러나 직장으로 출퇴근하는 것은 상당히 도전이 될 수 있습니다.

access 접근 방법   effectively 효율적으로   heavy traffic 교통체증   advancement 발전, 진보

Memo

OPIc 실전문제집 10회

당장 내 목표가 IM, IH, AL까지라면 무조건 필요한

- 새롭게 변경되고 달라진 유형과 문항에 완벽하게 대비하는 오픽 문제집
- 시베리을 총제 빈도가 높은 문제를 위주로 구성된 실전 문제
- 오픽 너의 선택에 따른 수준별 맞춤형 답변
- 실제 수험자의 생생한 레벨별 육성 답변
- 바로 써 먹을 수 있는 시험장 100% 활용 답변 표현 리스트

MP3 바로 가기

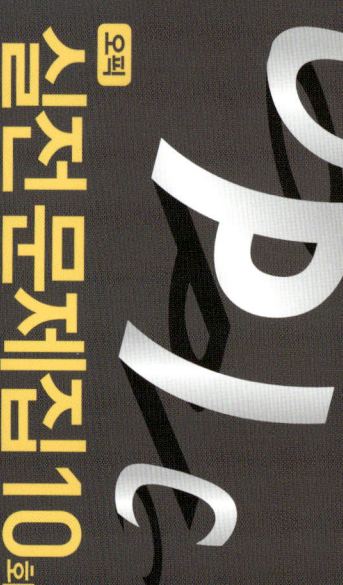

수준별 TOEIC 맞춤 특별 학습 프로그램

www.nexusbook.com

실전서

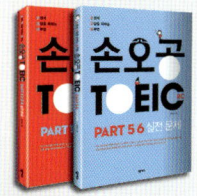

도서명	저자	판형	쪽수	가격
토익 실전 문제집 6회 1200제	넥서스 TOEIC연구소 지음	사륙배판	428쪽	15,000원
토익 실전 모의고사 5회 (LC+RC 1000제)	홍진걸·넥서스 TOEIC연구소 지음	사륙배판	348쪽	12,000원
토익 Actual Test 5회분	김영준·넥서스 TOEIC연구소 지음	사륙배판	360쪽	12,000원
토익 실전 1000제 RC	넥서스 TOEIC연구소·강수완 지음	사륙배판	416쪽	12,000원
토익 실전 1000제 LC	넥서스 TOEIC연구소·김승현 지음	사륙배판	312쪽	12,000원
깔때기 토익 (실전 모의고사 3회분)	넥서스콘텐츠개발팀 지음	국배판	144쪽	8,500원
NEXUS TOEIC (실전 모의고사 2회분)	넥서스콘텐츠개발팀 지음	국배판	96쪽	6,500원
손오공 토익 LC PART 1/2/3/4	강희선 지음	사륙배판	344쪽	16,500원(MP3 CD 1장 포함)
손오공 토익 RC PART 5/6	강희선 지음	사륙배판	248쪽	11,000원
HOW TO TOEIC 1000제 LC 문제집/해설집	김대중·김정민·Kai·홍상협 지음	사륙배판	362쪽/448쪽	14,500원/18,500
HOW TO TOEIC 1000제 RC 문제집/해설집	김대중·김정민·Kai·홍상협 지음	사륙배판	424쪽/624쪽	14,500원/21,000원
HOW TO TOEIC 기출모의 1200제 문제집/해설집	엄대섭·강진오·강원기 지음	사륙배판	352쪽/480쪽	15,000원/18,900원

스피킹 & 라이팅 & 어휘

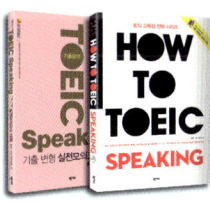
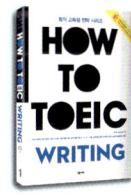

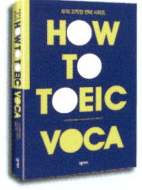

도서명	저자	판형	쪽수	가격
토익 스피킹 실전 모의고사 15회	Stella(한숙종) 지음	사륙배판	212쪽	13,500원(MP3, 온라인 테스트 제공)
토익 스피킹 한 번에 끝내기	플랜티 어학연구소 지음	사륙배판	344쪽	18,000원(MP3, 온라인 테스트 제공)
기출모의 TOEIC SPEAKING	넥서스콘텐츠개발팀 지음	사륙배판	276쪽	15,000원(MP3 CD 1장 포함)
HOW TO TOEIC SPEAKING	이기택·Alex Pole 지음	사륙배판	224쪽	15,000원(온라인 테스트 CD 1장 포함)
HOW TO TOEIC WRITING	이기택·Alex Pole 지음	사륙배판	228쪽	15,000원(온라인 테스트 CD 1장 포함)
토익 단어장	넥서스 TOEIC연구소 지음	신국판 변형	384쪽	10,000원
HOW TO TOEIC VOCA	넥서스콘텐츠개발팀 지음	신국판 변형	392쪽	11,000원(MP3 CD 1장 포함)
HOW TO TOEIC FINAL VOCA	넥서스콘텐츠개발팀 지음	신국판 변형	196쪽	9,000원(MP3 CD 1장 포함)

〈정답+스크립트+번역+해설집〉이 수록된···
TOEIC 실전 문제집 6회 1200제

넥서스

이 순진한 사람아!
아직도 네 노력이
부족해서였다고만 생각해?!

토익 점수의 차이는
결국 교재의 차이라고!

> " 당신에겐 아직 토익 교재를 바꿀
> 시간이 있습니다. "

가장 최신 경향이 반영된 실전서
혼자서도 점수를 올릴 수 있는 부가 자료 6종 제공

TOEIC 실전 문제집 6회 1200제
넥서스 TOEIC연구소 지음 | 428쪽 | 15,000원

혼자서도
점수 올리는 자습용
부가 자료 6종

교재 구매만 하면
무료!

정답+상세한 해설이 수록된 토익 실전 모의고사

TOEIC
실전 문제집 6회
1200제

넥서스 TOEIC연구소 지음

- 문제+정답+스크립트+번역+해설집이 한 번에 배결될 수 있는 유일한 책
- 최신 기출 유형과 난이도를 완벽하게 반영한 자료 6종 (www.nexusbook.com 다운로드) 200문제×6회분, 1200문제
- 이 책에서만 만날 수 있는 자습용 부가 자료 6종
- 〈전체에서 소개된 몇 천 누군만 매일이 자동으로 되는 정답 자동 해설 가능〉
- Part 3·4 고득점을 위한 생활별 빈출 표현 듣기

MP3 바로 듣기
정답 자동 채점
빈출 표현 듣기

넥서스